西南民族大學中央高校基本科研業務費專項
資金資助出版項目（2021YXCG02）

西南民族大學圖書館館藏珍本圖錄

盧盛江題

馬楠 曹霞 主編

巴蜀書社

圖書在版編目(CIP)數據

西南民族大學圖書館館藏珍本圖録 / 馬楠, 曹霞主編. — 成都 : 巴蜀書社, 2023.4

ISBN 978－7－5531－1941－0

Ⅰ. ①西… Ⅱ. ①馬… ②曹… Ⅲ. ①古籍－善本－圖書館目録－四川 Ⅳ. ①Z838

中國國家版本館 CIP 數據核字(2023)第 048873 號

西南民族大學圖書館館藏珍本圖録

XINAN MINZU DAXUE TUSHUGUAN GUANCANG ZHENBEN TULU

馬 楠　曹 霞　主編

策劃編輯　張照華
責任編輯　張照華　張紅義
封面設計　木之雨
出　　版　巴蜀書社
(成都市錦江區三色路 239 號新華之星 A 座 36 樓
郵編 610023)
總編室電話:(028)86361843
網　　址　http://www.bsbook.com
發　　行　巴蜀書社
發行科電話:(028)86361852
經　　銷　新華書店
照　　排　成都木之雨文化傳播有限公司
印　　刷　四川宏豐印務有限公司
电话:(028)85726655　13689082673
成品尺寸　210mm×285mm
印　　張　16.75
字　　數　450 千
版　　次　2023 年 6 月第 1 版
印　　次　2023 年 6 月第 1 次印刷
書　　號　ISBN 978－7－5531－1941－0
定　　價　300.00 元

《西南民族大學圖書館館藏珍本圖録》
編　委　會

前　言

中華文明，源遠流長。中華典籍，浩如烟海。中華民族在五千年的歷史長河中，創造了輝煌燦爛的文化，留下了堪稱人類文明瑰寶的大量文化遺産，這些是中華民族數千年文明發展史上所創造的重要成果和歷史見證。整理和研究這些具有較高歷史價值、學術價值的典籍，探究和傳承文獻裏藴含的中國智慧、中國精神，無疑具有重要的歷史意義和現實意義。

西南民族大學是直屬于國家民族事務委員會的綜合性民族高等學校，創建于1950年7月。西南民族大學圖書館成立于建校之初，爲我國最早建成的民族高等學校圖書館之一。它是一座以彙聚民族類文獻資源爲己任，包含文、史、哲、理、工、農、經、管、法等學科門類文獻資源的綜合性大學圖書館。圖書館漢文古籍基本上來源于1952年院系調整時原華西大學社會系資料室的全部圖書資料和四川大學社會系的大部分圖書資料。此外，也有少量古籍爲購買和接受捐贈的。

目前，圖書館館藏古籍總量2.6萬餘册。其中善本200餘種、2500餘册；明代古籍25種、360餘册；清代、民國地圖百餘種；清代、民國方志300餘種、2700餘册。此外，有民國版圖書文獻近2萬册。2013年，圖書館被四川省人民政府批准爲四川省古籍重點保護單位。圖書館根據國務院和四川省有關加强古籍保護工作的文件精神，全面開展了古籍整理和普查、古籍修復和宣傳推廣、館藏古籍數字化建設等各項保護和研究工作，取得一定成效。2017年、2019年、2021年連續三届被四川省古籍保護中心授予“四川省古籍先進示範保護單位”榮譽稱號。

《西南民族大學圖書館館藏珍本圖録》的編輯立足該館的發展實際，在前期已完成的古籍普查和著録的基礎上，從明代至清代具有代表性的200餘種善本中，收録并甄選出

120種具有較高文獻價值的珍貴古籍加以展現。此編著是該館漢文古籍收藏精華的一次圖録體現，也是古籍保護工作的重要階段性成果。對于促進該館古籍保護工作具有重要的現實意義。同時，通過這次編撰活動，祈盼讀者走進博大精深的中華優秀傳統文化的寶庫之中，以此服務于師生，匯通于學界。

古籍文獻研究工作要堅持古爲今用、推陳出新的方略，服務當代、面嚮未來，進一步激發古籍文獻事業的發展活力。黨的十九大報告指出，要深入挖掘中華優秀傳統文化蘊含的思想觀念、人文精神、道德規範，結合時代要求繼承創新，讓中華文化展現出永久魅力和時代風采。2022年又時值中共中央辦公廳、國務院辦公廳印發了《關于推進新時代古籍工作的意見》。意見指出：做好古籍工作，把祖國寶貴的文化遺産保護好、傳承好、發展好，對賡續中華文脉、弘揚民族精神、增强國家文化軟實力、建設社會主義文化强國具有重要意義。在這樣的背景下，本書的出版在一定程度上被賦予了特殊的意義。换言之，西南民族大學的同仁輯録《西南民族大學圖書館館藏珍本圖録》以饗讀者，是一次傳承中華優秀傳統文化的古籍整理活動。今後，圖書館將繼續加强古籍保護和利用工作，爲傳承、創新、傳播中華優秀傳統文化不懈努力，爲古籍保護事業做出應有貢獻。

在整理和編輯中，因明清時期古籍中重刻、翻刻現象比較多，版本情况十分複雜，彼此容易混淆，給版本的鑒定帶來一定困難。雖然編委們經過大量實證對比，精審細辯，努力工作，但因我們水準有限，錯漏在所難免，敬請專家和讀者指正。

在此衷心感謝爲這項工作給予指導的學校領導，誠摯致謝編委們的辛勤付出。特别鳴謝四川省圖書館研究館員王嘉陵、成都中醫藥大學圖書館研究館員林英給予的指導，尤爲感謝四川省圖書館古籍部老師們的大力支持。特别感謝巴蜀書社的張照華老師及編輯團隊付出的辛勤努力，他們認真審改，非常敬業，使用字詞精準，體現了高超的文字水準和編輯水準，纔使本書得以高品質呈現。

《西南民族大學圖書館館藏珍本圖録》

編委會

2022年11月26日

凡　例

一、西南民族大學圖書館收藏有中國古代典籍逾2.6萬册（件），其中不乏珍善古本。爲了加强對古籍的收藏、保護、整理、傳承和利用，更好地揭示館藏珍品，爲教學和科研服務，本書將120種館藏古籍珍善版本收入，彙爲一目。這些珍善古籍多爲明、清時代版本，包括各種刻本、活字印本、套印本、抄本和少量稿本。

二、本書按《古籍著録規則》（GB／T 3792.7-2009）對收録古籍進行著録。著録内容包括：題名、卷數、著者、版本、册數、裝幀形式、行數、行字數、書口、魚尾、邊欄、板框尺寸、鈐印、存卷及内容提要等。

三、本書依據傳統叙録體提要的要求，爲所録古籍撰寫内容提要。提要包括本書作者生平和學術活動、主要内容、學術價值、版本遞藏、流傳等内容。

四、本書爲著録的每一種古籍選擇其書影一至五幀載入。書影的選擇標準：原則上選取正文刻印葉，如果缺失，另從其他卷端葉、書名葉、序跋葉、鈐藏書章葉甄選。或者選取反映特色裝幀、彩色套印本的書影。

五、本書撰寫及著録文字采用漢語規範繁體字。

六、本書正文條目依照《全國古籍普查平臺用户手册V1.0》分類規則，按照經、史、子、集順序進行排列。各類之下再按照各書版本時間先後排列。

目　録

淩氏新刻漢書評林序

史而評猶經之訓詁然或謂經之士訓詁爲之夫非訓詁之足以亡經特訓詁而不復肆力于經其致足以亡經耳史漢廣大浩渺而難讀評明白宛委而易入何病于史獨慮夫恃焉者之不復肆力也蓋讀史之道三吾妍而妍吾媸而媸紬異同之衆說執筆削之耿

周易集解卷第一

唐　資州李鼎祚　輯

☰（乾下乾上）乾元亨利貞

彖說卦乾健也言天之體以健爲用運行不息應化无窮故聖人則之欲使人法天之用不法天之體故名乾不名天也子夏傳曰元始也亨通也利和也貞正也言乾禀純陽之性故能首出庶物各得元始開通和諧貞固不失其宜是以君子法乾而行四德故曰元亨利貞矣

001

石齋先生經傳九種五十六卷

（明）黄道周輯，（清）鄭肇修訂，清康熙三十二年（1693）鄭開極刻本，十五册，存二十八卷。半葉九行，行十八字，小字雙行同，白口，單黑魚尾，四周單邊，框高19.7厘米，寬13.9厘米。

黄道周（1585—1646），字幼玄，號石齋，世人尊稱石齋先生。漳浦（今屬福建）人。爲明末學者、書畫家、文學家。明天啓進士。崇禎朝任右中允，因上疏指斥輔臣而遭貶謫。南明弘光帝時爲禮部尚書。黄道周通經術、天文、曆數之學。善行書，隸草亦自成一家，精繪畫，畫格磊落，亦工詩文。著作有《易象正》《三易洞璣》《洪範明義》《孝經集傳》《春秋揆》《續離騷》《石齋集》等。

黄道周一生的學問堪稱學在《周易》，行在《孝經》，正如其弟子洪思所概括，“其學皆可以爲《易》，其行皆可以爲《孝經》”。黄道周自己也十分看重《周易》與《孝經》的學術價值與經世作用，因而曾道“吉佑自天，繫于《周易》，長守富貴，著于《孝經》，兩者爲天下之師”。此書爲其後學彙集其經解之書爲一體，共有九種五十六卷，包含《孝經集傳》四卷、《洪範明義》四卷、《月令明義》四卷、《易象正》十二卷初二卷終二卷、《表記集傳》二卷附《春秋表記問業》一卷、《緇衣集傳》四卷、《三易洞璣》十六卷、《坊記集傳》二卷附《春秋坊記問業》一卷、《儒行集傳》二卷。清代與民國兩季的經學家對《孝經集傳》的學術成就評價極高，此書反映了黄道周的易學理路，不僅有助于我們瞭解晚明易學思想史，而且對于把握晚明整個學術與社會思潮的變遷大有裨益。

新鐫黃石齋先生原本

晉安鄭肇修訂

禮記集傳

坊記　表記

緇衣　儒行

芥舟藏版

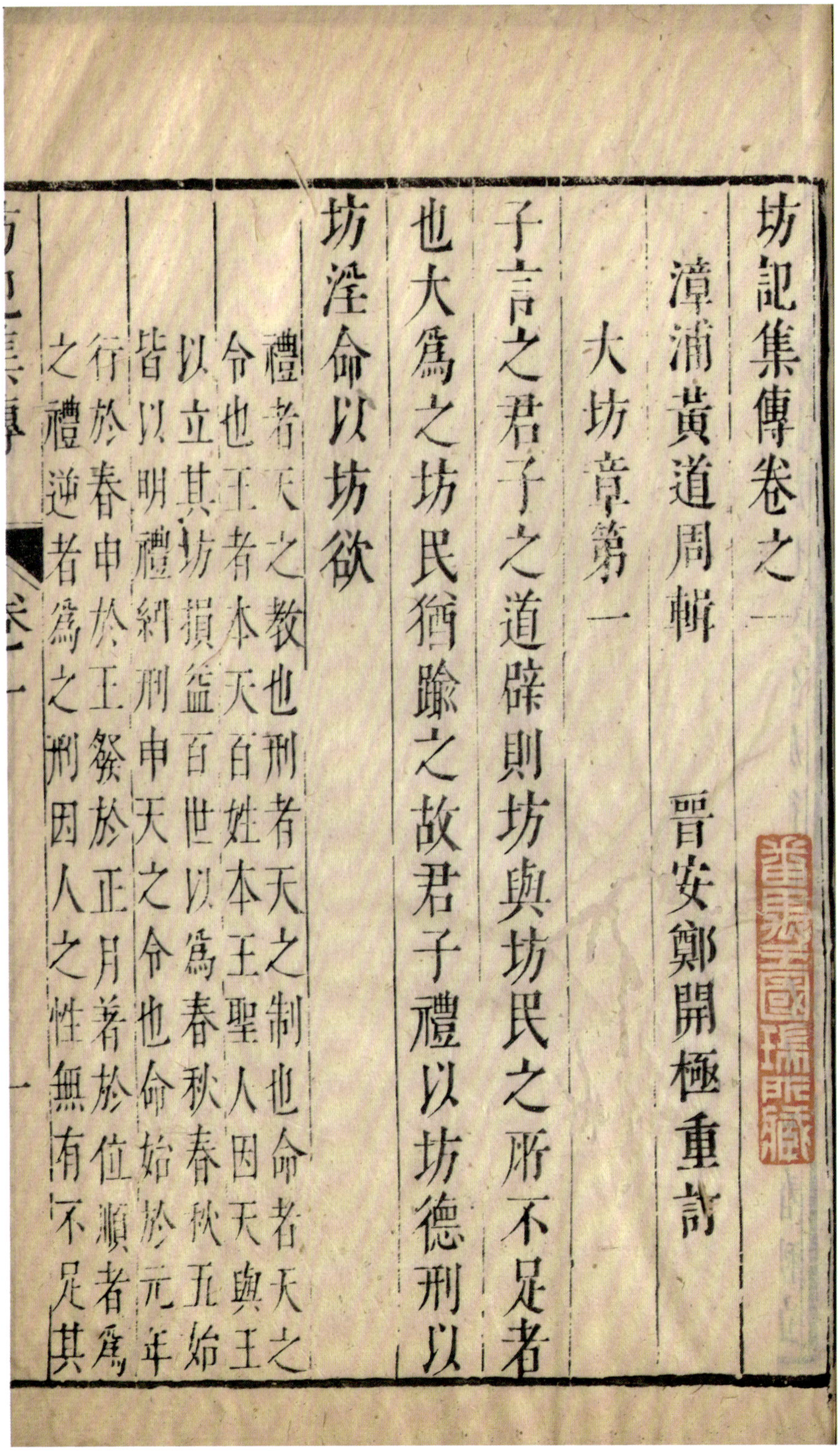

坊記集傳卷之一

漳浦黃道周輯　晉安鄭開極重訂

大坊章第一

子言之君子之道辟則坊與坊民之所不足者也大爲之坊民猶踰之故君子禮以坊德刑以坊淫命以坊欲

禮者天之教也刑者天之制也命者天之令也王者本天百姓本王聖人因天與王以立其坊損益百世以爲春秋春秋五始皆以明禮紃刑申天之令也命始於元年行於春申於王發於正月著於位順者爲之禮逆者爲之刑因人之性無有不足其

坊記集傳　卷之一　一

孝經集傳卷之三

漳浦黄道周集傳　後學晉安鄭開極　海昌沈珩　仝較

紀孝行章第十

子曰孝子之事親也居則致其敬養則致其樂病則致其憂喪則致其哀祭則致其嚴五者備矣然後能事親

曾子曰人未有自致者也子夏曰事君能致其身致身以事君致心以事親兩者天地之大義也致而知之不慮而知謂之良知致而能之不學而能謂之良能故五致者赤子之知能不假學問而學問之大人有不能盡也仁義禮樂信智則皆自此始

002

萬充宗先生經學五書五種十九卷

（清）萬斯大撰，清乾隆二十四年至二十六年（1759—1761）辨志堂刻本，九册。半葉十一行，行二十一字，黑口，雙黑魚尾，左右雙邊，框高18.4厘米，寬12.4厘米。

萬斯大（1633—1683），字充宗，別字褐夫。鄞縣（浙江寧波）人。清初著名經學家。其治經學，以禮學爲根柢，會通諸經，折衷群言，是浙東學派的代表人物。萬斯大學出黄宗羲之門，一生精于經學，主張“非通諸經不能通一經”，其説經宗王肅、趙匡，不以鄭玄爲根據，不喜穿鑿附會。長于《春秋》、“三禮”。

此書是萬斯大論《禮》釋《春秋》的著述，又稱《萬氏經學五書》，共十八卷，附録一卷，包括《學禮質疑》《禮記偶箋》《儀禮商》《周官辨非》《學春秋隨筆》。其説禮諸書，融彙貫通，不拘漢宋諸儒舊説，多正前人之誤。著有“論郊”、“論社”、“論祖宗”、“論禘”、“論明堂”、“泰壇”、“論喪服”諸篇，録爲《學禮質疑》《禮記偶箋》《周官辨非》和《儀禮商》等書。于《春秋》著有《專傳》《論世》《屬詞》《比事》《原情定罪》諸篇，彙爲《學春秋隨筆》十卷。全書或解駁前賢成説，或考辨古禮根源，或條列禮經節目，或詰難諸經抵牾，推求原始，自陳己見，爲禮學研究史上不可輕視之作。後在盧見曾資助下于清乾隆二十四年重刻，流傳始廣。

姚江黃棃洲先生點定

萬充宗先生經學五書

學禮質疑 禮記偶箋 儀禮商
周官辨非 學春秋隨筆

辨志堂藏板

學禮質疑卷一

四明萬斯大充宗著

古歷分至不繫時

造歷者必求端於分至分至者四時之中歷之所由以爲準也愚以爲周秦以前至不繫冬夏分不繫春秋稽之經傳易曰至日閉關郊特牲曰周之始郊日以至左傳曰土功日至而畢孟子曰千歲之日至此皆泛言短至而不繫之以冬也左傳僖五年春王正月辛亥朔日南至昭二十年春王二月己丑日南至此實指周正短至而不繫之以時也月令仲夏之月云日長至仲冬之月云日短至此從夏正言二至而不繫以冬夏也雜記

003

周易集解十七卷周易舉正三卷

（唐）李鼎祚輯，明崇禎虞山毛氏汲古閣刻《津逮秘書》本，六册。半葉九行，行十九字，白口，無魚尾，左右雙邊，框高19.3厘米，寬13.5厘米。

李鼎祚（生卒年不詳），資州磐石（今屬四川資中縣）人。唐代經學家。官至秘書省著作郎，或謂官秘閣學士。博通經史，以經術著稱于時。學術上精于經學，尤通象數易學，擅筮占。所輯《周易集解》對後世影響極大。

此書是唐代李鼎祚撰《周易》義釋本，爲研究唐以前之易學、漢代象數之學的必讀之書。其注網羅衆家，擇善而從，故名“集解”。内附《略例》《索隱》，其所附今不傳。李氏《周易集解》博采漢魏晋唐馬融、荀爽、虞翻、王肅、蜀才、崔憬等三十五家之易説，使瀕于失傳的漢代象數學及諸家易説（書中存録的唐代崔憬《周易探玄》的部分内容，也甚爲珍貴）得以保存至今。其中主要彙集易學中象數派各家的注釋，引荀爽、虞翻、干寶等人注釋最多，于王弼、何晏、韓康伯等義理派易學家的注釋也有所采，但總體上是排斥的。其主張就是《序》中所説的“刊輔嗣（王弼字）之野文，補康成（鄭玄字）之逸象”。除集前人注解外，李鼎祚自己也有一些注釋和評論，但數量甚少，有新義者更鮮。此書成爲研究漢代易學十分珍貴的資料，極具學術研究價值和資料參考價值。

周易集解卷第一

唐 資州李鼎祚 輯

☰☰乾下乾上 乾元亨利貞

案說卦乾健也言天之體以健爲用運行不息應化无窮故聖人則之欲使人法天之用不法天之體故名乾不名天也子夏傳曰元始也亨通也利和也貞正也言乾禀純陽之性故能首出庶物各得元始開通和諧貞固不失其宜是以君子法乾而行四德故曰元亨利貞矣

004

周易述二十三卷

（清）惠棟注疏，清乾隆二十五年（1760）盧見曾雅雨堂刻本（清來堂藏板），六册。半葉十行，行二十二字，小字雙行同，白口，單黑魚尾，四周單邊，框高18.3厘米，寬13.7厘米。

惠棟（1697—1758），字定宇，號松崖，學者稱小紅豆先生，江蘇吴縣（今江蘇蘇州）人。清代學者、藏書家，遍研諸經，以詳博見長，爲吴派經學的奠基人。治學以漢儒爲宗，精于漢代易學研究。著作有《易漢學》《古文尚書考》《九經古義》《松崖文鈔》等。

此書依漢儒諸家説逐句解釋《周易》經傳文，自爲注又自疏之。在注中簡要説明卦辭、爻辭或傳文的意義，又在疏中説明注文所采之義從何而出，并引各種材料進行字句名物的考證訓釋。其注疏以荀爽、虞翻之説爲主，又援引鄭玄等人之説加以詮解。該書二十三卷，原書目録凡四十卷。卷一到卷二十一，皆訓釋經文，體例復《周易》之舊，經、傳分釋；卷二十二到卷二十三是《易微言》，均雜抄諸書論《易》之語；但卷二十四到卷四十則有録無書，或係未完之作。後其弟子江藩依其體例，撰《周易述補》。惠棟推崇漢人《易》説，重視象數之學。由古書的文字、音韵、訓詁以尋求義理。此書中所徵引的古籍内容涉及經、史、子、集各部，并把天文、曆法、律吕、禮制等多學科知識納入《易》體系中。因此，以此書與惠氏《易漢學》《易例》合觀，可得漢《易》之概。該書收入《四庫全書》《皇清經解》，是研究漢代易學的寶貴材料。

周易述卷一

元和惠棟集注并疏

周易上經

☰ 八純卦象天
消息四月

乾元亨利貞【注】元始亨通利和貞正也乾初爲道本故曰元息至二升坤五乾坤交故亨乾六爻二四正匪正坤六爻初三五匪正乾道變化各正性命保合大和乃利貞傳曰利貞剛柔正而位當也【疏】繫上曰大衍之數五十其用四十有九分而爲二以象兩掛一以象三揲之以四以象四時歸奇于扐以象閏又繫下曰易有大極是生兩儀兩儀生四象四象生八卦虞翻注云兩儀乾坤也庖羲幽贊于神明而生蓍演三才五行而爲大衍之數五十其一大極

周易述卷一　一　雅雨堂

005

尚書後案三十卷後辨附一卷

（清）王鳴盛撰，清乾隆四十五年（1780）禮堂刻本，八册。半葉十四行，行三十字，小字雙行九十字，白口，單黑魚尾，四周單邊，框高22.9厘米，寬15.6厘米。

王鳴盛（1722—1798），字鳳喈，一字禮堂，别字西莊，晚號西江、西沚居士。江蘇嘉定縣（今屬上海）人。清代官員、史學家、經學家、考據學家。歷官侍讀學士、内閣學士兼禮部侍郎、光禄寺卿。以漢學考證方法治史，爲"吴派"考據學大師。撰《十七史商榷》百卷，爲傳世之作。另有《耕養齋詩文集》《西沚居士集》等著作。

此書是王鳴盛重要的經類著述。始創于清乾隆十年（1745），經三十餘年，至清乾隆四十四年（1779）始畢，是其傾盡畢生的心血之作。《尚書後案》正文三十卷，附《尚書後辨》，解説今文《尚書》二十八篇及《太誓》，《後辨》則辨析僞古文《尚書》中晚出的二十五篇，是《尚書》學史的闡釋文本。此書遍采群籍，搜羅鄭玄之注，其殘闕的地方，就取馬融、王肅之傳疏來補充增益。又列案以解説鄭玄之義，還對王肅、孔安國等注疏悉數列出和駁正。對馬融、王肅的异同，條分析論，折衷于鄭注。它的學術價值除了廣泛搜羅輯佚漢代學者的注疏并駁正外，還在案語部分運用多種對經典記載的史事和《史記》中的古史材料，包括經傳、體例、制度、義理等進行考察，形成自己的觀點。該書爲《尚書》學之名著，是研究王鳴盛學術的重要材料，也是研究清代《尚書》學和訓詁學的不可缺少的著作。

尚書後案卷一

虞夏書

堯典

東吳王鳴盛學

曰若稽古帝堯曰放勳（釋文曰放方往反徐云鄭王如字。案曰勳史記作勛說文勛古文勳）

鄭曰稽同古天也言堯能順天而行之與之同功（尚書疏。後漢書六十三卷李固傳李賢注。三國魏志四卷高貴鄉公紀）

馬曰堯順考古道放勳堯名（釋文。魏志高貴鄉公紀）

傳曰若順稽考也能順考古道而行之者帝堯勳功言堯放上世之功化

案曰鄭以稽爲同者說文卷六下云稽从禾禾木曲頭止不能上也極于上而止是上同之意也儒行古人與稽注稽猶合也合亦同也古爲天者逸周書周祝解云天爲古毛詩商頌元鳥云古帝命武湯箋云古帝天也虞翻述八卦逸象亦云天爲古是也若爲順者釋言文據論語泰伯篇云唯天爲大唯堯則之巍巍成功故鄭云順天而行與之同功馬孔非也放勳說見書序

欽明文思安安

006

禹貢錐指二十卷圖一卷

（清）胡渭撰，清康熙四十四年（1705）漱六軒刻本，十册。半葉十一行，行二十一字，小字雙行同，白口，單黑魚尾，左右雙邊，框高19.3厘米，寬14.1厘米。

胡渭（1633—1714），初名渭生，號東樵，浙江德清人。清代經學家、地理學家。尚書徐乾學奉詔修《大清一統志》，胡渭分纂。撰《易圖明辨》，考定宋儒所謂“河圖”、“洛書”之誤。另著有《洪範正論》《大學翼真》等。

此書包括序言、略例、正文和禹貢圖47幅。正文題爲20卷，實26卷。本書廣徵博引，融彙貫通，成一家之言，爲宋以來注《禹貢》者之冠。從地理角度，將全國分爲九州，記述了這九個區劃的山嶺、河流、藪澤、土壤、物産、貢賦以及交通道路，還羅列了主要山脉河流的走嚮和流經。有九州分域、爾雅九州、職方九州、九州貢道、導山、西域河源、漢屯氏諸决河、元明大河、三江异派、澗瀍改流、四海等四十五幅歷史地圖，附五服、九服示意圖二幅，圖説較詳。正文卷一釋《禹貢》書義。渭博考載籍，綜合運用博徵文獻、援經證經、詳度地勢等多種研究方法，凡郡縣分合异同、山川形勢、道里遠近平險，討論詳明。尤其對歷代黄河徙流變遷，詳加論證。對蔡沈舊傳訛誤進行了系統徹底的梳理厘正，體現了胡氏深厚的文獻功底和卓越的考據水準，是研究我國古代地理沿革的重要參考書。

禹貢錐指卷第一

德清胡渭學

禹貢

孔氏安國傳曰禹制九州貢法孔氏穎達正義曰此篇史述時事非應對言語當是水土既治史即錄此篇又曰貢賦之法其來久矣治水之後更復改新言此篇貢法是禹所制非禹始爲貢也又曰賦者自上稅下之名治田出穀經定其差等謂之厥賦貢者從下獻上之稱以所出之穀市其土地所生以獻謂之厥貢雖用賦物亦不盡也又有全不用賦物隨地所有採取以爲貢者此之所貢即與周禮九貢不殊但彼分之爲九耳其賦與九賦

漱六軒

007

儀禮經傳通解三十七卷續二十九卷

（宋）朱熹、黄幹等撰，清康熙吕氏寶誥堂刻本，三十二册。半葉十二行，行二十五字，小字雙行同，白口，單黑魚尾，左右雙邊，框高19.6厘米，寬14.2厘米。

朱熹（1130—1200），字元晦，號晦庵。中國南宋時期理學家、思想家、哲學家、教育家、詩人。是理學集大成者，被後世尊稱爲朱子。他的理學思想影響很大，成爲元、明、清三朝的官方哲學。

此書初名《儀禮集傳集注》，凡三十七卷、續二十九卷，共六十六卷，是朱熹研習“三禮”的心得筆記。以《儀禮》爲經，又取《禮記》以及諸經史雜書中論及禮制的文字附于《儀禮》本經之下，具加注疏。廣引經史子集，對前人注疏或照録或節改，間加按語以考釋。代表了朱熹禮學的最終成就，被譽爲“禮書之大全，千古之盛典”。撰成《家禮》《鄉禮》《學禮》《邦國禮》各卷。《喪》《祭》二禮，由其弟子黄幹續撰，《祭禮》尚未訂定而歿，後又由楊復重修續成。合朱氏原書共66卷，該書至此始全部完成，成爲朱子學派禮學思想的代表作。此書對經、注、疏等靈活搭配組合，不拘常例，有打通禮制與禮經之間界限的傾嚮，略有以古化俗、爲後王法的意味，爲研究古代禮制重要資料。有宋刊本、清刊本。

儀禮經傳通解

紫陽呂氏寶誥堂重刻白鹿洞原本

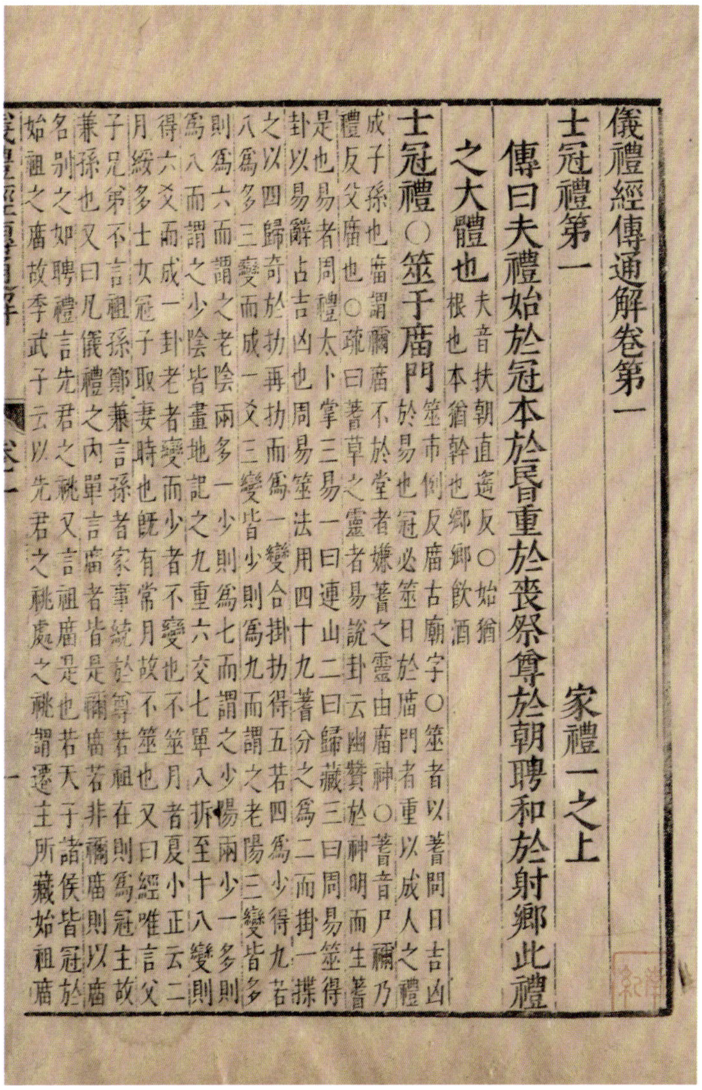

儀禮經傳通解卷第一

士冠禮第一　家禮一之上

傳曰夫禮始於冠本於昏重於喪祭尊於朝聘和於射鄉此禮之大體也 夫音扶朝直遥反○始猶根也本猶幹也鄉鄉飲酒

士冠禮○筮于廟門 筮市制反廟古廟字○筮者以蓍問日吉凶於易也冠必筮日於廟門者重以成人之禮成子孫也廟謂禰廟不於堂者嫌蓍之靈由廟神○蓍音尸禰乃禮反父廟也○疏曰蓍草之靈者易説卦云幽贊於神明而生蓍是也易者周禮太卜掌三易一曰連山二曰歸藏三曰周易筮得卦以易辭占吉凶也周易筮法用四十九蓍分之爲二而掛一揲之以四歸奇於扐再扐而爲一變合掛扐得五若四爲少得九若八爲多三變而成一爻三變皆少則爲九而謂之老陽三變皆多則爲六而謂之老陰兩多一少則爲七而謂之少陽兩少一多則爲八而謂之少陰皆畫地記之九重六交七單八拆至十八變則得六爻而成一卦老者變而少者不變也不筮月者夏小正云二月綏多士女冠子取妻時也既有常月故不筮也又曰經唯言父子兄弟不言祖孫鄭兼言孫者家事統於尊若祖在則爲冠主故兼孫也又曰凡儀禮之内單言廟者皆是禰廟若非禰廟則以廟名别之如聘禮言先君之祧又言祖廟是也若天子諸侯皆冠於始祖之廟故季武子云以先君之祧處之祧謂遷主所藏始祖廟

儀禮經傳通解　卷一　一

008

儀禮經傳内外編内編二十三卷外編五卷首一卷

（清）姜兆錫注疏參義，清乾隆元年（1736）寅清樓刻本，十二册。半葉十行，行二十五字，小字雙行同，白口，單黑魚尾，四周單邊，框高20.1厘米，寬14.4厘米。

姜兆錫（生卒年不詳），字上均，清丹陽（今江蘇省丹陽縣）人，清代經學家。清康熙舉人。博學通經，一生著述極多。以爲《禮記》由漢儒掇拾而成，章段繁碎，當分章以明其義。著有《禮記章義》《春秋事義慎考》《公穀記義》《考經本義》《詩禮述藴》等。

此書在體例上與朱熹、黄幹所著一脉相承。《内編》前二十二卷依次爲嘉禮、軍禮、賓禮、凶禮、吉禮，嘉禮分冠昏禮、飲食禮、燕饗禮、賓射禮、脤膰禮、賀慶禮，軍禮分大封禮、大均禮、大田禮、大役禮、大師禮。第二十三卷爲庶民入小學禮、國子入小學禮、國子暨民後入大學禮、弟子職禮、凡小學大學簡升禮、世子豫教禮、諸侯元年即位禮、王元年即位禮。《外編》爲《喪服本經》，又《補喪服》，又《采經》，終之以《圖考》。此書通過陳述先秦兩漢典籍中的各種文獻記載和説法，總攬了先秦兩漢以來有關禮制文化的精華篇章，深入探討了禮經中藴涵的義理要素内容，以供識禮者酌古今之宜，而并非以考證、辨析爲旨趣。從本質上講還是一部融義理與禮樂爲一體、力求經史結合的經世致用之作，體現出求真務實的治學作風。

儀禮經傳內編卷一

姜兆錫註疏參義

綱領　周禮大宗伯之職掌建邦之天神地示人鬼之禮以佐王建保邦國按下文宗伯總掌五禮而首止言天神地示人鬼之禮者禮以祭爲大舉重而言也以吉禮事邦國之鬼神示以禋祀祀昊天上帝以實柴祀日月星辰以槱燎祀司中司命飌師雨師以血祭祭社稷五祀五嶽以貍沈祭山林川澤以疈辜祭四方百物以肆獻祼享先王以饋食享先王以祠春享先王以禴夏享先王以嘗秋享先王以烝冬享先王諸禮多以綱統目吉禮之類十有二第皆舉其目也其綱蓋天神地示人鬼三者約之而餘以類推與賓禮畧如之

以凶禮哀邦國之憂以喪禮哀死亡以荒禮哀凶札以弔禮哀

綱領　一

009

儀禮章句十七卷

（清）吴廷華撰，清乾隆二十二年（1757）刻本，八册。半葉十行，行二十一字，小字雙行同，白口，單黑魚尾，左右雙邊，框高十八厘米，寬十四厘米。

吴廷華（1682—1755），字仲林，一作中林，號東壁，初名蘭芳，浙江錢塘（今浙江杭州）人。清經學家。清康熙舉人，官興化府通判。博覽精研，尤精于治喪禮。清乾隆初薦修“三禮”，主要著述除《儀禮章句》外，還有《三禮疑義》《曲臺小録》《東壁書莊集》等。

此書十七卷，吴氏認爲張爾岐《儀禮鄭注句讀》過于墨守鄭玄注，王文清《儀禮分節句讀》又僅以句讀爲主，注釋過于簡略，故參考折衷了先儒舊説，以補二書所未及。《儀禮章句》每篇之中分其節次，每節之内，析其句讀。然其訓釋大旨仍以鄭玄、賈公彦注疏爲本，亦兼采諸家之説，并加案語以發明之，尤以表禮爲精細詳核。其中雖略有穿鑿附會處，但章分句釋，注釋簡明，確有助于《儀禮》之閲讀。此書雖宗鄭注，但亦不輕易苟同前賢的訓釋成説，隨處可見吴廷華的不同見解，所言多具有啓發意義。此書屬于章句體著作。書名頁及版心題“儀禮章句”。另有嘉慶刊本、阮刻經解本。

儀禮卷第一

仁和吳廷華章句

士冠禮第一

冠古亂反加冠之稱○士三等之士男子二十而冠四十始仕而冠以士稱者父兄之爲士者主之且其子亦學士也如下記元子猶士則自元子以下凡學士皆同此禮其異者特如襄九年左氏傳祼享金石之說而巳疏云大戴禮公冠篇公冠四加天子亦四加又云天子諸侯十二而冠其皆禮之變與又內則女子十五而笄注謂未言嫁二十而笄其禮當同于冠也冠于五禮屬嘉禮○案十七篇次第始于大小戴及劉向三家賈疏謂其尊卑吉凶雜亂故鄭氏不從今第一至第十七則鄭所定也又據賈云冠昏士相見爲先後者以二十而冠三十而娶四十強而仕即摯見鄉大夫又爲鄉大夫州長行鄉飲酒鄉射之事巳下先吉後凶凶盡則行祭祀吉禮其說無義可尋竊謂此經爲周官大宗伯五禮節目則當以大宗伯五禮之次爲準據大宗伯職首曰以吉禮事邦國之鬼神示之此祭禮也祭有尊卑則少牢饋食禮上篇當第一下篇第二特牲饋食禮第三其次曰以凶禮哀邦國之憂凶禮之首曰

010

儀禮析疑十七卷

（清）方苞著，清乾隆至清嘉慶桐城方氏刻《抗希堂十六種》本，十五册。半葉九行，行十九字，白口，單黑魚尾，左右雙邊，框高20.4厘米，寬13.3厘米。

方苞（1668—1749），字鳳九，一字靈皋，號望溪。桐城（今屬安徽）人。清著名散文家。爲學以程、朱爲宗，提倡寫古文要重“義法”，追求道與文并重。方苞也因此與姚鼐、劉大櫆合稱桐城三祖，爲古文“桐城派”代表之一。著有《周官集注》《周官析疑》《禮記析疑》《方望溪先生全集》等。

此書是一本訓詁書，選擇《儀禮》各篇中疑難之處詳加辨析，其餘無可疑者一概不録，考證較精，多所發明。方苞治《三禮》之學，于《周禮》較深，晚年自稱“治《儀禮》十一次，用力良勤”。《儀禮析疑》頗多發明之處，如《士相見禮》之辨，用《周禮》以通之；《聘禮》“公答再拜”之辨，則細心體認，合乎經義。然也自信有過，未盡詳考者不少，如《士冠禮》“緇布冠缺項”。但綜觀全書，仍爲瑜多于瑕也。全書考證較爲詳核，對研究《儀禮》有一定參證價值。另有《望溪全書》本。

儀禮析疑卷之一

望溪方苞著

受業程崟編

男道興挍

士冠禮

古者十五入大學、九年而後出學、冠者不宜有任職之士、其用士禮與昏禮之墨車同乃攝盛也蓋公卿大夫元士之適子、並入成均、即士之庶子亦恒爲學士、舍不帥教而屏之遠方鮮不登於天府者故其始冠俾攝用士禮及三十而

011

參讀禮志疑二卷

（宋）汪紱撰，清乾隆三十六年（1771）栖碧山房刻本，二册。半葉十行，行二十二字，白口，單黑魚尾，左右雙邊，框高19.9厘米，寬13.2厘米。

汪紱（1692—1759），字燦人，號雙池、重生，徽州婺源（今屬江西）人。家貧嗜學，博綜儒經，于樂律、天文、地輿、陣法、術數皆有研究。著書多達三十餘種，有《易經詮義》《春秋集傳》《樂經律吕通解》《孝經章句》《理學逢源》等。

此書分六屬，共八十六種書，六屬包括“周禮之屬”、“儀禮之屬”、“禮記之屬”、“三禮總義之屬”、“通禮之屬”及“雜禮書之屬”。是書取陸隴其所著《讀禮志疑》，援據諸説，以己意附于各條之下爲參稽。是編因《三禮》之書多由漢儒采輯而成，其中所載古今典禮，自明堂、清廟、吉、凶、嘉、賓、軍、禮以及名物器數，互相考核，多有齟齬不合處，遂取鄭（玄）孔（穎達）諸家注疏，折衷于朱熹之書，并旁及《春秋》、律吕等與《三禮》相關資料，悉爲采入，務得其中。是書可與陸隴其之書并存不廢，互爲參證。陸氏以其覃思，墨守于程、朱，考辨《三禮》黄制、名物、器具，指摘經文之疑，辨正注家之誤，多附己意，時有發明。汪書于經文注疏、隨文糾正、考核折衷，其用意實非一般。因是書爲讀書時隨手標記箋注，後經其弟子編輯而成，故時有疏誤。有栖碧山房刊本、《正誼堂全書》本、《學海類編》道光間刻本、《書三時齋叢書》本、張清恪合刊本等。

參讀禮志疑卷之上

婺源後學汪　紱

今之譚經者於易則欲羅焦京王何於書於詩則欲擯小序箋疏以朱蔡爲少也獨於禮則望漢儒注疏而卻行雖雲莊集說亦倦然而不臧卒業矣夫焦京流於術王何入於玄書詩之大小序則附會穿鑿而不復察於本篇之意旨所存漢唐諸儒惟事訓詁多爲枝葉不有朱蔡何以大其廓清之功乎禮則不然禮謹節文禮之迹存乎器數節文器數與俗更革去古日遠其迹日湮數千百年而失亡盡矣漢儒去周未遠周之所遺車服

012

春秋大事表五十卷輿圖一卷附録一卷

（清）顧棟高輯，清乾隆顧氏萬卷樓刻本，二十四册。半葉十一行，行二十五字，小字雙行同，白口，無魚尾，四周單邊，框高21.2厘米，寬14.3厘米。

顧棟高（1679—1759），字震滄，又字復初，號左畬。無錫（今江蘇無錫）人。清代經學家。清康熙年間進士，賜國子監司業，復加祭酒銜。研習經學，調和朱熹、王陽明之説，尤長《左傳》，積十年之力著《春秋大事表》五十卷，另有《毛詩類釋》《尚書質疑》等。

此書是一部精心撰構的帶有總結性特點的《春秋》名著。《春秋大事表》五十卷將春秋列國諸事排比成表，分時令、朔閏、長曆、拾遺、疆域、列國地理、城邑、山川、險要、官制、姓氏、世系、刑罰、田賦等目。一一説明，條理明晰，考證精確，其辨論諸篇，多發前人所未發，頗具史料價值。全書不僅在編撰體例上匠心獨運，巧妙地糅合了紀事本末體和史表的優點，而且具有重要的思想價值，在探求《春秋》之著述宗旨和評論春秋歷史時勢方面，提出了諸多創見，至今仍是研究《春秋》經傳和先秦史的重要文獻。另有《四庫全書》本、《皇清經解續編》本。

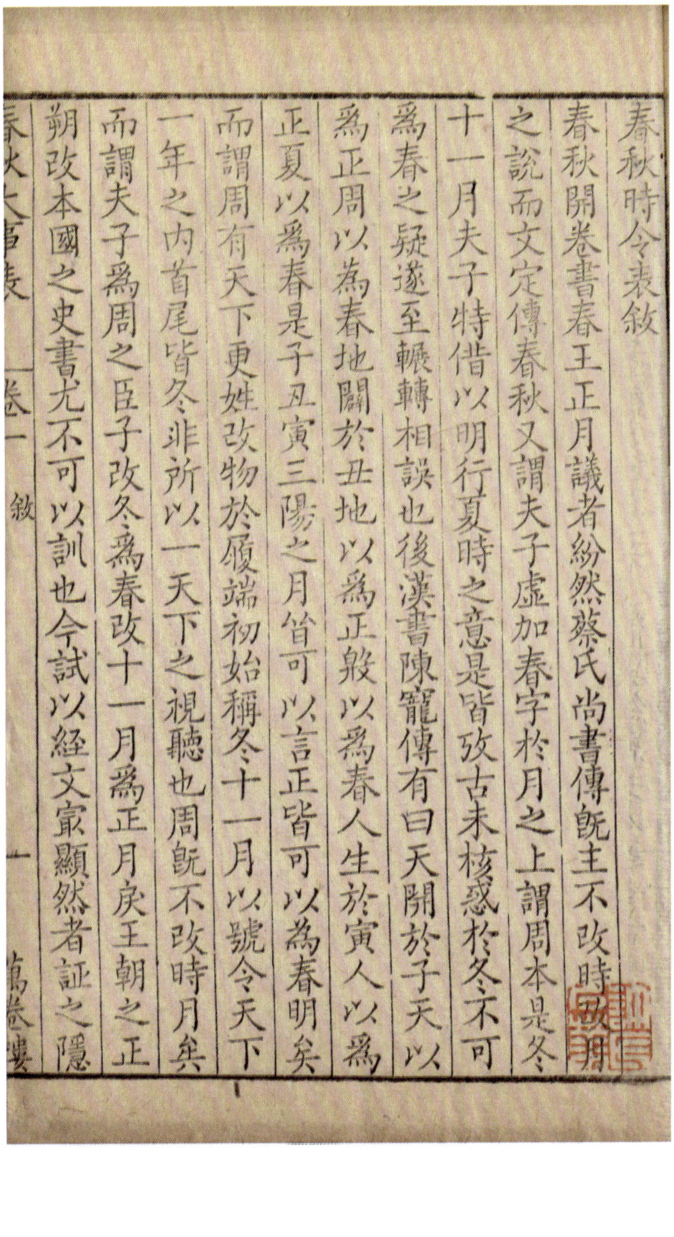

春秋時令表敘

春秋開卷書春王正月議者紛然蔡氏尚書傳旣主不改時之說而文定傳春秋又謂夫子虛加春字於月之上謂周本是冬十一月夫子特借以明行夏時之意是皆攷古未核惑於冬不可爲春之疑遂至輾轉相誤也後漢書陳寵傳有曰天開於子天以爲正周以爲春地闢於丑地以爲正殷以爲春人生於寅人以爲正夏以爲春是子丑寅三陽之月皆可以言正皆可以爲春明矣而謂周有天下更姓改物於履端初始稱冬十一月以號令天下一年之內首尾皆冬非所以一天下之視聽也周旣不改時月矣而謂夫子爲周之臣子改冬爲春改十一月爲正月戾王朝之正朔改本國之史書尤不可以訓也今試以經文冣顯然者証之隱

春秋大事表　卷一　敘　一　萬卷樓

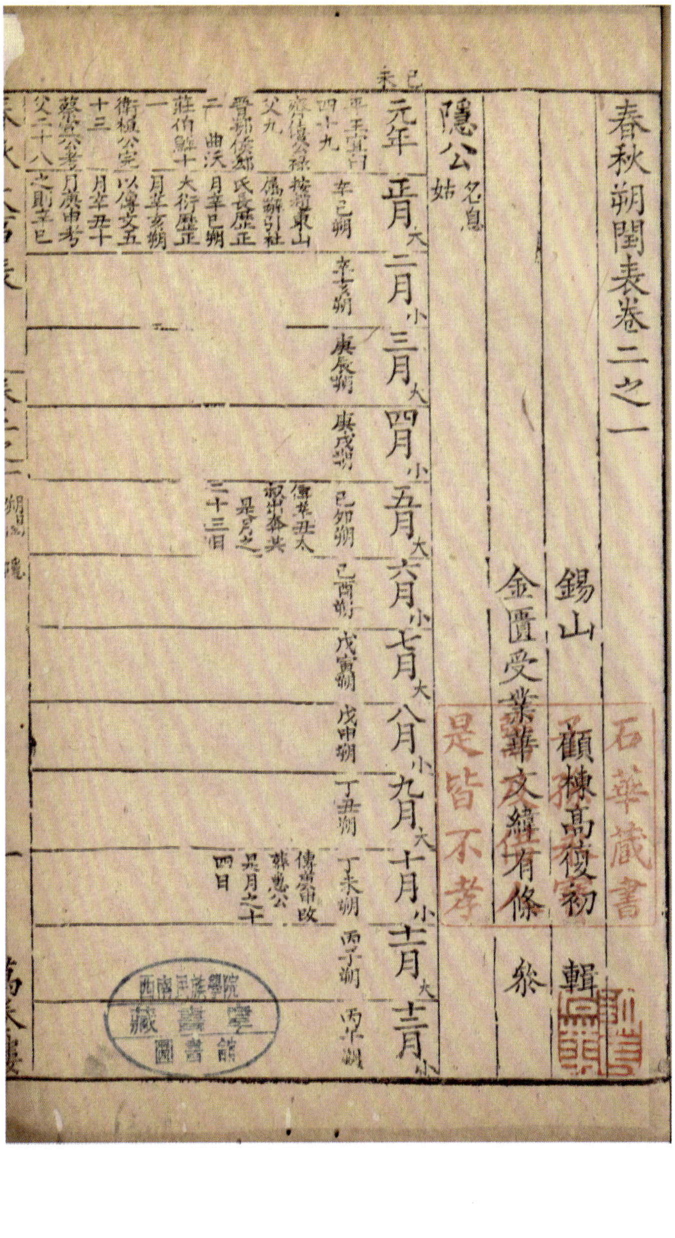

春秋朔閏表卷二之一

錫山　顧棟高復初　輯

金匱受業華文緯有條　參

隱公 名息姑

元年

平王宜臼四十九　齊僖公祿父九　晉鄂侯郄二　曲沃莊伯鮮十一　衛桓公完十三　蔡宣公考父二十八

按謝東山偶辭引杜氏長歷正月辛巳朔大衍歷正月辛亥朔以傳文五月辛丑十月庚申考之則辛巳

月	朔	注
正月大	辛巳朔	
二月小	辛亥朔	
三月大	庚辰朔	
四月小	庚戌朔	
五月大	己卯朔	傳辛丑太叔出奔共是月之二十三日
六月小	己酉朔	
七月大	戊寅朔	
八月小	戊申朔	
九月大	丁丑朔	
十月小	丁未朔	傳壬申改葬惠公是月之二十四日
十一月大	丙子朔	
十二月小	丙午朔	

春秋大事表　朔閏　隱　萬卷樓

013

鄉黨圖考十卷

（清）江永著，清乾隆五十二年（1787）致和堂刻本，三册，存八卷（卷一至三、卷六至十）。半葉九行，行二十五字，白口，單黑魚尾，四周單邊，框高18.7厘米，寬13.2厘米。

江永（1681—1762），字慎修，徽州婺源（今屬江西）人。清代經學家、音韵學家。精研音韵及“三禮”，兼通曆算地理，其學以考據見長，開皖學之風氣。著作較多，有《古韵標準》《音學辨微》《四聲切韵考》《推步法解》《七政衍》以及《中西合法擬草》和《近思録集解》等。

此書是江永以經傳考證《論語·鄉黨篇》制度名物的禮學研究專著。江永之學遠承朱熹“格物”遺教，意欲完成朱子未竟之志，成禮樂之完書，雖被指斥爲僭妄也有所不辭。他在自序中稱歷來經學研究，“著述家得其大者，遺其細，如宫室、衣服、飲食、器用皆未暇數之”。故作此書，以補其缺漏。第一卷爲圖譜，記孔子先世及紀年與制度名物，每圖皆輔以文字説明。二至十卷爲考訂：第二卷爲聖迹，隨事考核，以歸實録。朝聘一卷，評考其始末。宫室爲一卷，以朱熹《儀禮釋宫》爲依據。衣服分上、下兩卷，考證詳細。飲食一卷。器用一卷，詳考車輿制度。容貌、雜典各一卷。是書皆援據經傳古注於前，然後再加案語，一一加以考辨。考核極爲精密，尤其是關于深衣、車制、宫室制度的考證，爲專門之學，遠在各家之上，多可糾前人之謬。另有潛德堂刊本、《四庫全書》本。

鄉黨圖考卷之一

圖譜

孔子先世圖

宋微子啓 殷帝乙元子周成王封之於宋

微仲衍 微子弟 — 宋公稽 — 丁公申 — 湣公共 — 弟父何 讓國於弟厲公

煬公熙 — 厲公鮒祀 弒煬公後傳宋國

宋父周 — 世子勝 世本無此一代 — 正考父 宋大夫 — 孔父嘉 宋大夫爲華督所殺

木金父 — 祁父皋夷 世本作祁父家語作皋夷誤作睪夷 — 防叔 避華氏奔魯世本云爲防邑大夫

伯夏 — 叔梁紇 爲陬邑大夫 — 孔子

014

易堂問目四卷

（清）吴鼎輯，清乾隆三十七年（1772）刻本，二册。半葉十行，行二十一字，白口，單黑魚尾，左右雙邊，框高17.5厘米，寬12.5厘米。

吴鼎（生卒年不詳），字尊彝，號易堂，金匱（今江蘇無錫市）人。清代儒學家，乾隆舉人，因博通經學被薦舉，官至翰林院侍講。博通經史，平生深研易學，另著有《易例舉要》《十家易象集説》《附録》《東莞學案》等。

此書是吴鼎爲諸生時所作。六經疑義頗多，而“三禮”尤甚，因此本書就每一經選擇其最難部分，條舉數件大事，設爲問難。如已經諸儒論定的，就援引其説加以判定；如未定的，就附上自己的見解。共分十三門，首先是“郊社”、“禘祫”、“時享”、“廟制”、“律吕”五門，其次是《易》《書》《詩》《周禮》《禮記》《春秋》，諸經八門。在“郊社”、“禘祫”方面大多以朱熹之説爲主，兼及楊復、陳祥道之説。

易堂問目卷之一

臣吳鼎輯

郊社

問鄭氏註禮有六天之說一皇天大帝北辰耀魄寶二蒼帝靈威仰三赤帝赤熛怒四黃帝含樞紐五白帝白招拒六黑帝汁光紀王肅以爲天一而已安得有六鄭氏分圜丘與郊爲二祭冬至圜丘爲祭皇天大帝夏正郊天爲祭感生帝王肅以爲郊卽圜丘圜丘卽郊鄭氏之說何所本與王氏之說後儒孰善發明之與

鄭氏之說本春秋緯運斗樞文耀鉤元命苞見周

015

六經圖二十四卷

（清）鄭之僑編，清乾隆九年（1744）潮陽鄭氏述堂刻本，十二册。半葉九行，行二十二字，白口，單黑魚尾，四周雙邊，框高20.6厘米，寬13.8厘米。

鄭之僑（1707—1784），字茂雲，號東里，山東濟寧人。清崇禎九年（1636）舉于鄉，後歸濟上，立社教授生徒，絶口不談時事。另著有《確庵稿》《丹照集》《争光集》等。

此書以圖解經，使經義繁雜晦澀處得以一目瞭然。鄭之僑把廣信府《六經圖》碑刻本進行整理改爲書本，收《易經》《書經》《詩經》《春秋》《禮記》《周禮》六經之圖。各經卷首有鄭之僑“源流”一篇。全書收版圖數百幅，以文釋圖，闡述禮儀規制。涉及卦象、日星、疆域、廟堂、服飾、文物、車騎、鳥獸、草木等方面，該書則取先儒圖考補正，各圖注釋亦時附以考證，給人以系統性、形象性、概括性的感受。尤其是《易經圖》把抽象而複雜的問題明確化，成爲人們把握儒家經典内涵的通道。此本牌記題有“乾隆玖年鐫，後學潮陽鄭之僑東里編輯，述堂藏版”。

乾隆玖年鐫

後學潮陽鄭之僑東里編輯

六經圖

述堂藏板

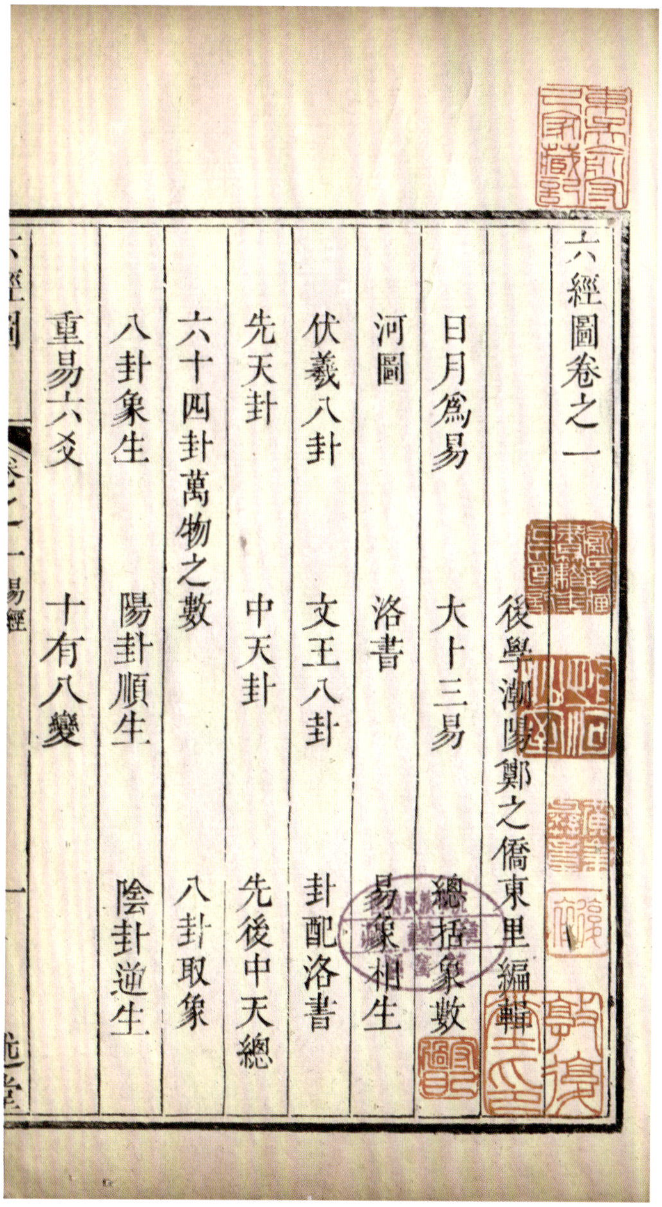

六經圖卷之一

後學潮陽鄭之僑東里編輯

日月爲易　大卜三易　總括象數

河圖　洛書　易象相生

伏羲八卦　文王八卦　卦配洛書

先天卦　中天卦　先後中天總

六十四卦萬物之數　八卦取象

八卦象生　陽卦順生　陰卦逆生

重易六爻　十有八變

六經圖　卷之一　易經　一　述堂

016 六書通十卷

（明）閔齊伋校，清乾隆六十年（1795）刻本，十册。半葉八行，行二十四字，小字雙行同，白口，無魚尾，四周單邊，框高20.9厘米，寬14.5厘米。

閔齊伋（生卒年不詳），字及武，號寓五，烏程（今浙江吴興）人。明末刻書家。畢生不求仕進，專以著述爲事。以套印古籍著稱于世，其印本，對繪刻、版式、紙墨都很講究，素爲藏書家所重。世稱有閔氏序跋題記者爲“閔刻本”。曾先後批校《國語》《戰國策》《檀弓》《孟子》等書，共彙刻10種。又著有《春秋公羊傳注》和《春秋穀梁傳注》，最重要的著作是《六書通》。

此書旨在通六書之變，故名。凡10卷，集三代秦漢諸篆法，旁搜各體，討求本原，參互辨疑，以通古文形體之變。它仿照《金石韵府》體例，以《洪武正韵》統字，每一字楷書，先列俗體字，後列《説文》中的小篆及反切。凡《説文》中的部首字，均標明“建首”二字，然後列古文、籀文、鐘鼎彝器以及秦漢公私印章。凡《説文》所無者，均注明出處，自爲注解，并引經史加以證明。閔氏《凡例》説：“灼然乖悖者，芟之稍涉疑似，安知古人之不出于疑似也，現當并存以俟千古。”此書凡是一筆一劃不同者并録，爲後世保存了大量的不同形體古體字，使文字形體發展嬗變的脉絡清晰可尋，是一部研究漢字字體演變及書法篆刻的工具書。有清康熙五十九年（1720）畢氏篆訂刊本、清乾隆六十年（1795）刊本和清光緒四年（1878）留耕堂刊本。

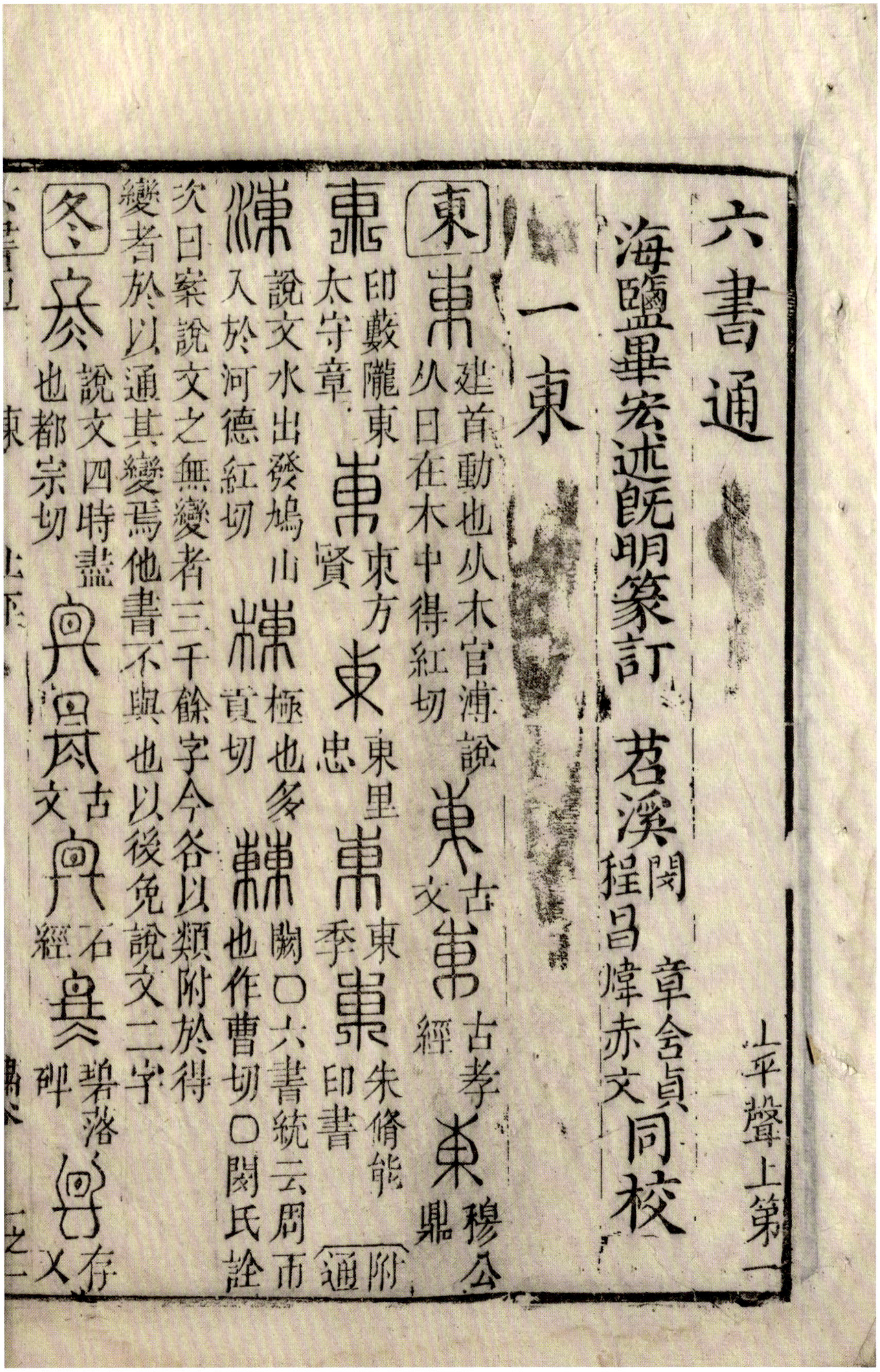

六書通　　平聲上第一

海鹽畢宏述旣明篆訂　苕溪閔章含貞　程昌煒赤文同校

一東

東　建首動也从木官溥說从日在木中得紅切　古文　古孝經　穆公鼎

印藪隴東太守章　東方賢　東里忠　季　朱脩能印書　附通

說文水出發鳩山入於河德紅切　貢切　極也多　也作曹切○六書統云周币○閔氏詮

次日案說文之無變者三千餘字今各以類附於得

變者於以通其變焉他書不與也以後免說文二字

冬　說文四時盡也都宗切　古文　石經　碧落碑　又存

017 汗簡三卷目録一卷

（宋）郭忠恕撰，清康熙四十二年（1703）汪氏一隅草堂刻本，三册。半葉八行，行字不等，白口，無魚尾，左右雙邊，框高21.3厘米，寬14.8厘米。

郭忠恕（生卒年不詳），字恕先，又字國寶。五代、宋初洛陽（今屬河南）人，宋初杰出畫家、文字學家。後周時爲博士，入宋授國子監主簿。擅書畫，精文字學。善寫篆、隸書。傳世畫作有《雪霽江行圖》，著《佩觿》三卷。又彙編古文爲《汗簡》。

此書是一部古文字典。郭氏將他所能見到的，散見于各種字書、碑刻等資料中的“古文”盡力搜求，彙爲一編。攝取七十餘種古佚書，搜集了三千多文字，并將這些文字仿照《説文》，按字形分成540部，“分别部居”，“據形繫聯”，使其成爲一部有系統的“古文”字書。書中保存的先秦“古文”數據，爲我國古代集戰國文字大成之專著。該書對于研究古文字學以及整理古代的文化遺産，有很高的參考價值。

汗簡

汗簡元闕著撰人名氏因請見東海徐騎省鉉云是郭忠恕製復舊曰字部末[illegible]字注腳趙字下俱有臣忠恕字驗之明矣 李公建中題此

郭忠恕仕周朝為朝散大夫宗正丞兼國子書學博士

汗簡卷第一

汗簡者古之遺像後代之宗師也蒼頡而下史籀已還爰從漁獵得其一二傳寫多誤不能盡通臣頃以小學蒞官校勘正經石字繇是諮詢鴻碩假借字書時或採掇備成卷軸乃以尚書為始石經說文次之後人綴緝者殿末焉遂依許氏各分部類不相間雜易於檢討遂題出處用以甄別仍於本字下直作字樣之釋不為隸古取其便識與今文正同者惟目錄

018 古今通韵十二卷

（清）毛奇齡撰，清康熙二十四年（1685）史館刻本，四册。半葉十行，行二十字，小字雙行同，白口，無魚尾，四周單邊，框高19.8厘米，寬13.8厘米。

毛奇齡（1623—1716），字大可，號秋晴，蕭山（今屬浙江）人。清初著名的經學家和詩人。清康熙舉博學鴻儒，授翰林院檢討，參與修《明史》。亦工詩，善駢、散文。著述甚富，撰有《四書改錯》《春秋毛氏傳》《仲氏易》等。後人編爲《西河合集》。

此書考證律韵（指唐宋官韵）和平水韵的源流，并討論古韵的分部和通轉。毛氏以爲平水韵應爲108韵，在通行的詩韵106韵外，另增上聲"拯"韵、去聲"證"韵。全書按108韵列字，有關韵目下注明禮部韵獨用、通用之例，以恢復律韵206韵的面貌。每韵收字、反切、釋義在詩韵基礎上有所增删修改。所引韵文以《詩經》《周易》爲主，包括《楚辭》、諸子、漢魏六朝詩、歌、樂府，直至唐宋詩文，并運用了諧聲材料，然後在"附載"中補充列舉例證。書中多排斥顧炎武《音學五書》，并自創古韵四門，即爲五部、三聲、兩界、兩合之理論。第一部爲平聲韵"東"、"冬"、"江"、"陽"、"庚"、"青"、"蒸"7韵，第二部爲"支"、"微"、"齊"、"佳"、"灰"、"魚"、"虞"、"歌"、"麻"、"尤"10韵，第三部爲"魚"、"虞"、"歌"、"麻"、"蕭"、"肴"、"豪"、"尤"8韵，第四部爲"真"、"文"、"元"、"寒"、"删"、"先"6韵，第五部爲"侵"、"覃"、"鹽"、"鹹"4韵。三聲指平上去三聲相通，統歸一部。兩界指入聲歸入第一、四、五陽聲三部，稱"有入十七部"，17韵連環通轉；第

二、三陰聲二部稱“無入十三部”，十三韻間也互相通轉。兩合指無入十三部的去聲跟有入十七部的入聲通轉。此外，又用“葉”來解釋不合四門的其他通轉現象。作爲一部音韻學書，由朝廷宣付史館刊行，在當時有一定影響，尚可供研究古韻者檢閱參考。

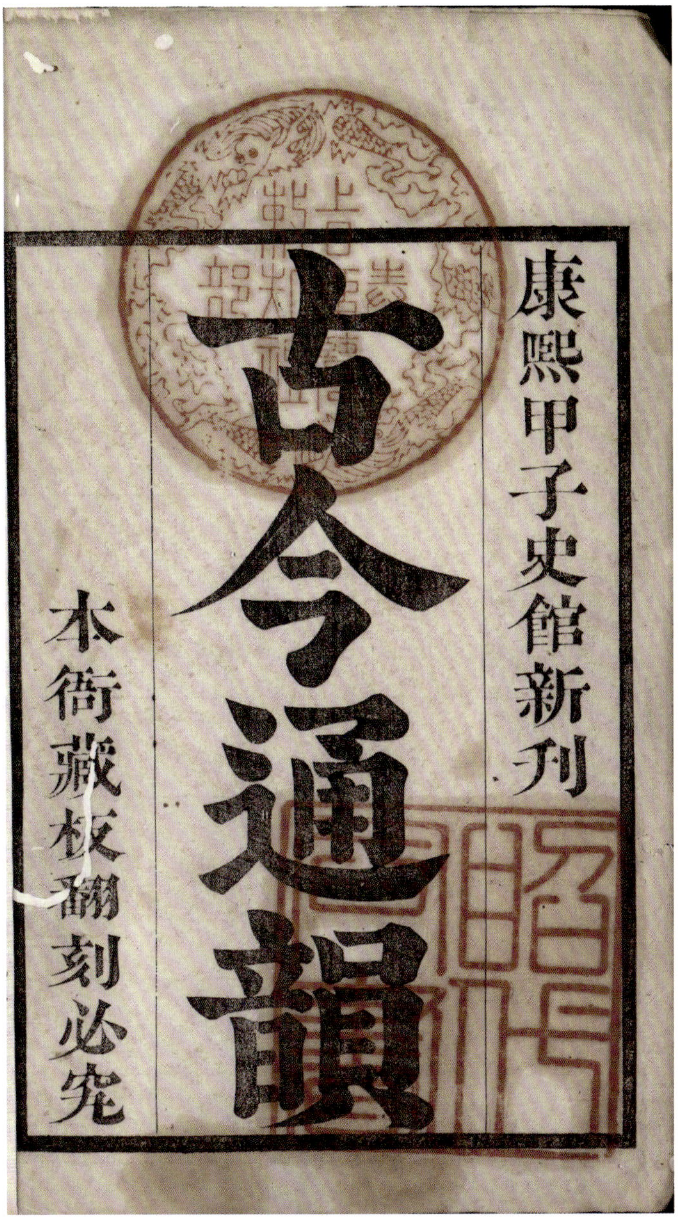
康熙甲子史館新刊
古今通韻
本衙藏板翻刻必究

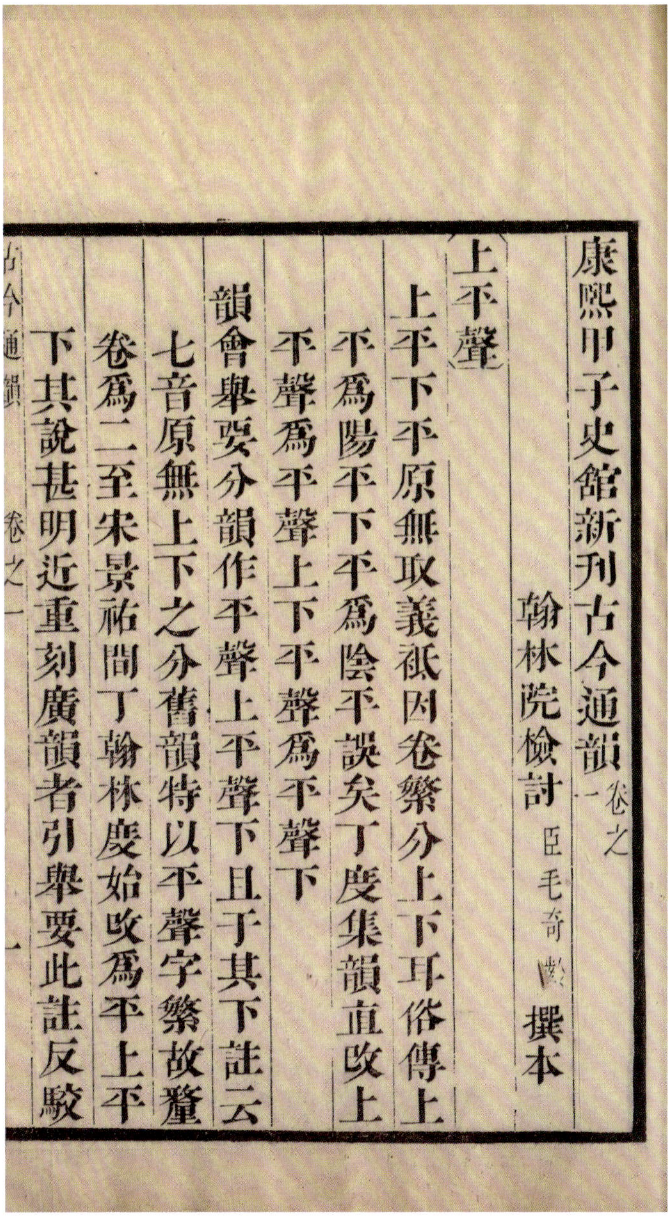
康熙甲子史館新刊古今通韻卷之一
翰林院檢討　臣毛奇齡撰本
上平聲
上平下平原無取義祇因卷繁分上下耳俗傳上平爲陽平下平爲陰平誤矣丁度集韻直改上平聲爲平聲上下平聲爲平聲下
韻會舉要分韻作平聲上平聲下且于其下註云七音原無上下之分舊韻特以平聲字繁故釐卷爲二至宋景祐間丁翰林度始改爲平上平下其說甚明近重刻廣韻者引舉要此註反駁
古今通韻　卷之一　一

019

古今韵略五卷

（清）邵長蘅撰，清康熙三十五年（1696）商丘宋犖刻本，五册。半葉十行，行二十一字，黑口，單黑魚尾，四周單邊，框高19.9厘米，寬13.8厘米。

邵長蘅（1637—1704），字子湘，號青門山人。武進（今屬江蘇常州市）人。清詩人，早年詩學唐人，後改學宋人。前後詩風迥异。曾爲宋犖幕，編選王士禛、宋犖詩爲《二家詩鈔》并作序。邵與侯方域、魏禧齊名，著有《青門全集》《古今韵略》，今傳于世。

此書共5卷，爲時人讀古體詩、作古體詩而作。書中分今韵和古韵。今韵以陰時夫《韵府群玉》爲依據，删正其訛複60餘字，增收780餘字；古韵以吴棫《韵補》爲本，去其複字，增收楊慎《轉注古音略》中的字。此外又增加340餘字，共收字9551個。按上平聲（古二十八韵，今十五韵）、下平聲（古二十九韵，今十五韵）、上聲（古五十五韵，今二十九韵）、去聲（古六十韵，今三十韵）、入聲（古三十四韵，今十七韵）排列。

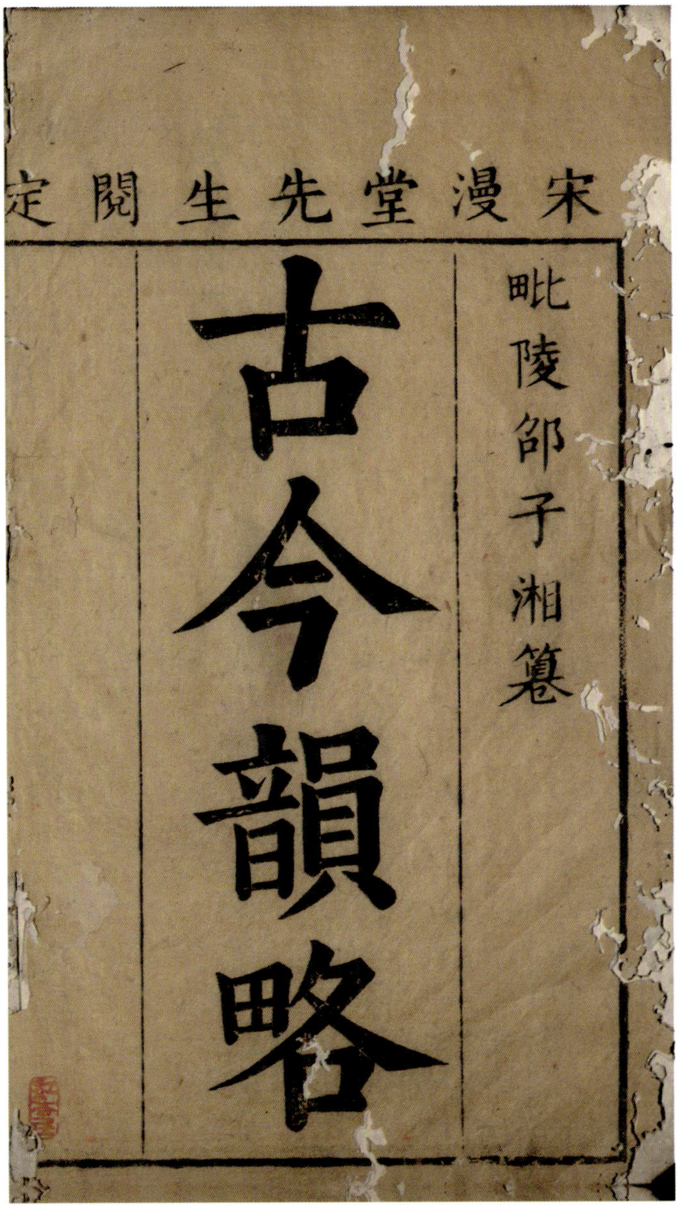

宋漫堂先生閱定

古今韻略

毗陵邵子湘纂

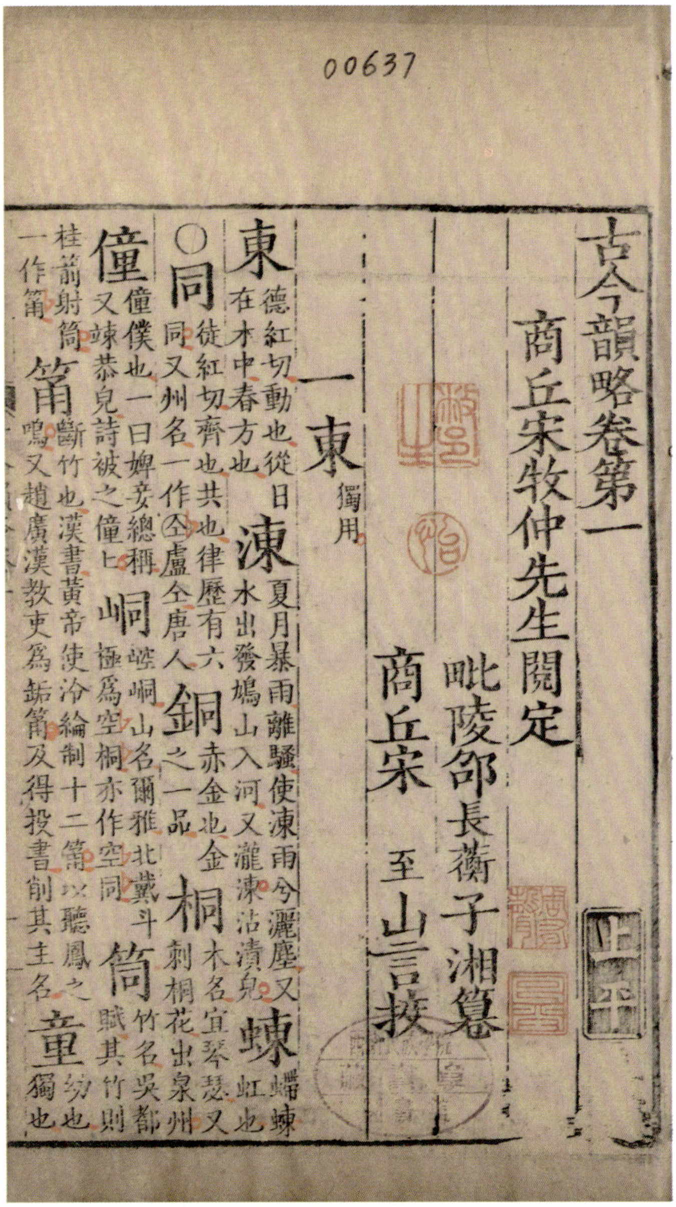

00637

古今韻略卷第一

商丘宋牧仲先生閱定

毗陵邵長蘅子湘纂

商丘宋至山言校

一東 獨用

東 德紅切動也從日在木中春方也 凍 夏月暴雨離騷使凍雨兮灑塵又水出發鳩山入河又瀧凍沾漬皃 蝀 螮蝀虹也

○同 徒紅切齊也共也律歷有六同又州名一作仝盧仝唐人 銅 赤金也金之一品 桐 木名宜琴瑟又刺桐花出泉州

僮 僮僕也一曰婢妾總稱又竦恭皃詩被之僮僮 峒 崆峒山名爾雅北戴斗極爲空桐亦作空同 筒 竹名吳都賦其竹則桂箭射筒一作筩

筩 斷竹也漢書黃帝使泠綸制十二筩以聽鳳之鳴又趙廣漢教吏爲缿筩及得投書削其主名 童 幼也獨也

020

五雅五種四十一卷

（明）郎奎金編，明天啓六年（1626）郎氏堂策檻刻本，四册，存二十一卷（一至二十一）。半葉九行，行二十字，小字雙行同，白口，無魚尾，四周單邊，框高20.1厘米，寬13.1厘米。

郎奎金（生卒年不詳），字公是，浙江仁和人。明代人。

此書由明代郎奎金以《爾雅》《小爾雅》《逸雅》（即《釋名》）《廣雅》《埤雅》彙刻爲《五雅全書》，是五部通釋古代文詞、事物意義的辭書。全書包含五種以《爾雅》體例編纂的訓詁學著作：《爾雅》兩卷、《小爾雅》一卷、《逸雅》八卷、《廣雅》十卷、《埤雅》二十卷，共四十一卷。其中，《爾雅》是我國第一部按義類編排的綜合性辭書，是疏通包括五經在内的上古文獻中詞語古文的重要工具書，是中國辭書之祖，收録4300多個詞語，按義類編排，計2091個條目，是秦漢間的學者綴緝先秦各地的諸書舊文、遞相增益而成的。它還是中國古代的典籍《十三經》的一種，是中國傳統文化的核心組成部分。《小爾雅》是訓詁學著作，仿《爾雅》之例，對古書中的詞語作了解釋。原本不傳，今所謂《小爾雅》是《孔叢子》的一篇。《逸雅》（《釋名》）是東漢劉熙撰寫的一部訓詁專著，以探求詞源爲主要目的，以聲訓爲主要手段，是漢語中第一部解釋事物命名緣由的專書，開我國音訓詞典的先河，它啓發學者從語音的角度理解詞義和探索義近形聲字。因其他四書皆以“雅”名，于是改《釋名》爲《逸雅》。《廣雅》爲增廣《爾雅》而作，故名，是仿照《爾雅》體裁編纂的一部訓詁學彙編，相當于《爾雅》的續篇，篇目也分爲19類，各篇的名稱、順序，説解的方式，以致全書的體例，都和《爾雅》相同，甚至有些條目的順序也與《爾雅》相同，也是中國最早的一部百科詞典，共收詞彙18150個。《埤雅》是北宋陸佃所編輯的辭典，專釋動植物及天文氣象名詞，對于《詩經》中的動植物做了深入的研究，廣徵博引，保存古義，具有較高的參考價值。

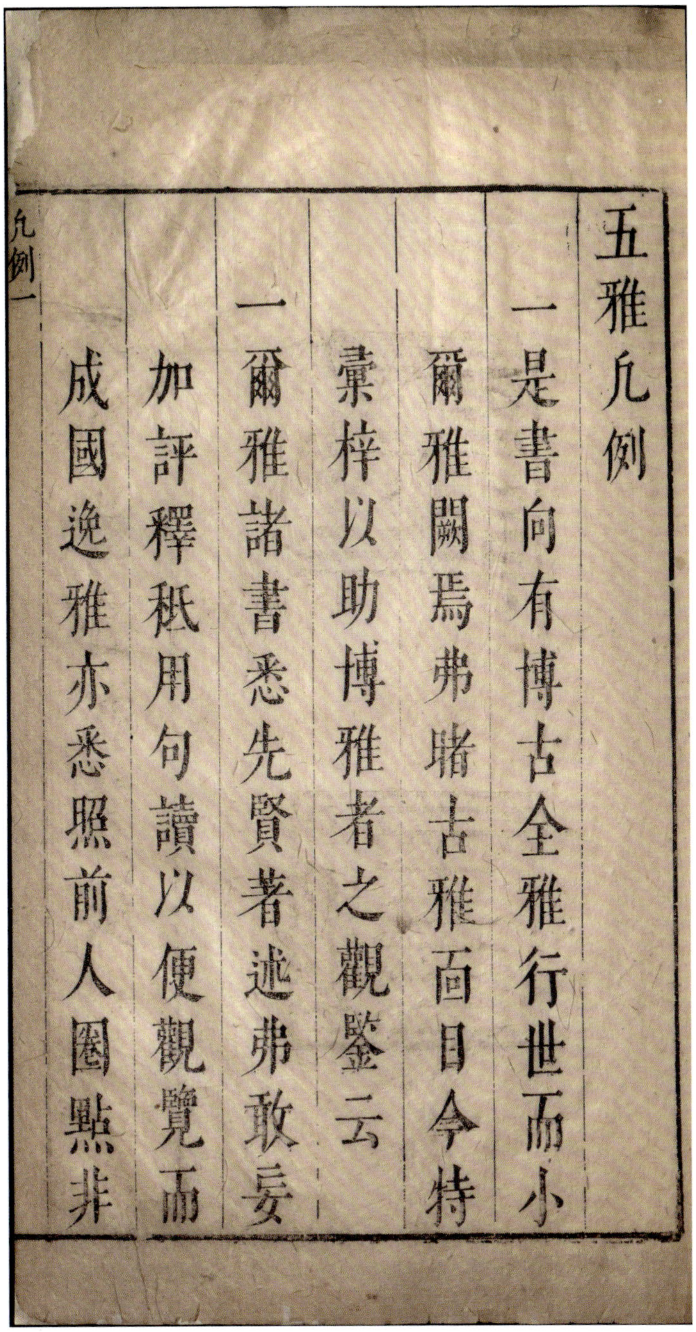
五雅凡例
一是書向有博古全雅行世而小
爾雅闕焉弗睹古雅面目今特
彙梓以助博雅者之觀鑒云
一爾雅諸書悉先賢著述弗敢妄
加評釋秖用句讀以便觀覽而
成國逸雅亦悉照前人圈點非
凡例一

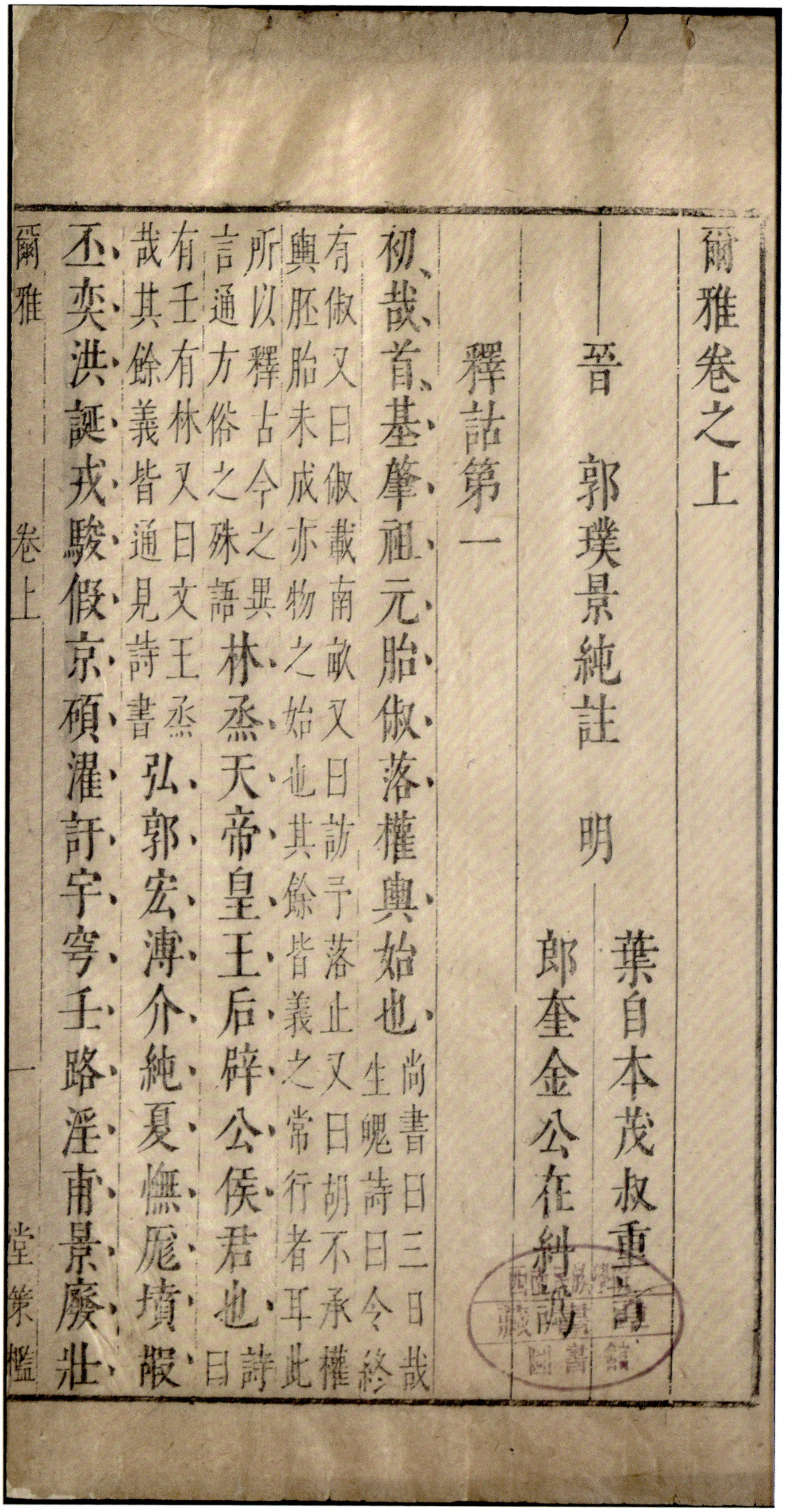
爾雅卷之上

晉　郭璞景純註　明　葉自本茂叔重訂

郎奎金公在紨閱

釋詁第一

初、哉、首、基、肇、祖、元、胎、俶、落、權、輿、始也、尚書曰三日哉生魄詩曰令終有俶又曰俶載南畝又曰訪予落止又曰胡不承權輿胚胎未成亦物之始也其餘皆義之常行者耳此所以釋古今之異言通方俗之殊語林、烝、天、帝、皇、王、后、辟、公、侯、君也、詩曰有壬有林又曰文王烝哉其餘義皆通見詩書弘、廓、宏、溥、介、純、夏、幠、厖、墳、嘏、丕、奕、洪、誕、戎、駿、假、京、碩、濯、訏、宇、穹、壬、路、淫、甫、景、廢、壯、

爾雅　卷上　一　堂策檻

逸雅卷之一

漢 劉 熙成國撰 明 石九鼎禹治重訂

釋名

釋天

天豫司兖冀以舌腹言之天顯也在上高顯也青徐以舌頭言之天坦也坦然高而遠也春曰蒼天陽氣始發色蒼蒼也夏曰昊天其氣布散皓皓也秋曰旻天旻閔也物就枯落可閔傷也冬曰上天其氣上騰與地絕也故月令曰天氣上騰地氣下降易謂之乾

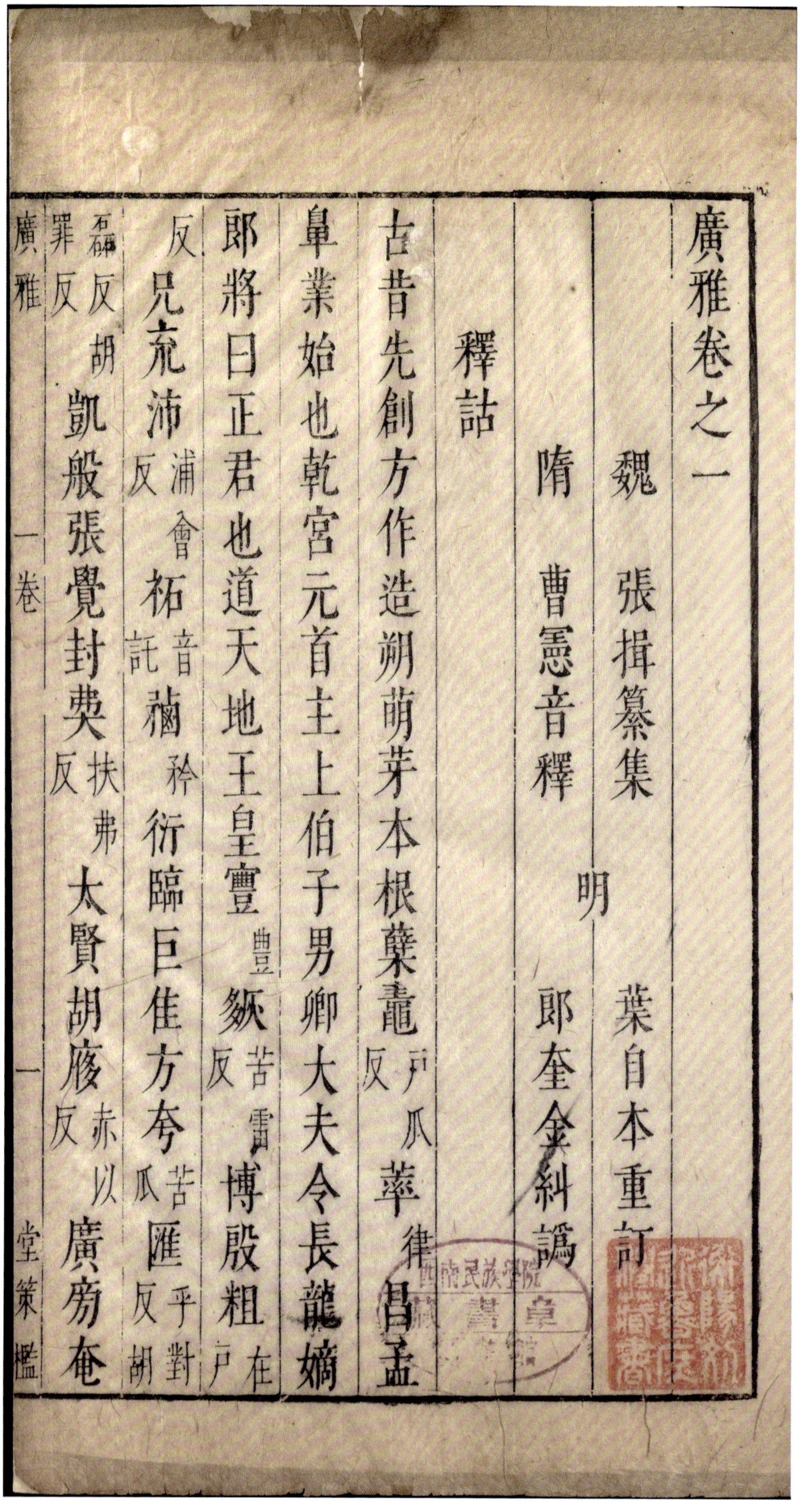
廣雅卷之一
魏　張揖纂集　　明　葉自本重訂
隋　曹憲音釋　　郎奎金糾譌
釋詁
古昔先創方作造朔萌芽本根蘖鼃戶瓜反萃律昌孟
鼻業始也乾宮元首主上伯子男卿大夫令長龍嫡
郎將日正君也道天地王皇亹豊欬苦雷反博殷粗在戶
反兄汒沛浦會反祏音託禰衿衍臨巨隹方夸苦瓜匯乎對反胡
磊反胡罪反凱般張覺封奭扶弗反太賢胡㾌赤以反廣旁奄
廣雅　一卷　一　堂策檻

小爾雅

漢　孔鮒纂集　　明　朱師賓重訂
宋　咸注釋　　　郎壁金糾謬

廣詁一

淵懿邃隤深也封臣莫莽艾祁大也封豕莫府祁寒皆言大也艾亦爲久須賦鋪敷布也蓋戴燾蒙冒覆也鍾崇府最積灌聚樸叢也詩灌木棫樸皆叢義閱搜履尨具也攻爲詁相旬宰營匠治也詁旬未詳餘皆常意蠲祓禋屑潔也吉蠲爲饎祓其不祥禋于六宗皆潔也勿蔑微曼末沒無也隆巢岸峻高也巢取居高逼尼

021

爾雅注疏十一卷

（晉）郭璞注，清乾隆五十一年（1786）金閶書業堂刻本，四册。半葉九行，行二十一字，小字雙行同，白口，單黑魚尾，左右雙邊，框高17.9厘米，寬12.1厘米。

郭璞（276—324），字景純，河東郡聞喜縣（今山西聞喜）人。兩晋時期著名文學家、訓詁學家、風水學者。博學多才，精于卜筮。詩今存二十二首，其中《游仙詩》十四首最爲有名。博洽多聞，好經術，擅詞賦，又喜陰陽卜筮之術。以時亂避地渡江，官著作佐郎，後爲王敦記室參軍，因勸阻敦起兵被殺。所著《爾雅注》《爾雅音》《爾雅圖贊》等，集《爾雅》學之大成。傳世著作還有《方言注》《山海經注》《穆天子傳注》等。

《爾雅》爲中國最早以釋義爲主、專門用以解釋經傳文字的著作，也是第一部按照詞義系統和事物分類來編纂的詞典。此書對《爾雅》加以注釋和疏證，其與現存《爾雅》相對，共十九篇，被譽爲“開啓六藝之鎖鑰，通達經籍之津梁”。該書有兩部分：一郭璞的《爾雅注》，參考樊光、孫炎等舊注，對《爾雅》作了新的注解。二邢昺的《爾雅疏》。《爾雅注》注重詞義訓釋，引用經典以爲佐證。《爾雅疏》對《爾雅注》進行了查漏補缺，詳細分析了每一詞條的共同意義以及其中每一個詞的特殊意義，引證豐富。所引舊注，有些今已不存，彌足珍貴。

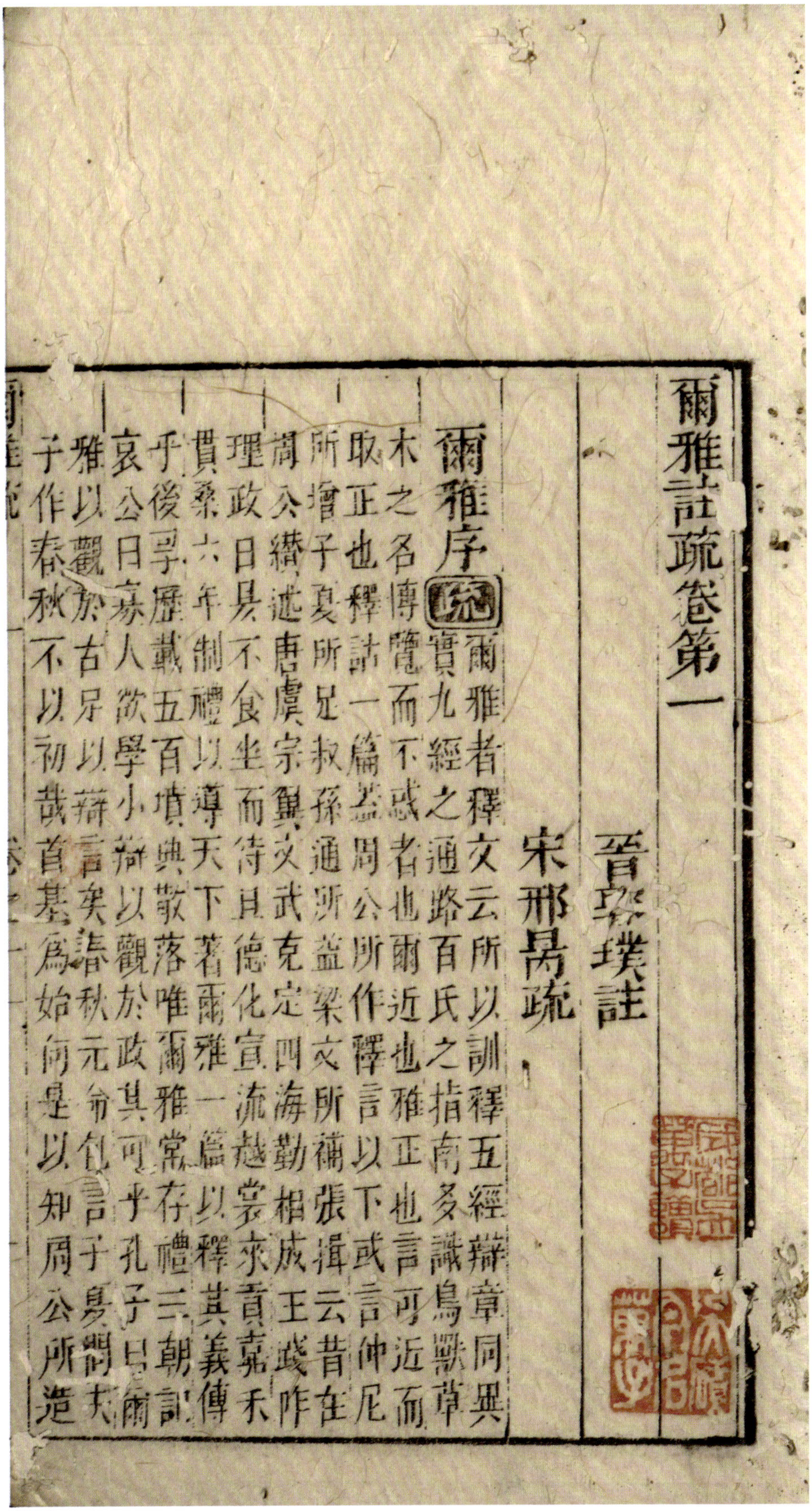

爾雅註疏卷第一

晉郭璞註

宋邢昺疏

爾雅序【疏】爾雅者釋文云所以訓釋五經辯章同異實九經之通路百氏之指南多識鳥獸草木之名傳覽而不惑者也爾近也雅正也言可近而取正也釋詁一篇蓋周公所作釋言以下或言仲尼所增子夏所足叔孫通所益梁文所補張揖云昔在周公纘述唐虞宗翼文武克定四海勤相成王踐阼理政日昃不食坐而待旦德化宣流越裳來貢嘉禾貫桑六年制禮以導天下著爾雅一篇以釋其義傳于後學歷載五百墳典散落唯爾雅常存禮三朝記哀公曰寡人欲學小辯以觀於政其可乎孔子曰爾雅以觀於古足以辯言矣春秋元命包言子夏問夫子作春秋不以初哉首基爲始何是以知周公所造

022 漢書評林一百卷

（漢）班固撰，（唐）顔師古注，（明）凌稚隆輯評，明萬曆刻本，三十二册。半葉十行，行二十字，小字雙行同，白口，單黑魚尾，四周單邊，框高23厘米，寬12.2厘米。

凌稚隆（生卒年不詳），字以棟，號磊泉，浙江省烏程縣人。明代學者、雕版印刷家。祖先世代爲官，篤志好學，滿腹經綸，著作頗豐。凌稚隆晚年輯《三才統志》，日嘔血數升不綴，未竟而卒。凌稚隆所撰刻的《史記評林》《漢書評林》都由茅坤作序。另著有《春秋評注測義》《史記纂》《五車韵瑞》等。

《漢書》又稱《前漢書》，由東漢史學家班固編著，是中國第一部紀傳體斷代史。《漢書評林》是當時在研習漢史的熱潮中，經過凌稚隆字斟句酌，歷時三祀，終成巨著。此書輯録了歷代研究《漢書》的精粹。博搜群籍，并參考其父凌約言《漢書評抄》，廣泛摘取東漢至明代170餘家歷代名家對《漢書》的評論精粹。同時也蘊含着凌氏的個人見解，對《史》《漢》問世以來的評語進行了彙總，其中《漢書評林》之評語，多涉及《史記》，是《史》《漢》比較研究的重要資料。全書共一百卷，包括本紀十二篇，表八篇，志十篇，傳七十篇。堪稱有明一代《漢書》評點類書籍的集大成之作，爲後世研究《漢書》提供有益的借鑒。

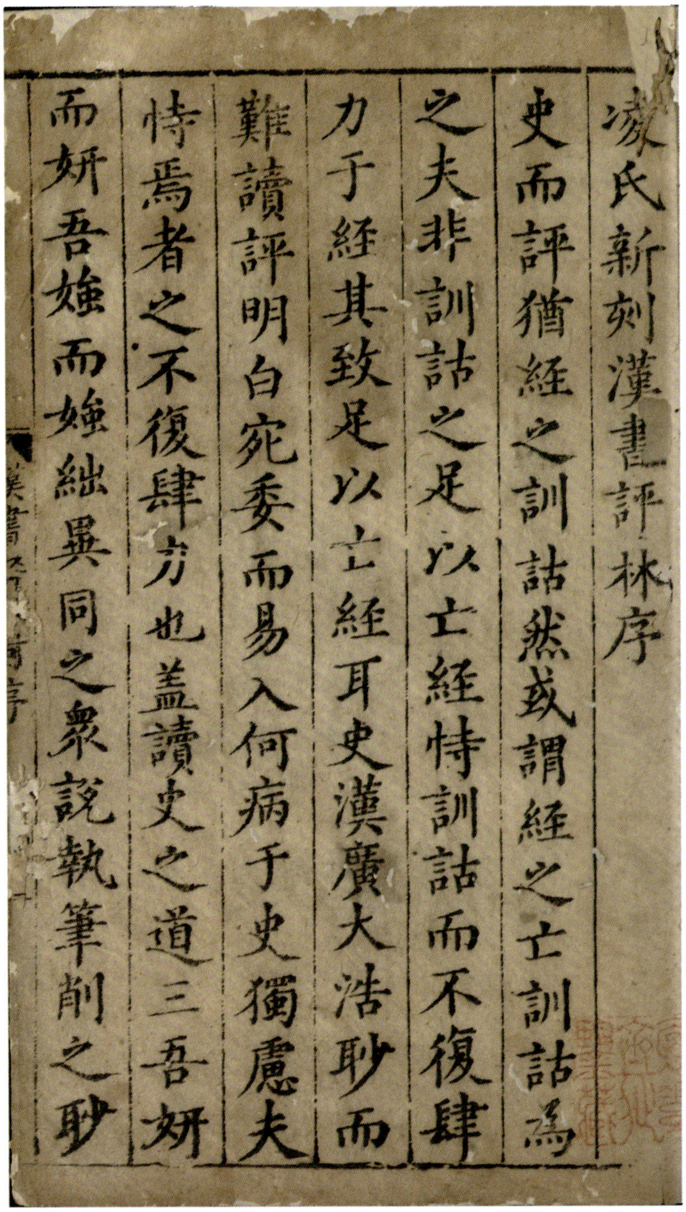

凌氏新刻漢書評林序

史而評猶經之訓詁然或謂經之士訓詁爲之夫非訓詁之足以亡經特訓詁而不復肆力于經其致足以亡經耳史漢廣大浩眇而難讀評明白宛委而易入何病于史獨慮夫恃焉者之不復肆力也蓋讀史之道三吾妍而妍吾媸而媸綜異同之衆說執筆削之眇

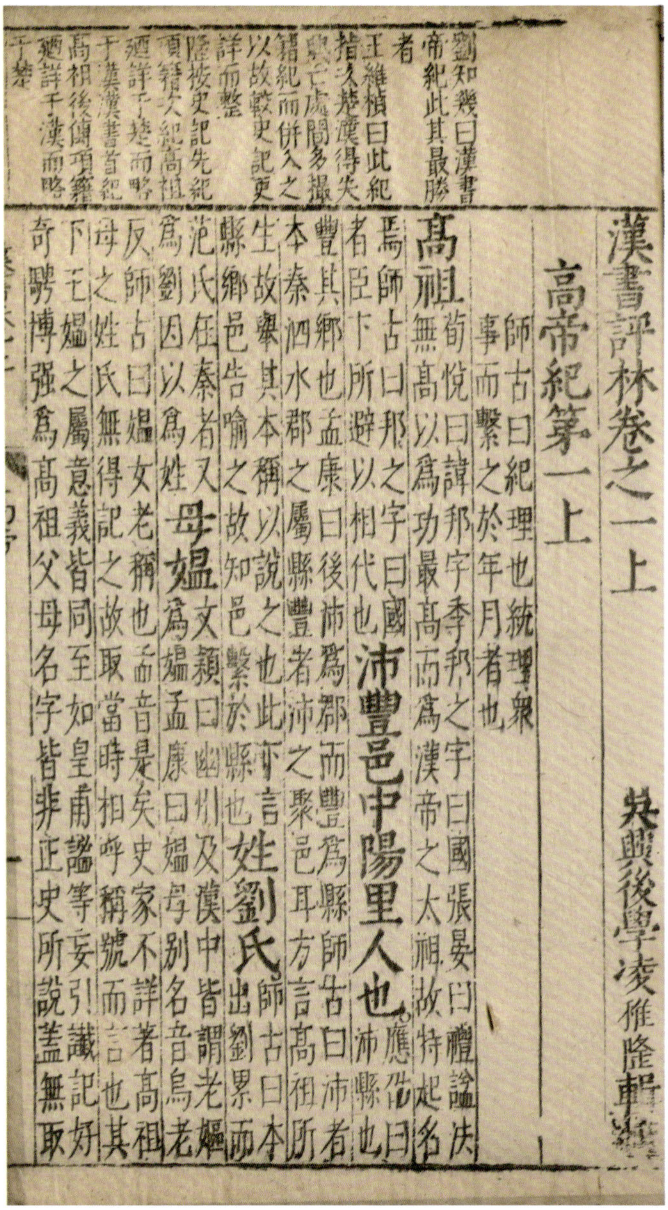

劉知幾曰漢書帝紀此其最勝者

王維楨曰此紀指次楚漢得失與亡處間多撮籍紀而併入之以故較史記更詳而整

陸技史記先紀項籍入紀高祖廼詳于楚而略于漢漢書首紀高祖後傳項籍廼詳于漢而略于楚

漢書評林卷之一上

吳興後學凌稚隆輯校

高帝紀第一上

師古曰紀理也統理衆事而繫之於年月者也

高祖荀悅曰諱邦字季邦之字曰國張晏曰禮謚法無高以爲功最高而爲漢帝之太祖故特起名焉師古曰邦之字曰國者臣下所避以相代也沛豐邑中陽里人也應劭曰沛縣也豐其鄉也孟康曰後沛爲郡而豐爲縣師古曰沛者本秦泗水郡之屬縣豐者沛之聚邑耳方言高祖所生故舉其本稱以說之也此下言縣鄉邑告喻之故知邑繫於縣也姓劉氏師古曰本出劉累而范氏在秦者又爲劉因以爲姓母媼文穎曰幽州及漢中皆謂老嫗爲媼孟康曰媼母別名音烏老反師古曰媼女老稱也孟音是矣史家不詳著高祖母之姓氏無得記之故取當時相呼稱號而言也其下王媼之屬意義皆同至如皇甫謐等妄引讖記好奇騁博强爲高祖父母名字皆非正史所說蓋無取

023

明史稿三百一十卷

（清）王鴻緒撰，清雍正元年（1723）敬慎堂刻本，八十八册。半葉十一行，行二十三字，小字雙行同，白口，單黑魚尾，左右雙邊，框高19.6厘米，寬13.9厘米。

王鴻緒（1645—1723），字季友，號儼齋，又號横雲山人，華亭（今上海市松江縣）人。清康熙十二年（1673）進士，官至户部尚書。曾爲《明史》總裁，後罷官歸里。著有《賜金園集》《横雲山人詩稿》。

此書是記述明代歷史的紀傳體史書，又名《横雲山人明史稿》，成書早于《明史》。共三百一十卷，包括本紀十九卷、志七十七卷、表九卷、列傳二百零五卷。清康熙十八年（1679），史館開始編纂明史。三十年，完成初稿四百十六卷。三十三年，王鴻緒任總裁時，又與當時監修張玉書、總裁陳廷敬各任一類，繼續纂修。王鴻緒承擔列傳，萬斯同于其家負責編寫和修訂，前後歷時八年。四十八年，王鴻緒解任回籍，删削編次列傳成稿，成《明史列傳稿》二百零五卷，于五十三年進呈清廷。後又取志表和本紀之初稿，删改"河渠"、"食貨"、"藝文"、"地理"等志，去"功臣"、"戚臣"、"宦幸"之表，改"大臣上"爲"宰輔"，"大臣中、下"爲"七卿"，惟"諸王表"與之不同。六十一年冬，又在京删改本紀，合訂紀、志、表、傳成《明史稿》三百一十卷，于雍正元年（1723）進呈。後刊印時每卷均題以"王鴻緒著"。王氏史稿攘自萬氏，晚清魏源諸人均有所論列。

簡而事不遺用成一代信史以副朕委任至意
爾其勉之欽哉

勅命

康熙三十六年三月十七日

之寶

明史稾　本紀第一

光祿大夫　經筵講官明史總裁戶部尚書加七級臣王鴻緒奉

敕編撰

太祖一

太祖開天行道肇紀立極大聖至神仁文義武俊德成功高
皇帝諱元璋字國瑞姓朱氏濠州鍾離人先世家沛後徙句
容里名朱巷高祖伯六是爲德祖曾祖四九是爲懿祖祖初
一是爲熙祖父世珍是爲仁祖宋季熙祖始徙居泗州元時
仁祖再徙鍾離之東鄉母淳皇后陳氏生四子太祖其季也
前一夕后夢神饋白藥一丸置掌中有光吞之寤猶聞香氣
及產紅光滿室自是夜數有光鄰里望見驚以爲火輒奔救

橫雲山人集　史稾　一　敬慎堂

024 弘簡録二百五十四卷

（明）邵經邦撰，（清）邵遠平重訂，清康熙二十七年（1688）仁和邵遠平刻本，五十七册，存一八一卷（一至一八一）。半葉十二行，行二十四字，白口，單黑魚尾，四周單邊，框高20.4厘米，寬14.6厘米。

邵經邦（生卒年不詳），字仲德，仁和（今浙江杭州）人。明詩人。正德十六年（1521）進士，授工部主事。進員外郎，改刑部。會日食，上疏論劾張孚敬、桂萼，謫戍鎮海衛，後卒于戍所。講學自任，嘗采古今論學語而發明其旨爲《宏道録》。所做詩文，以抒寫胸臆爲主，有《宏藝録》三十二卷。

邵遠平（生卒年不詳），初名吴遠，字戒三，一字吕璜，號戒庵。仁和（浙江杭州）人。清代文史學家。清康熙間進士，選授庶吉士。歷户部郎中，出爲江西學政，至少詹事。曾充國史館修纂，參與修撰《實録》《明史》《一統志》。遠平繼高祖之業，補記元代史事，成《元史類編》（又名《續弘簡録》）42卷，另著有《史學辨誤》《戒庵詩存》《文存》等。

此書爲邵弘毅先生遺集，四世孫遠平重訂。首册依次爲“嘉靖三十八年丁巳春王正月邵經邦原序”、“史傳”（徐乾學、汪琬）、“邵遠平重刻序”、“讀史筆記七條”、“凡例”（遠平）、“清康熙戊辰孟夏五世孫錫蔭後序”、“總目”，二册以下爲正文。《弘簡録》續鄭樵《通志》，列唐宋爲正統，五代、遼、金爲載記，無志略，共計664年史事，是現存明嘉靖時期主要的通史著作。

弘簡錄卷之一

明刑部員外郎仁和邵經邦弘齋學
皇清翰林院侍講學士四世孫遠平校閲

天王　唐一之一

高祖皇帝姓李氏諱淵字叔德隴西成紀人七世祖暠當晉末據秦涼是為涼武昭王六世祖歆生重耳魏弘農太守是生皇高祖熙任金門鎮將戍於武川因家焉皇曾祖天賜仕魏贈司空皇祖虎魏太尉賜姓大野氏與李弼等八人佐周代魏有功加柱國封唐國公卒謚曰襄皇考昞襲封任隋安州總管柱國大將軍卒謚曰仁以周天和元年生高祖於長安體有三乳及長倜儻豁達寬仁容衆襲封唐公母獨孤氏隋文帝后姊特見親愛復其姓李初補千牛備身累轉譙隴岐三州刺史滎陽樓

025

東觀漢記二十四卷

（漢）劉珍等撰，清乾隆六十年（1795）掃葉山房刻本，四册。半葉十二行，行二十五字，小字雙行同，白口，單黑魚尾，左右雙邊，框高20.9厘米，寬14.5厘米。

劉珍（生卒年不詳），字秋孫，南陽蔡陽（今湖北棗陽）人。東漢辭賦家，時稱通儒。歷任謁者僕射、越騎校尉，延光年間官至衛尉。奉詔與劉騊駼、馬融等校定東觀五經、諸子傳記、百家藝術，整齊脱誤，訂正文字。又參與編撰《東觀漢記》等。另著《釋名》三十篇，爲訓詁學之要籍。

此書是一部記載東漢歷史的紀傳體斷代史巨著，也是中國第一部官修當代史，記録了東漢從光武帝至靈帝一百餘年的歷史。班固先行撰成《世祖本紀》，後又陸續有光武帝功臣、平林、新市、公孫述事，作列傳、載記二十八篇，是《東觀漢記》的開篇之作；劉珍等人著《中興以下名臣列士傳》、從建武至永初時期的紀和表；黄景等繼續撰寫了《諸王》《王子》《功臣》《恩澤侯表》和《南單于》《西羌傳》以及《地理志》；邊韶等作《孝穆皇傳》《孝崇皇傳》和《順烈皇后傳》等；崔寔等作《百官表》；蔡邕等人撰補了《靈帝紀》、列傳四十二篇以及“十志”。經過20多個歷史學者前後5次努力，纔完成了修撰。該書包括“帝紀”三卷、“年表”一卷、“志”一卷、“列傳”十七卷、“載記”一卷，并編“佚文”一卷。它是紀、傳、表、志俱全的史書。由于它搜集的材料豐富，范曄即以它爲底本，編撰《後漢書》，吴振温、劉昫也以它爲底本，寫成《三史略》，是一部值得重視的史籍，也是東漢歷史資料的寶庫，隋唐以前，它與《史記》《漢書》并稱爲三史。清乾隆時除編入《四庫全書》外，又編入《武英殿聚珍版叢書》。後又有掃葉山房刊本、桐花館刊本、《四庫備要》本等。

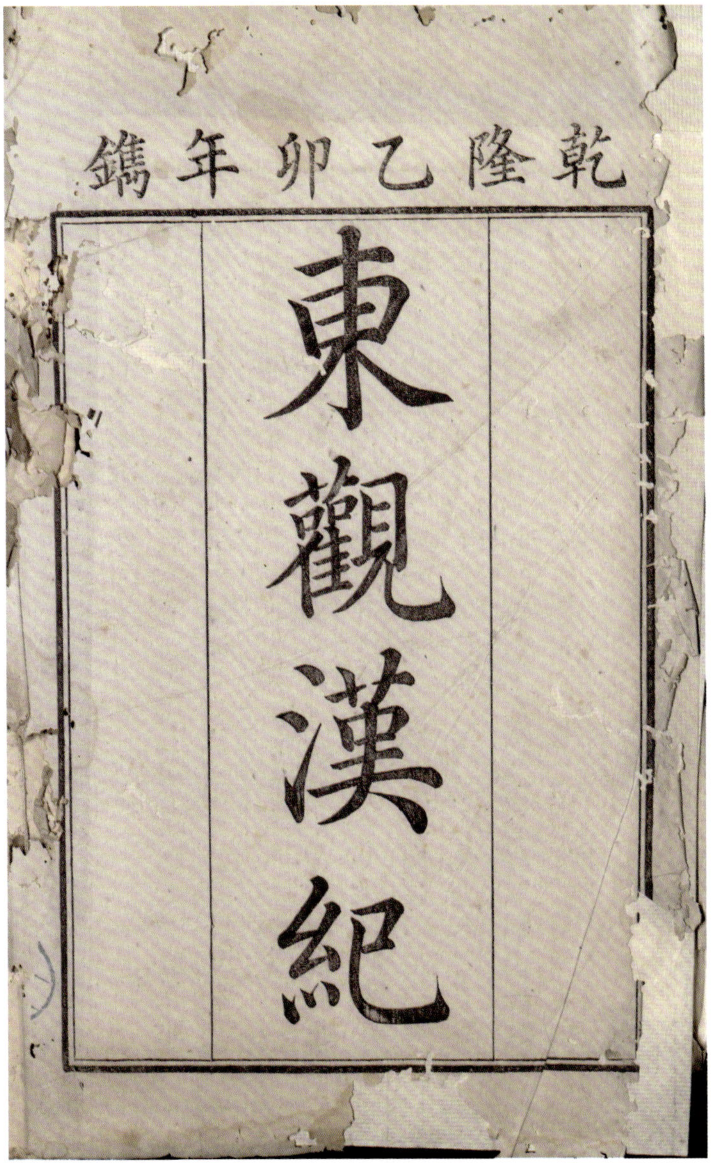

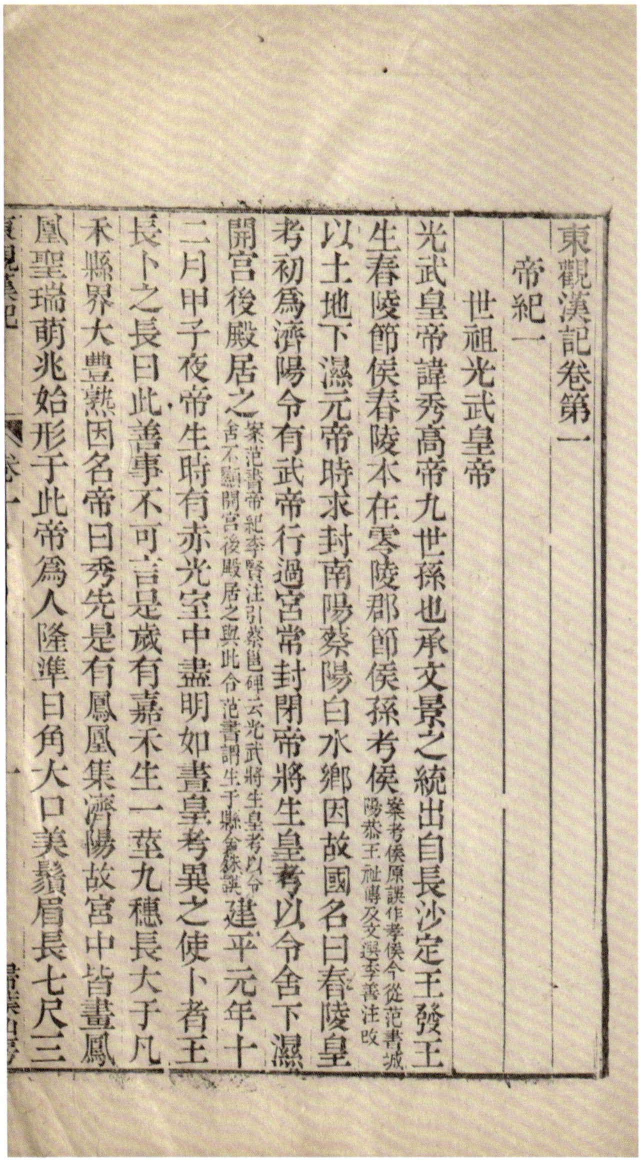

東觀漢記卷第一

帝紀一

世祖光武皇帝

光武皇帝諱秀高帝九世孫也承文景之統出自長沙定王發王生舂陵節侯舂陵本在零陵郡節侯孫考侯案考侯原誤作孝侯今從范書城陽恭王祉傳及文選李善注改以土地下濕元帝時求封南陽蔡陽白水鄉因故國名曰舂陵皇考初爲濟陽令有武帝行過宮常封閉帝將生皇考以令舍下濕開宮後殿居之案范書帝紀李賢注引蔡邕碑云光武將生皇考以令舍不顯開宮後殿居之與此合范書謂生于縣舍殊誤建平元年十二月甲子夜帝生時有赤光室中盡明如晝皇考異之使卜者王長卜之長曰此善事不可言是歲有嘉禾生一莖九穗長大于凡禾縣界大豐熟因名帝曰秀先是有鳳凰集濟陽故宮中皆畫鳳凰聖瑞萌兆始形于此帝爲人隆準日角大口美鬚眉長七尺三

東觀漢紀 卷一

026

明史擬稿六卷

（清）尤侗撰，清康熙三十年（1691）刻《西堂全集》本，一册。半葉十行，行二十一字，白口，單黑魚尾，左右雙邊，框高17.8厘米，寬14.5厘米。

尤侗（1618—1704），字同人，號悔庵、晚號西堂老人，江蘇長洲（今蘇州）人。清順治拔貢，清康熙時舉博學鴻詞科，授翰林院檢討，與修《明史》三年，告歸。擅寫詩詞、駢文。著有《西堂全集》。

《明史》撰修從性質上説，不僅是學術上的大事，也是政治上的大事。官修《明史》成書時間漫長，經歷了較爲複雜的修撰過程，且參與人數衆多。尤侗在史館時間三年，所撰《志》《傳》共三百餘篇，在《明史擬稿》卷首中，尤侗提及：詔徵“博學鴻儒”，纂修《明史》，與選者五十人，分爲五班，自洪武至正德朝編次亦如之。予班第五，則所撰者弘、正史事也。凡本紀、列傳，總裁與諸君子酌定鬮派，遂有名卿巨儒，心所慕好者，不敢越俎而問焉。尤侗在所撰《明史擬稿》裏將《明史》的部分觀點予以删削改動後刊于其文集《西堂全集》。《明史擬稿》對明弘治到萬曆朝的政治、文學人物如王守仁、楊廷和、黄道周、李夢陽等人物史料進行編纂。爲歷史人物立傳時是根據人物的影響和成就來進行排序的。尤氏在某些傳後補充了一些史論，見解頗爲深刻，亦有重要價值。此書凡六卷，卷一至三：“列傳”；卷四：“文苑”；卷五：“隱逸”、“孝行”、“忠節”、“獨行”；卷六：“循吏”、“藝術”。書名據版心題，卷内有朱筆圈點、墨筆眉批，鈐藏書印四枚。

明史擬稾卷一

史官尤侗纂

列傳

王守仁

王守仁字伯安餘姚人父華成化十七年進士第一歷官南京吏部尚書母鄭娠十四月乃生守仁年十一問其師曰何爲第一等事師曰讀書登第守仁曰非也[illegible]讀書學聖賢耳師異之弘治十二年進士授刑部主事改兵部正德元年劉瑾亂政逮給事中戴銑等下獄守仁疏救瑾怒矯詔廷杖謫貴州龍場驛[illegible]

027

繹史一百六十卷世系圖一卷年表一卷

（清）馬驌撰，清康熙九年（1670）刻本，三十六册。半葉十一行，行二十四字，小字雙行同，白口，無魚尾，左右雙邊，框高19厘米，寬13.7厘米。

馬驌（1621—1673），字宛斯，一字驄御，號文介先生，山東鄒平人。清代史學家。順治年間進士，任淮安推官，改靈璧知縣。生平致力研究先秦歷史，造詣頗深。先後編次史料，著成《繹史》《左傳事緯》二書，後又成《十三代瑋書》。由于他尤以研究夏、商、周歷史著稱，時人稱其爲“馬三代”。

此書是彙集上古至秦的史書舊文，博引古籍，疏通辨證，附以論斷、圖表，體例多取紀事本末體，綜合編年、紀傳、學案等體，是研究先秦史事的重要資料。正文分爲太古、三代、春秋、戰國和外録五部分，一爲太古三皇五帝，共十卷；二爲三代即夏、商、西周，共二十卷；三爲春秋十二公時事，共七十卷；四爲戰國至秦亡，共五十卷；五爲外録，記天官、地志、名物、制度等，共十卷。書後還列世系圖表與正文配合。《繹史》考訂極爲精詳，容納材料相當全面。在體裁上，既具有記事本末特色，又糅合了編年體和紀傳體的長處。他創造了集記人、記事、圖表、書表于一書的綜合史書體裁。《四庫全書總目》稱其“史例六家，古無此式，可謂卓然特創，自爲一家之體者矣”。其在歷史編纂學上有重大突破，具有重要的史學價值。

昔
康熙九年歲次庚戌仲
春上澣之吉年家治
弟李清頓首拜題於

繹史卷一　　太古第一

開闢原始

[列子]昔者聖人因陰陽以統天地夫有形者生於無形則天地
安從生故曰有太易有太初有太始有太素太易者未見氣也
太初者氣之始也太始者形之始也太素者質之始也氣形質
具而未相離故曰渾淪渾淪者言萬物相渾淪而未相離也視
之不見聽之不聞循之不得故曰易也易無形埒易變而爲一
一變而爲七七變而爲九九變者究也乃復變而爲一一者形
變之始也清輕者上爲天濁重者下爲地故天地含精萬物化
生[白虎通]始起先有太初後有太始形兆既成名曰太素混沌相連視之不見聽之不聞然後
剖判清濁既分精出曜布度物施生精者爲三光號者爲五行行生情情生汁中汁中生神
明神明生道德道德生文章[博雅]太初氣之始也生於酉仲清濁未分也太始形之始也生
於戌仲清者爲精濁者爲形也太素質之始也生於亥仲巳有素朴而未散也三氣相接至於

繹史　卷一　開闢原始　一

028

宋史紀事本末一百九卷

（明）馮琦原編，（明）陳邦瞻纂輯，（明）張溥論正，明末張溥刻本，二十册。半葉九行，行二十字，白口，單黑魚尾，左右雙邊，框高18.5厘米，寬13.6厘米。

馮琦（1558—1603），山東臨朐人，字用韞，號琢庵。明代詩文作家。萬曆五年進士，授編修，纍官禮部尚書。另著有《北海集》《宗伯集》《經濟類編》等。

陳邦瞻（？—1623），字德遠。高安（今屬江西）人。萬曆二十六年（1598）進士。明史學家。歷任福建、河南布政使，遷兵部右侍郎，總督兩廣軍務，兼巡撫廣東。史稱他好學，敦風節。曾籌建滏陽書院，集諸生講習。他據馮琦《宋史紀事本末》和沈越《事紀》未竟稿，著成《宋史紀事本末》。另著《元史紀事本末》《蓮花山房集》等。

此書是陳邦瞻依據馮琦、南京侍御史沈越舊稿，以紀傳體元修《宋史》及編年體商輅《續資治通鑒綱目》等幾部史書爲憑藉，于明萬曆三十二年（1604）着手編纂，歷時一年左右以本末體體裁改撰而成。撰成後，刻于明萬曆三十三年（1605），分爲二十八卷。該書是以紀事本末體記載宋代三百餘年歷史的史著。全書記事起于宋太祖代周，終于文天祥、謝枋得之死，共一百零九目，約六十萬字。內容包括宋、遼、金和元初四朝史實，其中專記宋事的有八十九目，其餘二十目則兼及或專記遼、金、元。就撰述內容而言，陳氏《宋史紀事本末》廣涉政治、軍事、民族、禮儀、鹽茶、治河、科舉、制度、學術等專題，較之以往紀事本末體史著僅以政治、軍事爲對象，有了突破性的進展。較爲全面地反映了宋朝社會政治、經濟、文化方面的特點，也記載了金和蒙古早期的歷史情況。全書按時間編排，歷史演變的脉絡清晰。在選裁史料方面，取材史輯規範嚴謹，有一定的考辨。以較少的篇幅，按歷史事件把大量的史料加以剪裁集中，確實表現了紀事本末體史書“前後始末，一覽瞭然”的特色，反映了紀事本末體在明代的進一步發展和完善，克服了編年體記事分散和紀傳體記事重複的缺點。在編年、紀傳、政書三體之外又創立了一種新的體裁，從而爲史學的發展開闢了一條新的途徑，在歷史文獻中占有很重要的地位。

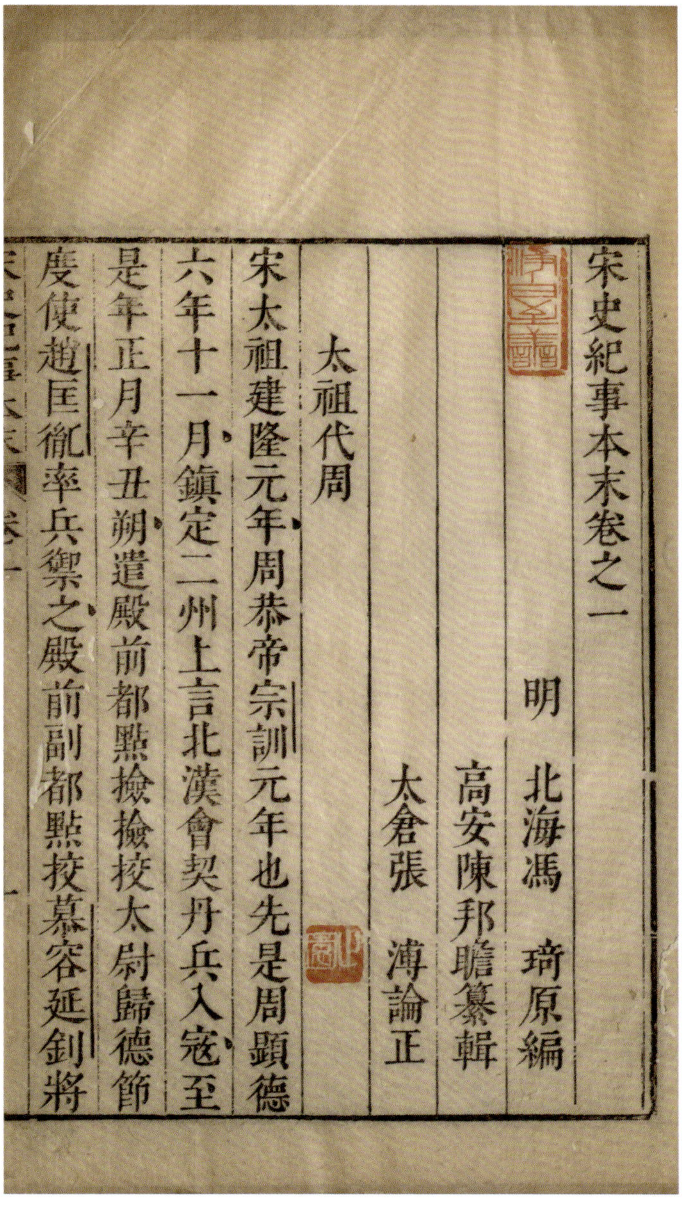
宋史紀事本末卷之一
明 北海馮 琦原編
高安陳邦瞻纂輯
太倉張 溥論正
太祖代周
宋太祖建隆元年周恭帝宗訓元年也先是周顯德六年十一月鎮定二州上言北漢會契丹兵入寇至是年正月辛丑朔遣殿前都點撿撿校太尉歸德節度使趙匡胤率兵禦之殿前副都點校慕容延釗將

029

東征集六卷

（清）藍鼎元撰，（清）王者輔評，清雍正十年（1732）刻本，二册，存三卷（一至三）。半葉九行，行二十字，小字雙行同，白口，單黑魚尾，左右雙邊，框高18.6厘米，寬13.3厘米。

藍鼎元（1680—1733），字雲錦，號玉霖，福建漳浦人。少孤力學，通達治體。清康熙六十年，佐廷珍討朱一貴于臺灣。清雍正元年（1723），以拔貢校書内廷，分修《大清一統志》。以大學士朱軾薦，召對稱善，授普寧知縣，在官有惠政。另著有《鹿洲初集》《棉陽學準》《鹿洲公案》等。

此書是藍鼎元在臺灣襄助藍廷珍平定朱一貴事變時的公文及信札的選集。内容涉及平亂謀略、行軍布陣及對臺政策的建議等，有較高的文獻和史料價值。寫了許多征討朱一貴的公檄、書禀、條陳、告諭（均署名藍廷珍）及雜著。清康熙六十一年成書，定名爲《東征集》，全書爲六卷。粗略而言，前五卷是征討朱一貴的公檄、書禀、條陳、告諭，反映了清軍的剿撫方針和策略。第六卷可稱爲雜著，既寫了臺灣一些地方的地理概況，又對一些在起義過程中“殉難”和逃跑的官吏，提出處理意見，以供“憲臺親訊定奪”。藍鼎元在記述臺灣某些地方的地理概況時，確有畫龍點睛作用。該書有藍廷珍荆璞氏康熙六十一年十月序，清雍正十年增補重刻，刊行于世。清乾隆年間，清廷纂修《四庫全書》時，將《東征集》作爲《平臺紀略》的附録，收入其中。

作秀才以天下爲已任予弟玉霖其庶幾乎讀東征一集可以觀弟之苦心亦見予之勞瘁未知果有小補於臺灣否也

康熙六十一年壬寅冬十月旣望漳浦

藍廷珍荊璞氏題

東征集卷一

漳浦藍鼎元玉霖稿

天長王者輔近顏評

上滿制府論臺灣寇變書

臺灣僻處海外狃於治安久矣朱一貴突爾跳梁戕害官兵竊踞郡縣雖曰猖獗之極其實不難平也（胸有勝筭）無賴子弟偶爾烏合尚未知戰守紀律爲何事當卽命將出師星夜進討（速進便是高着）如救焚拯溺勿容稍緩彼不意官

030

大金國志四十卷

（南宋）宇文懋昭撰，明末清初抄本，十二册。半葉九行，行二十二字，白口，無魚尾，開本高26厘米，寬17厘米。

宇文懋昭（生卒年不詳），金人，後投宋，自稱淮西歸正人。宋授以承事郎、工部架閣。

《大金國志》是一部系統記載女真族建立金朝始末的史著。共十二册四十卷，書中取金太祖至哀宗九主一百十七年事迹，裒集彙次。凡紀二十六卷、《開國功臣傳》一卷、《文學翰苑傳》二卷、《雜録》三卷、《金朝典制風俗》七卷，另附許亢宗《奉使行程録》一卷。卷首另附圖譜各一篇。其最有價值者，爲卷十五之前諸帝紀及有關制度方面記載。書成于元代官修《金史》之前，所記金事，亦與《金史》多有不同。今存系統記載金史的著作不多，故爲後人研究金史提供了一些有價值的史料。通行刊本有清嘉慶二年（1797）掃葉山房本。此明末清初抄本，其封面竪題楷書三行，分别爲“舊鈔大金國志”、“共十二册曹氏專槎氏藏”、“壯學堂”。每兩半葉之間有襯紙，襯紙爲《欽定軍器則例》（刻本），頁眉有小字批注，字迹與正文同。該書的珍貴之處在于書内鈐有“楝亭曹氏藏書”、“長白敷槎氏堇齋昌齡圖書印”、“次公”三種朱印，其印主分别爲：曹雪芹祖父曹寅、曹寅外甥富察昌齡和民國名人邵瑞彭。

世為酋長

斬解里献首級

大金國志卷之一

紀年

太祖武元皇帝上　　在位六年

太祖武元皇帝畨名阿骨打後改名旻楊割太師之長子也其先龕福五世至胡来世為酋長襲節度使胡来生三子長曰核里頗次曰蒲剌束季曰楊割楊割生三子長曰阿骨打次曰吳乞馬又次曰思改即粘罕父也金人至楊割太師始雄諸部　初契丹國舅帳蕭解里聚衆為盜潛奔女真因命楊割圖之楊割遷延數月獨斬解里遣阿骨

金國初興夲末

金國本名朱里真畨語舌音訛為女真或曰慮真避契丹興宗名又曰女直肅慎氏遺種渤海之别族也或曰三韓辰韓之後姓挐氏於北地中最微且賤唐貞觀中靺鞨来中國始聞女真之名世居混同江之東長白山下其山乃鴨緑水源南隣高麗北接室韋西界渤海鐵離東瀕海三國志所謂挹婁元魏所謂勿吉唐所謂黑水靺鞨者今其地也其屬分六部有黑水部即今之女真其水掬之則色微黑契丹目為混同江深可二十餘丈狹處可六七十步

031

歸潛志十四卷

（元）劉祁撰，清乾隆《武英殿聚珍版叢書》本，二册。半葉九行，行二十一字，小字雙行同，白口，單黑魚尾，四周雙邊，框高19.2厘米，寬12厘米。

劉祁（1203—1250），字京叔，號神川遁士，渾源（今山西省渾源縣）人。金文學家，劉從益子，金太學生。金亡，築“歸潛堂”鄉居。後出爲山西東路考試官，又在蒙古征南行臺粘合重山幕中作幕賓七年。著有《歸潛志》《處言》《神川遁士集》等。

此書爲記述金朝史事的筆記體私家著作。劉祁在壬辰（1232）北還，以“歸潛”稱書室，因用爲書名。是書係其歸鄉期間回憶往昔交游及所見所聞之事，隨得隨書而成。共十四卷，近十萬餘字，記載的内容很詳實，其體例頗爲不一。該書前十卷，大抵即雜記其“昔所與交游”的言論與行迹。卷一至卷六爲金代人物傳記，記載了從皇帝海陵、宣孝太子、章宗到金代著名的文學家（如趙秉文、李純甫等金末一百多位文人）的事迹，具有小傳性質。卷七至卷十，雜記金代典章制度、科舉、文藝、吉凶灾變等遺事。卷十一録大樑事，記載金哀宗亡國始末。卷十二録崔立碑事，記崔立叛金降蒙後，强令文人爲他立碑頌德之事，這一卷還有劉祁的論文《辯亡》一篇，是叙述金朝前代政治清明興盛與末代腐敗衰亡的原因。卷十三、十四爲雜記和劉祁彙録他人投贈詩作多篇。又因所記皆親歷，故真實生動，不僅可爲史之參考，亦于寫實文學有所裨益。在金代典籍大量散失的情况下，此書是研究金代文學的重要參考資料。

歸潛志卷一

元　劉祁　撰

金海陵庶人讀書有文才爲藩王時嘗書人扇云大柄若在手淸風滿天下人知其大志正隆南征至維揚望江左賦詩云屯兵百萬西湖上立馬吳山第一峯其志氣亦不淺

宣孝太子世宗子章宗父也追謚顯宗好文學作詩善畫人物馬尤工迄今人間多有存者

章宗天資聰悟詩詞多有可稱者宮中絕句云五雲金

032

十國春秋一百十四卷附拾遺一卷備考一卷

（清）吴任臣撰，（清）周昂輯，清乾隆五十八年（1793）昭文周氏刻、清嘉慶四年（1799）補刻、光緒顧氏小石山房印本，二十四册。半葉十行，行二十一字，小字雙行同，白口，單黑魚尾，左右雙邊，框高24.3厘米，寬15.3厘米。

吴任臣（？—1689），初名征鴻，字志伊，一字爾器，號托園。仁和（今浙江省餘杭縣）人。清康熙十八年（1679）授翰林院檢討，承修《明史·曆志》。博學多聞，通經史，精小學，兼善天官、樂律。著《十國春秋》《山海經廣注》《字彙補》《周禮大義補》《禮通》《春秋正朔考辨》等書，今皆傳于世。

此書是記録五代時期十國史事的紀傳體史書。《新五代史》記十國事甚多漏略，因博綜《資治通鑒》、兩《五代史》及五代、兩宋有關史著、地志、筆記、類書、文集、金石、碑志數百餘種，彙爲此編。以國分編，各繫紀傳。凡稱帝者皆入本紀，稱王者别入世家。約九十餘萬字，記述人物一千三百餘，篇帙繁博，超過前人。所設“紀元”、“世紀”、“地理”、“藩鎮”、“百官”五表，統記十國，甚便考覽，“地理”、“百官”二表考訂尤爲精密。清康熙八年（1669）成書。清乾隆五十三年（1788）周昂據初版重刻此書。并窮其平生披閲、廣搜所及，隨筆札記，得到有關史事三百餘條，因輯爲《拾遺》《備考》兩卷，附于其後，此書充分吸收了清以前有關十國的史料和研究成果，廣采博取，是十國史研究的基本參考書。

十國春秋卷第一

仁和吳任臣志伊氏譔

鄞城牛　奐潛子氏閱

昭文周　昂少霞重校刊

吳一

太祖世家

太祖姓楊名行密字化源廬州合肥人也 十國紀年云楊行密六合人莊宗列傳云行密壽州壽春人今從吳錄新舊五代史五國故事 父名怤世爲農家 怤音夫見十國紀年 行密初名行愍爲人長大有力能手舉百斤 冊府元龜云行密少孤貧有臂力五國故事云力舉三百斤今從歐陽史 日行三百里居常獨

033

却掃編三卷

（宋）徐度撰，清嘉慶十年（1805）虞山張氏照曠閣刻《學津討原》本，三册。半葉九行，行二十一字，白口，無魚尾，左右雙邊，框高19.2厘米，寬13.2厘米。

徐度（生卒年不詳），字敦立。南宋應天府穀熟（今河南商丘東南）人。宋代文學家、史學家。南渡後，寓居吴興。紹興八年（1138）除校書郎，遷都官員外郎，官至吏部侍郎。刻意爲學，長于典故。著有《國紀》《却掃編》等。

作者自序云，作此書時，閒居吴興卞山之陽，方杜門却掃，故題爲《却掃編》。《郡齋讀書志》收之于集類雜説類，《四庫全書》録之于子部雜家類。該書主要記述北宋至南宋紹興以前朝廷典章制度、大臣逸聞軼事及故家遺俗，兼及宋以前制度及遺文瑣事等，其中還寫到著名的文學家楊億、柳永、范仲淹、梅堯臣、司馬光、王安石、歐陽修、蘇軾、蘇轍等人的事迹。所記多爲耳聞目睹，切實可信。所記宋代典制、掌故、舊聞多有可取，有較高史料價值，對史學研究有很大稗益。今傳本主要有《津逮秘書》本、《四庫全書》本、《學津討原》本等。書名據書名頁題，版口下題“照曠閣”，照曠閣主張仁濟是乾隆時人。正文卷首下方題“張海鵬校正圖書記”。

却掃編卷上

宋睢陽徐度敦立撰

漢初因秦官置丞相太尉武帝罷太尉不置久之置大司馬而以爲大將軍之冠成帝復罷丞相御史大夫而取周官六卿司徒司空之名配大司馬以備三公而咸加大稱後漢建武二十七年復改大司馬爲太尉而司徒司空並去大字自後歷代因之政和中始盡遵周官置少師少傅少保爲三孤太師太傅太保爲三公而以太尉爲武官禮秩同二府大略如昔之

034

十六國春秋一百卷

（北魏）崔鴻撰，（清）汪日桂重訂，清乾隆四十六年（1781）汪日桂欣託山房刻本，四十八册。半葉九行，行十八字，小字雙行同，白口，單黑魚尾，左右雙邊，框高27.9厘米，寬16.5厘米。

崔鴻（生卒年不詳），字彦鸞，東清河鄃（今山東平原）人。北魏史學家。富藏書，少博覽群史。仕魏三朝，歷任中散大夫、司徒長史、齊州大中正等職。以才學著名，曾據各家史書，撰有《十六國春秋》。

此書是記述十六國時期歷史的紀傳體史書。十六國政權雖各有本國史書，但體例不同，詳略互异，不相統一。于是崔鴻根據舊有記載，加以增損褒貶，自北魏景明元年（500）至正光三年（522），歷二十二年而成書。一百卷又有《序例》一卷、《年表》一卷，記載前趙、後趙、前燕、前秦、後燕、後秦、南燕、夏、前凉、蜀、後凉、西秦、南凉、西凉、北凉、北燕十六國的歷史。該書内容有不少錯誤，但保存了許多珍貴資料。每國各爲篇卷，稱爲“録”；記其君臣事迹，則稱爲“傳”。原書北宋時已散佚，傳世本爲明萬曆時屠喬孫、項琳輯《晋書·張軌傳》《晋書·李玄盛傳》及《晋書·載記》三十卷中有關十六國史事及《藝文類聚》《太平御覽》等類書中所引《十六國春秋》佚文彙編而成。清代湯球輯有《十六國春秋輯補》。由于其後十六國相關史料相繼散佚，此書遂逐漸成爲唯一完整記載十六國史的史書。

前趙錄一　　春秋卷第一

魏　散騎常侍　崔　鴻　撰

劉淵

劉淵字元海新興匈奴中人先夏后氏之苗裔曰淳維世居北狄千有餘歲至冒頓襲破東胡西走月氏降服丁零內侵燕代控弦之士四十餘萬漢祖患之使劉敬奉公主以妻冒頓約爲兄弟故子孫遂冒母姓爲劉氏建武初烏珠留若鞮單于子右奥鞬日逐王比自立爲南單于

035

皇明名臣記三十卷

（明）鄭曉撰，明刻《鄭端簡公全集》本，十二册。半葉十行，行十九字，白口，單黑魚尾，左右雙邊，框高19.5厘米，寬13.2厘米。

鄭曉（1499—1566），字窒甫，號淡泉，海鹽（今屬浙江）人。明詩文家、史學家。嘉靖二年（1523）進士，歷官至兵部尚書。通經術，長于史學，習知國家典故。一生著述較多，有《四書講義》《禹貢説》一卷和《禹貢圖説》一卷。另著《吾學編》《衡門集》等。後人曾輯成《鄭瑞簡全集》。

此書爲叢書《吾學編》中的一部分，《吾學編》記載了明洪武至正德間史事，仿歷代正史體裁而略有變通，含記、傳、表、述、考共十四篇，計有《大政記》《建文遜國記》《同姓諸王表傳》《异姓諸侯表傳》《直文淵閣諸臣表》《兩京典詮尚書表》《名臣記》《遜國臣記》《天文述》《地理述》《三禮述》《百官述》《四夷考》《北虜考》等，共六十九卷。《皇明名臣記》是其中的三十卷，主記文武名臣一百九十餘人政績。

皇明名臣記第

海鹽鄭曉

少卿黃公

公名鞏字伯固莆田人弘治十八年進士推官德安府陞主事刑部清勤讀律傳經義決獄平掌十三司讞牘陞員外郎改兵部歷車駕職方郎中内艱服除會康陵北巡人心危疑或沮公行公題書屋曰石田茅屋爲生太拙鴟夷馬革自許何愚衆不能沮竟北上禰武選正德十四年春、上將南廵時寧庶人久蓄逆謀蕭敬朱寧張鋭在司禮錦

三百五十三李文

036

朱子年譜四卷考异四卷附録二卷

（清）王懋竑編，清乾隆十七年（1752）寶應王氏白田草堂刻本，四册。半葉八行，行二十字，小字雙行同，白口，單黑魚尾，左右雙邊，框高26.3厘米，寬12.5厘米。

王懋竑（1668—1741），字予中，號白田。江蘇寶應人。清學者。清康熙戊戌進士，授安慶府教授，雍正初授翰林院編修。歸里後杜門著述校書。精研朱熹之學。積二十餘年精力，四易其稿，著成《朱子年譜》四卷，并《年譜》考略四卷。另著有《讀經記疑》《讀史記疑》《白田草堂存稿》等。

此書包括《年譜》四卷、《考异》四卷、《附録》二卷。從宋李方子編纂首部朱熹年譜以來，歷朝所作朱熹年譜甚多，但大多詳略失當。王懋竑以李默、洪璟本爲藍本，對朱子文集、語類以及著述詳加考訂，撰成四卷本《朱子年譜》。而又仿朱熹校正《韓集》之例，將其去取之故列爲《考异》，《考异》注明編寫中取捨的原因。并采摘朱子論學要語，作爲《附録》。故該書對朱熹之思想、著述考訂嚴密，融會貫通，深爲時人推重，是研究朱熹學術思想的重要著作。本書最早的版本爲清乾隆十七年（1752）白田草堂刊本，其後有《四庫全書》本、《粤雅堂叢書》（二編第十集）本、《叢書集成初編》（史地類）本、《國學基本叢書》本等。

朱子年譜卷之一

王懋竑纂訂

高宗建炎四年庚戌秋九月甲寅先生生

行狀先生諱熹字仲晦父朱氏爲婺源著姓以儒名家吏部公擢進士第入官尚書郎兼史事以不附和議出國文章行義爲學者師號韋齋先生吏部因仕入閩至先生始寓建之崇安五夫里今居建陽之考亭先生以建炎四年九月十五日午時生南劍尤溪之寓舍

年譜先生本歙州人世居婺源之永平鄉松巖里宣和末考吏部韋齋公松字喬年爲建州政和縣尉遭父承事府君喪以貧不能歸遂葬其親於政和縣護國寺側服除調南劍尤溪縣尉去官嘗僑寓建劍二州是歲館於尤溪之鄭氏而先生生焉洪本

037

通志略五十二卷

（宋）鄭樵撰，明嘉靖二十九年（1550）陳宗夔等刻，清乾隆金匱山房印本，二十四册。半葉十行，行二十字，白口，單黑魚尾，四周單邊，框高18.8厘米，寬13.2厘米。

鄭樵（1104—1162），字漁仲，號溪西逸民，學者稱夾漈先生，莆田（今屬福建）人。南宋史學家，博學多識，好考證，精史學。著述甚豐，所著《通志》網羅舊籍，彙爲一書，其中的“二十略”頗具創見。著作現存的以《通志》和《夾漈遺稿》最爲有名。

《通志略》是《通志》的一部分，共20篇，稱“二十略”。此書把歷代的典章制度、學術文化加以分類，探索其演變過程。有的衹是就正史抄録整理，另一類關于學術文化的内容，爲前史所無或較少論及，鄭樵細緻分類，詳加論述，别開生面，實屬珍貴。其中，《六書》《七音》二略是能啓示後人研究文字學、音韵學的門徑。“二十略”取材廣泛，分類詳細，它從組成社會的基本單位敘述起，進而討論人群的交往工具、生存環境、倫理宗教、政權組成以及文化形態等，較《通典》更能完整地反映封建社會的横斷面，也照顧到縱剖面，對研究中國古代典章制度史、學術文化史很有參考價值。

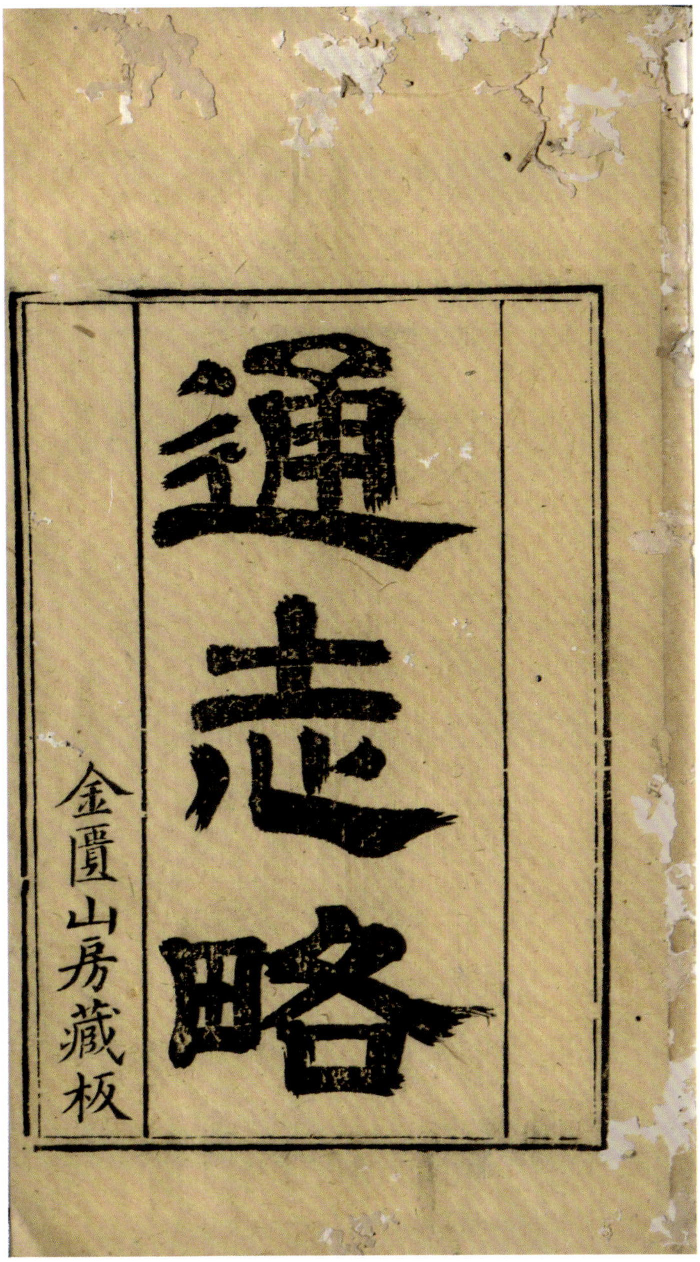
通志略
金匱山房藏板

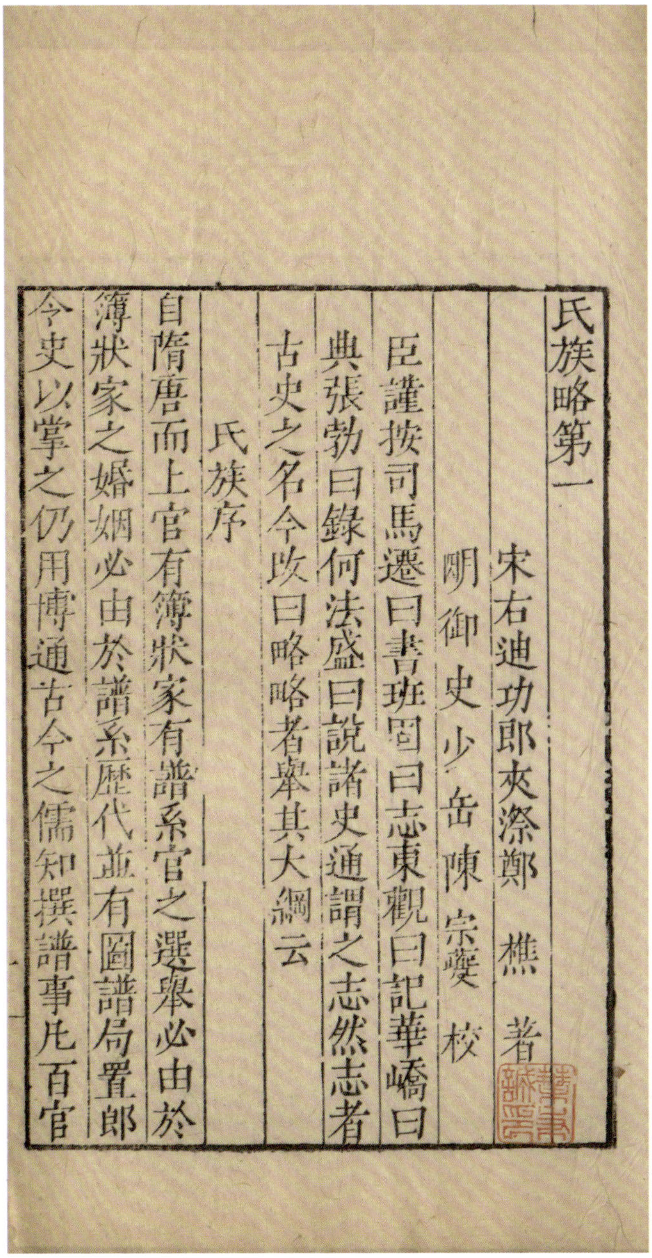
氏族略第一
宋右迪功郎夾漈鄭　樵　著
明御史少岳陳宗夔　校
臣謹按司馬遷曰書班固曰志東觀曰記華嶠曰
典張勃曰錄何法盛曰說諸史通謂之志然志者
古史之名今改曰略略者舉其大綱云
氏族序
自隋唐而上官有簿狀家有譜系官之選舉必由於
簿狀家之婚姻必由於譜系歷代並有圖譜局置郎
令史以掌之仍用博通古今之儒知撰譜事凡百官

038

朱批諭旨三百六十卷

清世宗胤禛批，（清）允禄、鄂爾泰、張廷玉等編，清雍正十年至清乾隆三年（1732—1738）武英殿刻朱墨套印本，112册。半葉十行，行二十一字，小字雙行同，白口，單黑魚尾，四周雙邊，框高20.5厘米，寬14.1厘米。

胤禛（1678—1735），滿族，愛新覺羅氏，年號雍正，清朝第五位皇帝，清入關第三代皇帝。雍正帝在位期間，重整機構，并且對吏治做了一系列改革。他的社會改革對于康乾盛世的連續具有關鍵性作用。雍正的佛學著作，以中國佛教特有的禪宗爲主，把古德參禪語要編輯成《御選語録》共十九卷。雍正帝與康熙帝一樣勤于政事，後人收集他在位的13年中朱批過的摺子就有360卷，把他批閱過的奏摺選擇一部分輯成《朱批諭旨》。他對臣工的諭旨，由張廷玉等紀録編成《上諭内閣》《上諭八旗》。他的各種體裁的文章被後人輯爲《御製文集》。

允禄（1695—1767），别號愛月主人。清聖祖康熙帝玄燁第十六子。生于清康熙三十五年（1696）。清康熙末年，授内務府總管。歷官都統、總理事務大臣等職。清乾隆七年，命管理樂部，任内考定古樂，以備朝廷大典禮樂之用。精通數學樂律，曾參與編修《數理精蘊》。

鄂爾泰（1677—1745），字毅庵，西林覺羅氏，滿洲鑲藍旗人。清康熙三十八年（1699）中舉人，曾任雲、貴、廣西三省總督、兵部尚書、軍機大臣等。鄂爾泰節制雲、貴、廣三省以來，對我國西南少數民族地區的穩定和發展起了很大的作用，促進了民族融合，使清政府對西南邊疆的統治大大加强。特授一等伯爵。他忠心報國，久戍邊疆，學有根柢，才裕經綸。有《西林遺稿》傳世。

此書卷首有清雍正帝御製序，卷末有清乾隆皇帝爲此書作的後序。清世宗胤禛檢選自己即位以來親筆批閱群臣的奏章，于雍正十年彙爲此書，交付刻印。事未竟而清世宗故去，清高宗弘曆繼之，清乾隆三年刻完。全書輯清雍正元年至十三年（1723—1735）間二百二十三人所上奏摺及由皇帝所作朱批，奏摺七千餘件，全書按具奏人順序編排，各人數量不等，其中多者以一人分數册，少者以數人合一册，編360卷。臣工所奏用墨色刷印，朱批部分用朱色刷印。清制，内外奏章或特降之旨，由皇帝用朱筆批示，以示出于親筆。此書爲清雍正皇帝處理政事的原始檔案，涉及當時社會各方面之事，是清雍正朝政務活動的重要記録，是研究雍正朝法律制度和雍正的法律思想的重要史料，也是研究清代政治、經濟、民族、文化諸領域狀況的重要資料。

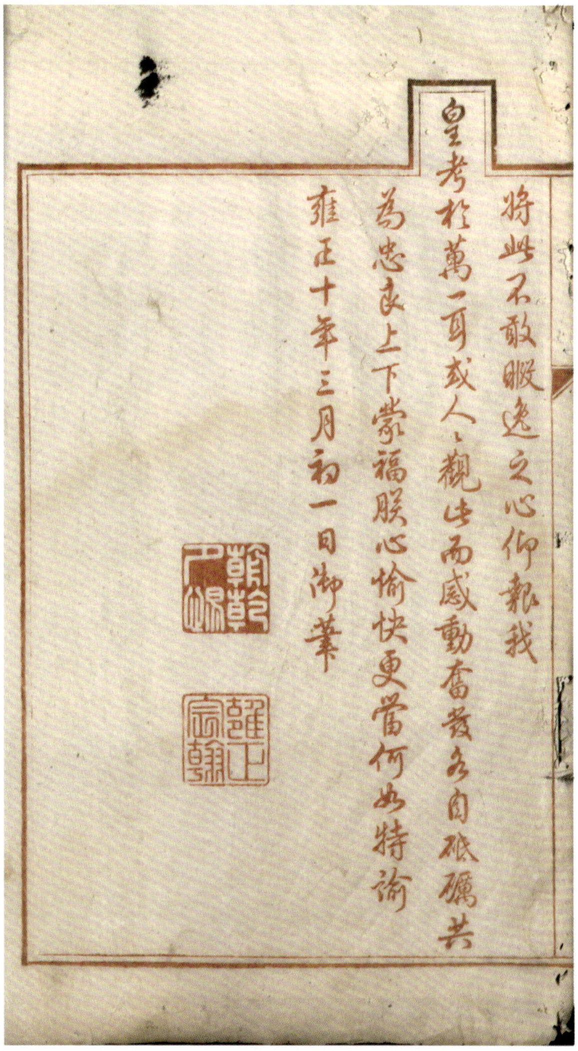

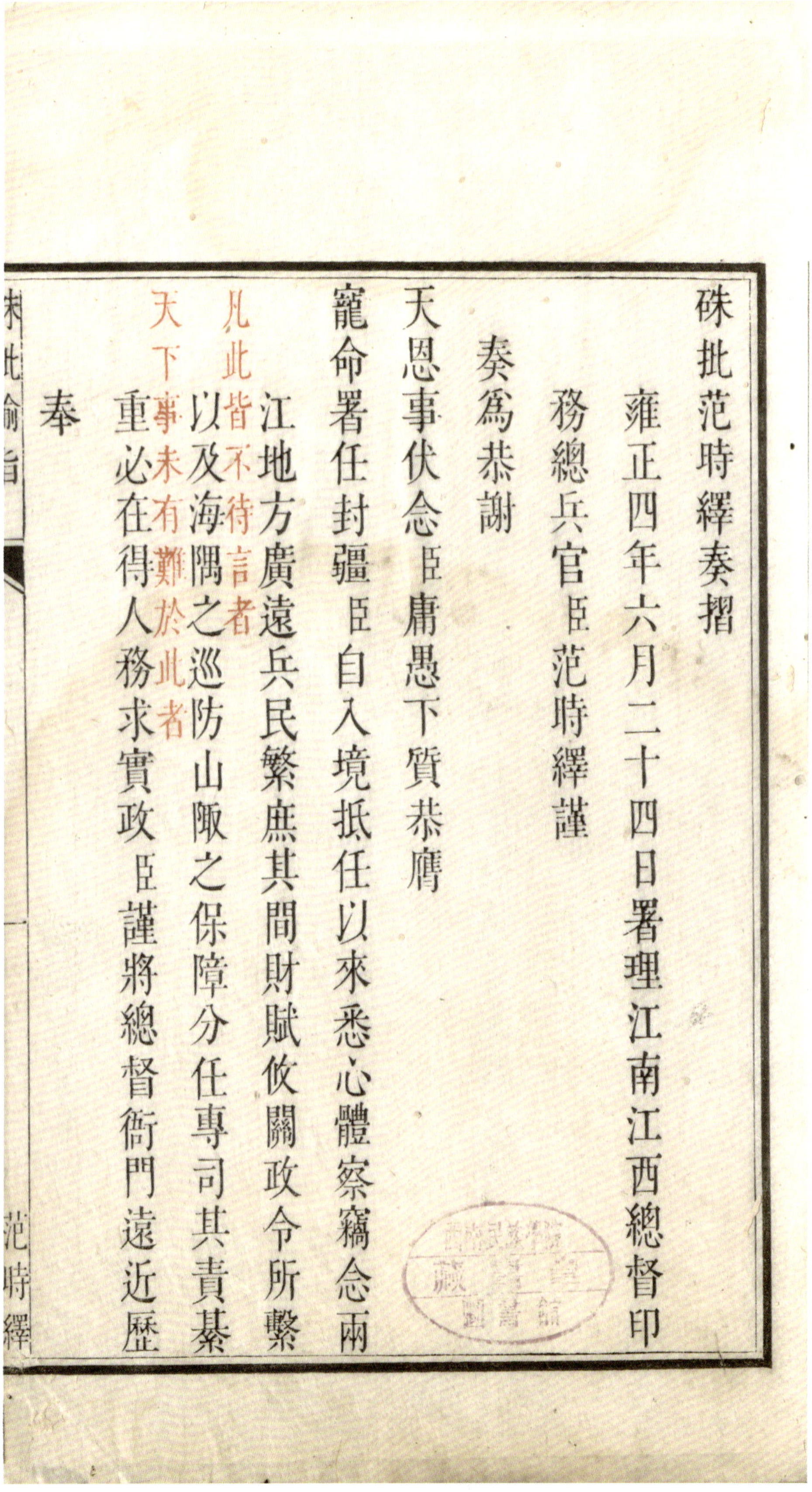

硃批范時繹奏摺
雍正四年六月二十四日署理江南江西總督印
務總兵官臣范時繹謹
奏爲恭謝
天恩事伏念臣庸愚下質恭膺
寵命署任封疆臣自入境抵任以來悉心體察竊念兩
江地方廣遠兵民繁庶其間財賦攸關政令所繫
凡此皆不待言者
以及海隅之巡防山陬之保障分任專司其責綦
天下事未有難於此者
重必在得人務求實政臣謹將總督衙門遠近歷
奏

硃批諭旨　范時繹

官分布催趲無間晝夜務期兼程前進俟過濟之
後順流而下更易爲力計日可達
天庾臣謹率山東布政使佟吉圖繕摺飛報上慰
聖懷謹
奏
覽奏大慰朕懷大約漕運之事從此可望治矣今正當
伏汛之候爾可急往料理南北二河要緊爾雖報効心
切亦當照顧自己精力況爾年非少壯加意愛養身體
庶可爲朕多効數年之力天氣盛暑不必勉强過勞也
賜爾香念珠紫金錠其所降諭旨卽令來人口傳

039

增訂廣輿記二十四卷

（明）陸應陽原纂，（清）蔡方炳增輯，清康熙二十五年（1686）吴郡寶翰樓刻本，十二册，存六卷（一至二十、二十二至二十四）。半葉十行，行十九字，小字雙行同，白口，單黑魚尾，四周單邊，框高20.7厘米，寬13.9厘米。

蔡方炳（1626—1709），字九霞，號息關，清初昆山人。明末山西巡撫蔡懋德之子。清康熙十八年舉博學鴻儒，以疾辭。蔡方炳好學不倦，潛心理學，工隸、篆、行草書，工詩文，嫻習政治、典故，精于考訂。著有《耻存齋集》《廣治平略》《增訂廣輿記》《憤助編》《墨沮集》等。

全書地圖皆列于卷首第一册，共18幅，稱之爲“廣輿圖”，第一幅乃廣輿總圖，其後爲清14省份省圖，依次是：江南省、浙江省、江西省、福建省、湖廣省、河南省、山東省、山西省、陝西省、廣東省、廣西省、雲南省、四川省、貴州省。圖後各卷是清“兩京（京師、盛京）、14省”圖記，内容大略分建制沿革、形勝、山川、土産、祠廟、名宦、人物、烈女、仙釋等15項。該書較陸氏之《廣輿記》更加完備、準確，是一部以圖記名的古代中國地圖集。同時《增訂廣輿記》在晚明至清末地圖發展史中，處于承上啓下的位置，是研究明、清地圖史不可或缺的重要版本之一。該書書名頁題“蔡九霞先生輯　增訂廣輿記　吴郡寶翰樓”，卷首鈐“南海伍氏藏書”章。

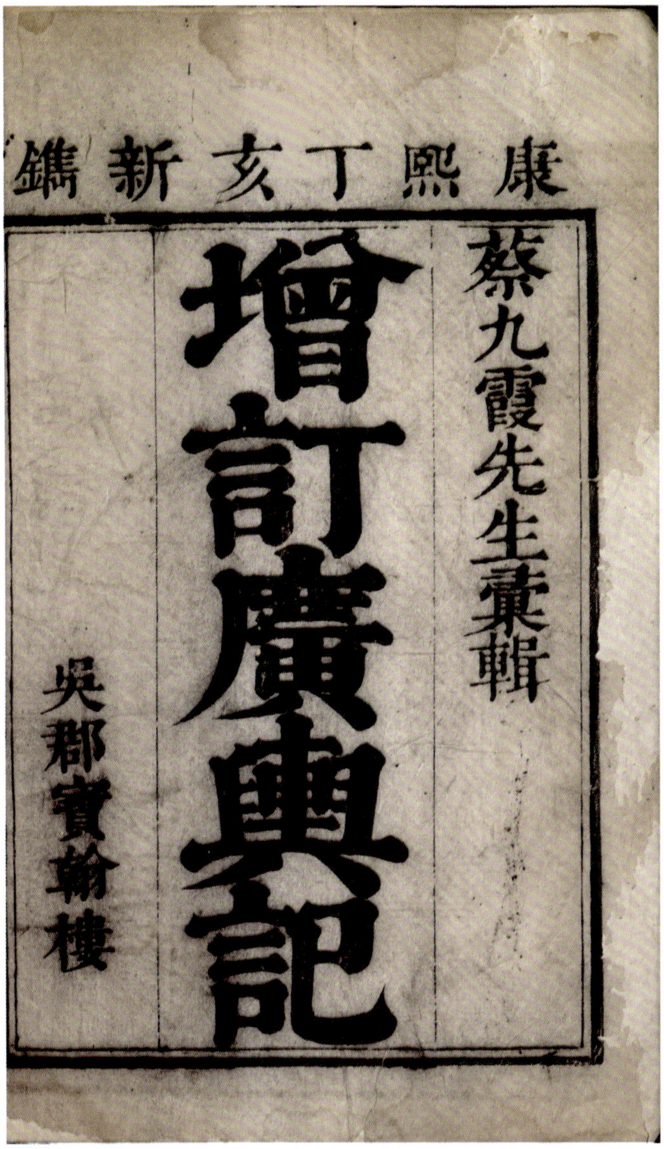

康熙丁亥新鐫

蔡九霞先生彙輯

增訂廣輿記

吳郡寶翰樓

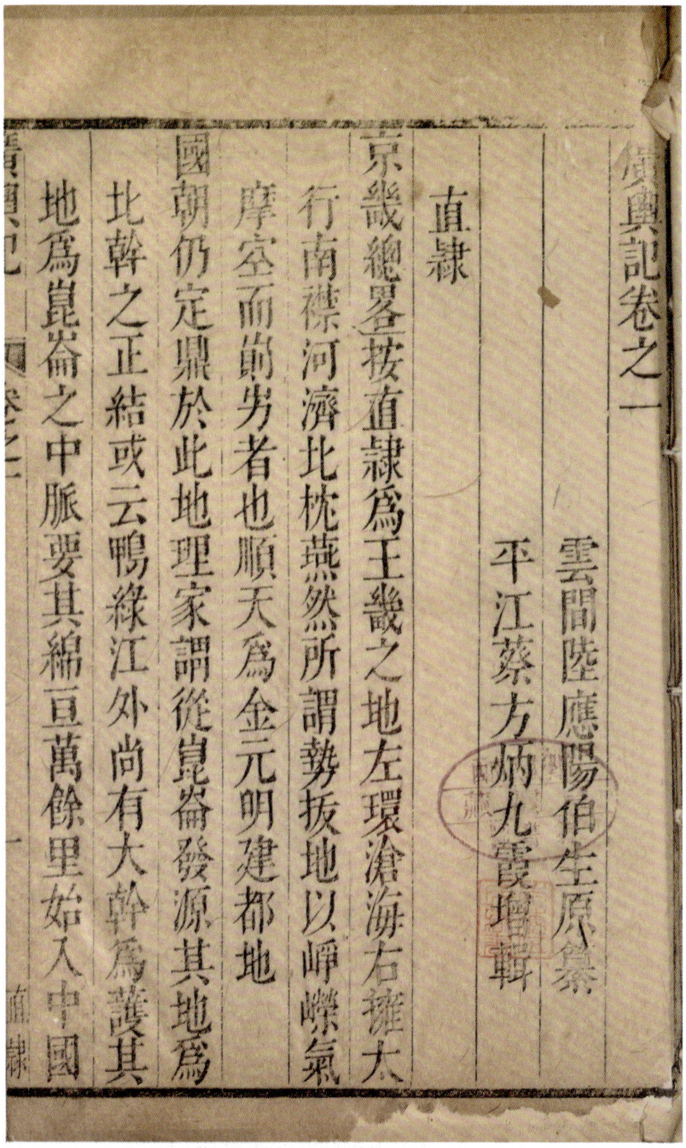

廣輿記卷之一

雲間陸應陽伯生原纂

平江蔡方炳九霞增輯

直隸

京畿總畧按直隸爲王畿之地左環滄海右擁太行南襟河濟北枕燕然所謂勢拔地以崢嶸氣摩空而俯劣者也順天爲金元明建都地

國朝仍定鼎於此地理家謂從崑崙發源其地爲北幹之正結或云鴨綠江外尚有大幹爲護其地爲崑崙之中脈要其綿亘萬餘里始入中國

廣輿記　卷之一　一　直隸

040

[康熙]通海縣志八卷

（清）魏藎臣撰，（清）闞禎兆纂，清康熙三十年（1691）刻本，二册，存六卷（一至六）。半葉十行，行二十一字，白口，單黑魚尾，四周雙邊，框高21.6厘米，寬14.7厘米。

魏藎臣（生卒年不詳），事迹不詳。

闞禎兆（1641—1709），字誠齋，號東白，玉溪市通海縣城祁家巷人。清初學者、著名書法家。詩文代表作有《秀山古柏行》，有藏書處爲"天寶閣藏書樓"。編纂有《通海縣志》，晚年所學益富，著有《大漁集》《北游草》《通海志》諸書。

此書爲通海縣現存首部志書，序題："康熙三十年歲次辛未中秋文林郎知通海縣事華陽魏藎臣撰"，闞禎兆受通海知縣魏藎臣之聘，主纂《通海縣志》，于康熙三十年（1691）纂成。此志記事起于清順治年間，止于清康熙三十年。全志共八卷，分裝四册，約20餘萬字。内分地圖、星野、沿革、縣制、學制、風俗、兵賦、天文、地理、建設、賦役、官師、典禮、人物、藝文等。通海在明代雖有志乘，然蕩于兵燹，明志資料多賴是志以存。

康熙三十年歲次辛未中秋

文林郎知通海縣事華陽

魏藎臣撰

通海縣志卷之第一

地圖

司馬遷曰詩書雖缺虞夏之文可考而知也禹貢華陽黑水惟梁州滇在梁州域內通海亦梁州地也成周時滇名百濮國楚威王使莊蹻將兵畧巴黔以西出且蘭至滇池會秦奪黔中地道不通遂留王滇立昫町國今之臨安郡通海隷焉秦惠王使司馬錯伐蜀近蜀滇地皆入於秦漢武帝建元中遣司馬相如通蜀南夷元鼎元年遣中郎將郭昌衛廣將兵擊且蘭遂平西南彝爲牂牁郡改昫町爲縣徙治通海元封二年發巴蜀兵乘

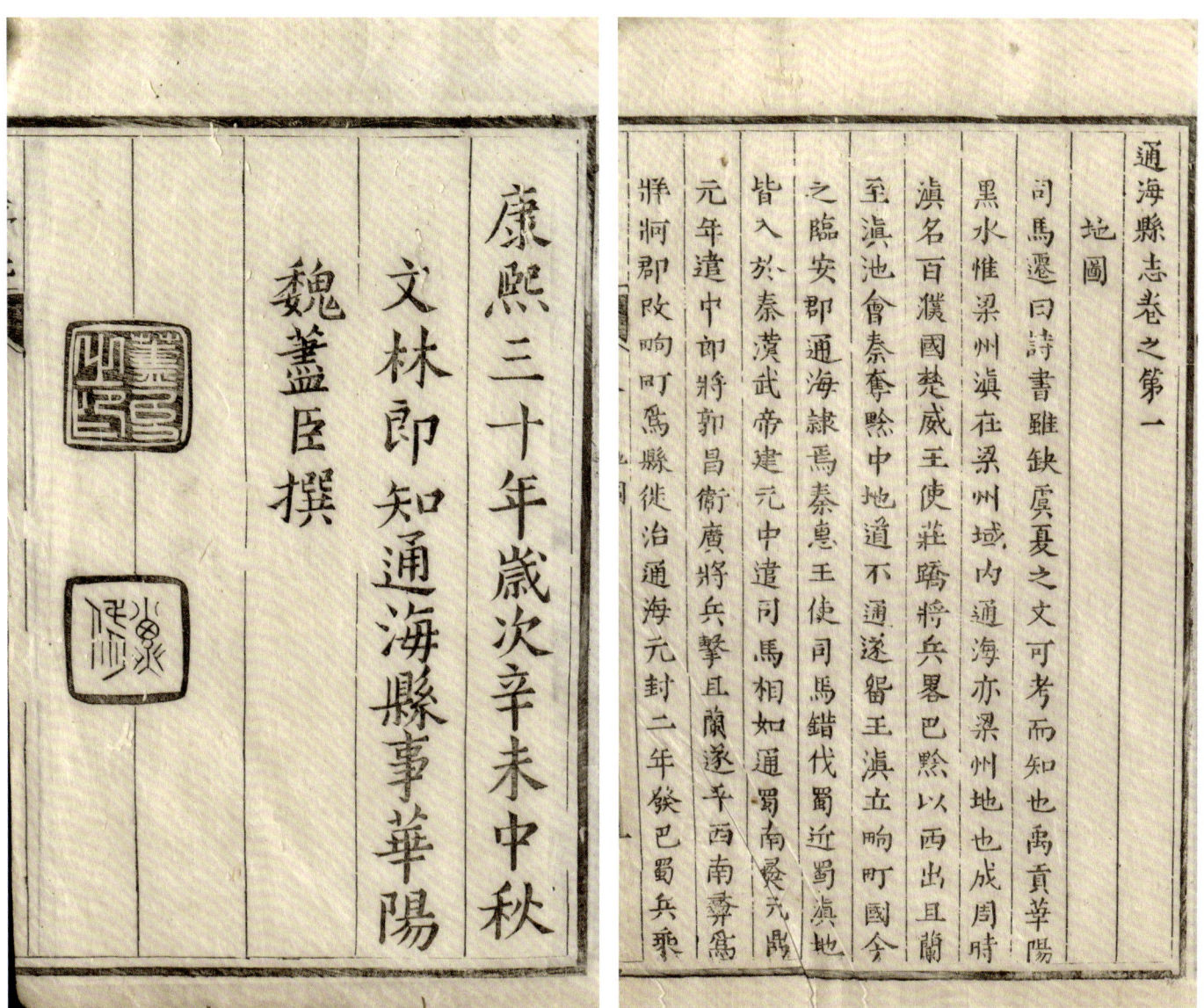

041

[康熙]雲南通志三十卷首一卷

（清）范承勳、王繼文修，（清）吴自肅、丁煒纂，清康熙三十年（1691）雲南督署刻本，二十三册，存二十八卷（卷首、四至三十）。半葉九行，行十九字，小字雙行同，白口，單黑魚尾，四周雙邊，框高19.7厘米，寬14.3厘米。

范承勳（1641—1714），字蘇公，號眉山，又號九松。隸屬漢軍鑲黄旗。清朝開國元勳范程第三子。官至雲貴總督、江南江西總督、兵部尚書、太子太保。

王繼文（？—1703），字在燕。漢軍鑲黄旗人。清朝大臣，初以官學生授編修。歷官陜西巡按御史、户部郎中等。官至雲貴總督、兵部尚書。

吴自肅（1630—1712），字在公，號克庵，清初海豐（山東無棣）人。康熙三年（1664）進士。精韜略技藝，以文吏而著武功。雲南爲官時，創作了大量詩作，著有《萬行草》《勞石草》《我堂存稿》等。

丁煒（1627—1696），字瞻汝，號雁水。晋江（今屬福建）人，清初詩人。一生酷愛詩文，其詩多爲感懷、抒情之作。詞句典雅，寓意深刻，爲文人、學士所推重。著有《問山詩集》《問山文集》《紫雲詞》。

清康熙年間，政府開始編撰各省通志。在范承勳、王繼文主持下，由吴自肅（提督雲南通省學政按察使司命事）、丁煒（雲南姚安軍民府知府加一級）主編完成。是志三十卷（首一卷），卷首載范承勳等人序，凡例二十四則，志分圖考、星野、沿革大事考、建置郡縣、疆域、山川、風俗、城池、户口、田賦、監法、物産、兵防、封建、秩官、學校、選舉、祠祀、古迹、名臣、人物、孝義、列女、流寓、隱逸、仙釋、土司、灾祥、藝文、雜藝等共三十門、五十八目。與明纂修諸志比較，材料多録自天啓《滇志》，補叙天啓後雲南史事亦十分疏略，清康熙間兩度纂修《雲南通志》。

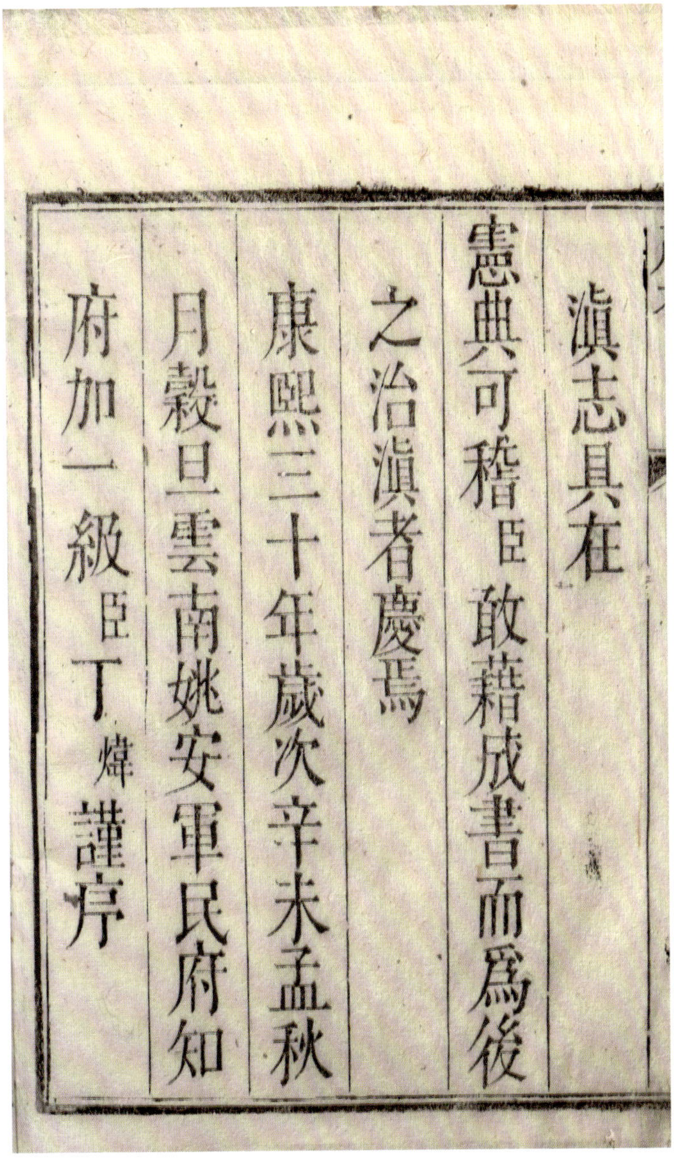
滇志具在
憲典可稽臣敢藉成書而爲後
之治滇者慶焉
康熙三十年歲次辛未孟秋
月穀旦雲南姚安軍民府知
府加一級臣丁煒謹序

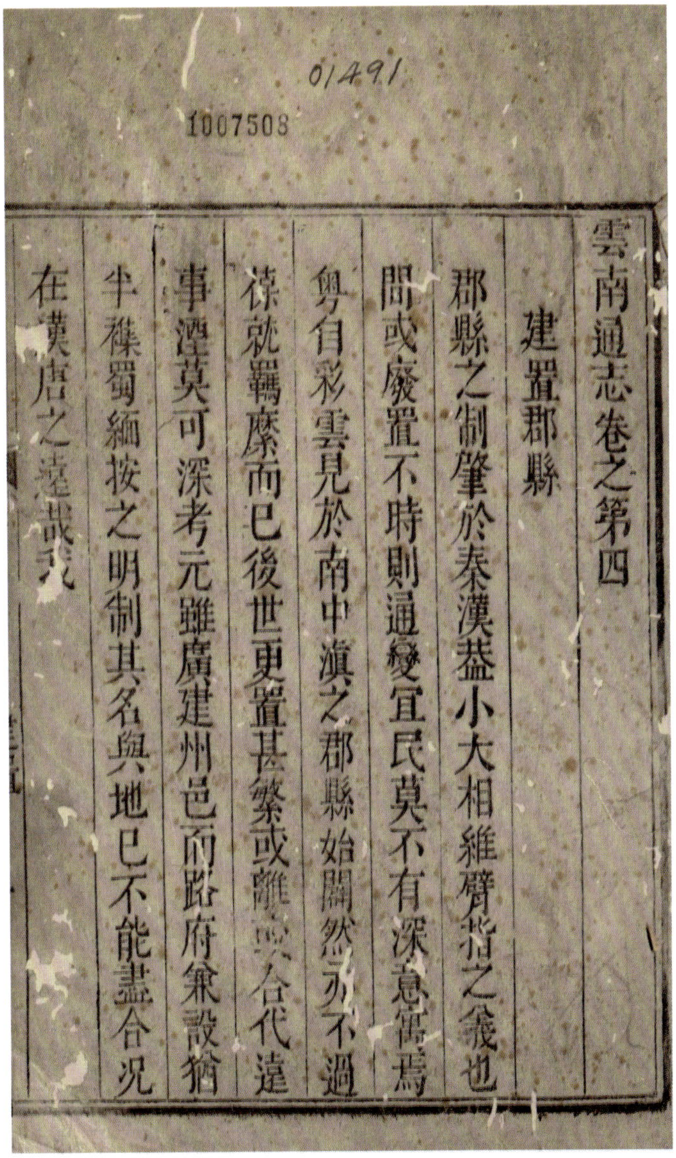

雲南通志卷之第四
建置郡縣
郡縣之制肇於秦漢甚小大相維臂指之義也
問或廢置不時則通變宜民莫不有深意寓焉
粤自彩雲見於南中滇之郡縣始闢然亦不過
徠就羈縻而已後世更置甚繁或離或合代遠
事湮莫可深考元雖廣建州邑而路府衆設猶
半襍蜀緬按之明制其名與地已不能盡合况
在漢唐之遠哉

042

［康熙］雲南府志二十五卷目録一卷

（清）張毓碧修，（清）謝儼等纂，清康熙三十五年（1696）刻本，十八册。半葉九行，行十九字，小字雙行同，白口，單黑魚尾，四周雙邊，框高20厘米，寬14.1厘米。

張毓碧（生卒年不詳），荆州江陵（今屬湖北）人。貢生，官雲南府知府。

謝儼（生卒年不詳），征江府河陽（今雲南澄江）人。清康熙舉人，雲南府儒學教授。

此書爲康熙三十五年（1696）雲南府署刻本，二十五卷目録一卷。張氏等以爲明萬曆間所修府志佚于明末兵灾，故參照清康熙《雲南通志》，廣搜文獻資料，旁采故老見聞修成是志。此志内分地理、建設、沿革、賦役、學校、選舉、官師、人物、封建、兵防、祀典、方外、藝文、雜志等十四志，後附補遺，下列子目四十九。非文詞所能記述者，以圖例于篇後。是志不僅注意“稽歷代之興廢”，而且在體例上儘量與通志保持一致，所謂“一秉通志以爲成憲”，因此人們認爲“精詳周晰”，是昆明市較早的志書之一。

雲南府志卷之第一

地理志一

茫茫黃輿職方可記惟滇會區西南要地握兩迤樞應井鬼位地靈所鍾物華所萃昆水深凝金碧高崎秀谷蒼巒奔赴而至疆域既雄形勢自異時序既和畜植自利況爾民風簡樸易治扶之育之厥有其事往哲前賢茂蹟不墜援筆畧書以資考識志地理

輿圖

043

[雍正]賓川州志十二卷

（清）周鉞纂修，清雍正五年（1727）賓州州學刻本，一册，存七卷（一至七）。半葉十一行，行二十字，白口，單黑魚尾，左右雙邊，框高17.9厘米，寬13.5厘米。

周鉞（生卒年不詳），江蘇常州人，字鐵眉。經朝廷召試，先後任河北密雲、景州（今河北景縣）知州。清康熙五十二年（1713），調任賓川州（今雲南大理州賓川縣）知州。周鉞在任期間，關心人民疾苦，革除舊時陳規陋習。清雍正三年（1725），周鉞再任賓川州知州，編纂雍正《賓川州志》。

周鉞任職時，府志對賓川事迹雖有記載，皆略而不詳。周鉞根據有關史志文獻，列出篇目提綱，采集山川、風土、人物、歌謡、藝文、政令檔案等，分門别類，修成此志，保存了許多有價值的歷史資料。志分地圖、星野、沿革、疆域、城池、田賦、秩官、學校、選舉、風俗、藝文。各州廳縣附圖説于其中。

賓川州志卷一

地圖

志必繪圖於首蓋以一方之山川形勢非繪之以圖何以使披閱者一展卷而瞭然於指掌間哉賓川設州雖後然趙州太和雲南舊隸大理其地北抵金沙江逼永北鶴慶東達姚安西南連洱海審幅幀之險易以固疆圉而籌安堵詎可無攷與志地圖

按賓川自明弘治七年始割太和縣海東六里雲南縣二里趙州一里置州設大羅衛指揮使司
國朝順治十六年裁指揮使司設守備康熙五年裁衛歸州

044

［雍正］建水州志十六卷

（清）祝宏纂輯，清雍正九年（1731）刻本，十二册。半葉九行，行二十一字，白口，單黑魚尾，四周雙邊，有書耳，框高18.7厘米，寬13.5厘米。

祝宏（生卒年不詳），字皋衷，海寧（今屬浙江）人。清康熙貢生，官知州、知府。

此書于清雍正九年（1731）纂輯，約十萬字。類分爲圖考、星野、疆域、建置沿革、城池、堤防、户口、物産、賦役、風俗、秩官、兵防、學校、選舉、典禮、祭典、名臣、忠孝、人物、外傳、祥异、奏議、藝文等。其非文詞所能記述者，以圖例于篇後。書名頁題“海寧祝皋衷修撰建水州志”。

海寧祝宏纂修

建水州志

本衙藏板

建水州志卷之一

建水州知州海寧祝　宏纂輯

圖攷

周禮馮相氏掌五紀職方氏掌邦圖定州壤後世因以表儀象繪山川都邑形勝俾保障封域者曉然可考建附郡郭首善諸境控接南交為滇要地分星所屬河山所會高城深池宮廟廨署圖之簡端庶睹輿圖廣遠益以識

帝德之無疆云志圖攷

045

［乾隆］廣西府志二十六卷

（清）周采修，（清）李綬等纂，清乾隆四年（1739）刻本，三册，存十二卷（一至六、十五至十八、二十五至二十六）。半葉九行，行十九字，小字雙行同，白口，單黑魚尾，四周雙邊，框高20.1厘米，寬13.6厘米。

周采（生卒年不詳），生平不詳。

李綬（生卒年不詳），字佩廷，號杏浦，清文學家。宛平（今北京豐臺區）人。清乾隆進士，官至左都御史。好讀書，作詩千餘首，文章也具有法度。

此書爲古代地方志，清乾隆四年（1739）編修。由當時任廣西知府的周采爲纂修，雲南迤東觀察使儲之盤爲總裁，召集紳士頗通典故者二十二人，經極意搜羅，細加考核，删繁就簡，别類分文，終于編纂并刊印。清代雲南廣西府，治所在瀘西縣，後歸爲直隸州。該書二十六卷，分輿圖、星野、建置、山川、疆域、城池、田賦、積貯、户口、經費、風俗、祠祀、水利、學校、兵防、秩官、名宦、選舉、鄉賢、物産、土司、古迹、祥异、藝文等二十四目，下繫子目三十一。

廣西府志卷之十五

兵防

民社之衞厥重維兵而邊疆尤甚郡沿江沙夷獷猂成習復有魯奎逼處彌境不時爲耗莫爲之防不狡焉思逞者鮮矣春秋傳曰愼守吾邑而備其不虞斯亦未雨綢繆之思乎志兵防

府舊由羅平撥駐防一員兵五十名以爲城守後以十三嘈沙夷入府境殺掠郡紳赴省請兵勦戮於康熙二十四年始移協鎮共兵一千二百

046

［乾隆］貴州通志四十六卷首一卷

（清）鄂爾泰、張廣泗修，（清）靖道謨、杜詮纂，清乾隆六年（1741）刻本，三十二册。半葉十一行，行二十一字，白口，單黑魚尾，四周雙邊，框高19.8厘米，寬14.1厘米。

鄂爾泰（1677—1745），西林覺羅氏，字毅庵，滿洲鑲藍旗人。清朝大臣，康熙舉人，授三等侍衛，以舉人襲佐領。雍正年間，歷任江蘇布政使、廣西巡撫、雲貴總督。後授保和殿大學士，兼兵部尚書，封爲一等伯爵。乾隆時，任農書總裁，數出察看河工。清乾隆十年（1745）病故，加太傅。著有《西林遺稿》等。

此書卷首有張廣泗進表，内分星野、輿圖、建置沿革、疆域（附形勝）、山川（附關梁）、風俗（附氣候）、城池、公署、學校（附貢院）、書院、義學、壇廟、寺觀、户口、田賦、課程、經費、官制、職官、名宦、土司、兵制、師旅考、苗疆師旅始末、選舉、鄉賢、忠烈、孝義、官迹、烈女、流寓、隱逸、仙釋、方技、流寓、藝文、奏疏、傳、序、碑記、賦詩、雜記。非文詞所能記述者，以圖例于篇後。爲研究貴州地方史及少數民族狀況必備的參考書。是書卷端鈐“潘之正”藏書印，葉内有朱墨眉批。

貴州通志卷之二

地理志序

輿圖　建置　疆域　形勢　山川　關梁
郵傳　風俗　苗蠻　古蹟　邱墓

貴州古三苗之域明始建都指揮司後改布政司治東西千里南北三百餘里於十五國中壤地最狹山川形勝則複嶺密箐迅流急湍非有平原廣澤之沃衍也風俗皆苗蠻雜處椎結侏離未盡漸被華風也我
國家改易衛所俱置州縣又開自古不臣之古州清江諸處益以湖南四川廣西附近壤錯之府州縣幅幀益為式廓我

047

［正德］武功縣志三卷首一卷

（明）康海纂修，（清）孫景烈評注，清乾隆二十六年（1761）刻本，一册。半葉十二行，行二十五字，白口，單黑魚尾，四周雙邊，框高19.3厘米，寬14.1厘米。

康海（1475—1540），字德涵，又號沜東漁父，西安府武功縣人（今陝西省武功縣）。明代著名文學家。弘治十五年（1502）狀元，授翰林院修撰。康海以詩文與李夢陽、何景明、徐禎卿、邊貢、王九思、王廷相稱"前七子"。著有雜劇《中山狼》、散曲集《沜東樂府》、詩文集《對山集》等。

此書爲明代方志，正德十四年（1559）成書。三卷（首一卷），兩萬餘言，共七篇：地理、建置、祠祀、田賦、官師、人物、選舉。其中山川、城郭、古迹、宅基歸于地理志；官署、學校、津梁、市集歸于建置志；祠廟，寺觀歸于祠祀志；户口、物産歸于田賦志；官師則善惡并著，以寓勸懲；藝文散附各志之下，以除冗濫。此志以文簡事賅見稱于世，但對其"簡"，後人褒貶不一。志刻于正德年間，萬曆間再經刊行，旋復散佚。清乾隆二十六年，武功知縣瑪星阿得抄本于孫景烈，因爲重刊。其圈點細評，皆出孫景烈之手。

文明在天
報前

武功縣志卷之一

地理志第一

夫武功古有邰氏之國也有邰氏有女曰姜原爲帝嚳元妃生棄教民稼穡有功堯封于邰號曰后稷后稷卒子不窋嗣不窋末年夏后氏政衰去稷不務乃奔于戎狄之間周興爲岐豐之域平王東遷賜豐鎬于秦邰遂爲秦邑至始皇列天下爲郡縣以邰爲斄漢改武功縣隸右扶風去古邰城二十里王莽曰新光東漢復徙古斄城魏置爲武功郡領美陽縣晉改屬始平郡後魏復爲武功郡周改雍州武帝建德三年復置武功郡治郿城已而復爲縣隋改隸京兆郡唐武德三年改置稷州以武功好畤盩厔郿鳳泉隸之尋又析始平置扶風縣四年以岐州圍川隸之七年又以隸岐州貞觀元年隸雍州天授二年又置稷州領武功文明元年析以

卷之一

048

［乾隆］臯蘭縣志二十卷

（清）吴鼎新修，（清）黄建中纂，清乾隆四十三年（1778）刻本，四册。半葉九行，行二十三字，小字雙行同，白口，單黑魚尾，四周雙邊，框高17.5厘米，寬13厘米。

吴鼎新（生卒年不詳），江蘇如臯白蒲鎮人。清乾隆三十年（1765）拔貢，官甘肅凉州府知府。工書法。

黄建中（生卒年不詳），字西圃，清乾隆二十五（1760）年舉人。

清乾隆元年至六十年（1736—1796）是清代甘肅歷史上修志的高潮，期間，甘肅方志成書四十種，此志正是在這一階段纂修的。清乾隆三十九年（1774），黄建中受知縣吴鼎新委托編修《臯蘭縣志》，該書由武功孫仲山粗定規模，建中因之，在複本王道成（萬曆）《蘭州志》、陳如稷（康熙）《蘭州志》的基礎上，大量搜訪資料，嚴加考證，編爲二十卷。該書是臯蘭設縣後的第一部縣志，分圖、表、星野、建置、疆域、官署、學校、風俗、賦税、祠祀、武衛、古迹、人物、藝文、雜録諸目。此志爲甘肅省名志，史料價值極高。

皋蘭縣志卷三

星野

十二州分星以十二次言一次主一州以二十八宿言四正十二宿主四州四隅十六宿主八州盖其度數濶狹不同故爾然析為度數則某地入某度未有外其主宿之理若所主在此宿而所入之度在他宿未免自紊其例宜乎占驗之有不效也鶉首主雍州則井鬼為秦分而其某郡某縣所入某度必不外於井鬼晉書天文志乃謂金城入東壁四度其説本於陳卓譙周顧陳卓

049

雲南全省輿圖

（清）雲南官署編繪，清光緒寫繪本，存二十一册。半葉九行，行二十字，小字雙行同，白口，無魚尾，四周雙邊，無界格，框高20.2厘米，寬15.6厘米。

此書是清光緒年間因會典館編纂《大清會典輿圖》时，由雲南官署組織編繪，記雲南省十一府、五直隸廳、二直隸州、六十廳州縣，各府、直隸廳、直隸州附圖説，州廳縣列分圖表，均附沿革考、疆域考（或附土職疆域考）、山鎮考與水道考圖説各一篇。州廳縣分圖後則附七格表，簡要説明州廳縣的沿革、疆域、天度、山鎮、水道、鄉鎮、職官等方面的内容。《雲南全省輿圖》中采用了中國傳統古老的“計里畫方”製圖方法，又采用了西方的經緯網製圖法，標注了經緯度。書中還附上了沿革考證、疆域考證等。光緒年間雲貴總督崧蕃，專門就此地圖的編修上書給光緒皇帝，其中提到地圖繪製過程，測量繪製十分艱難，前前後後花了三年時間纔基本完成。有專家考證，本館所藏本應該是最早的母本之一。該書紅色包背，書衣貼金黄緞面，板框爲朱絲欄四周雙邊，圖框亦多用朱絲欄稿紙，部分用烏絲欄稿紙，極有特色。

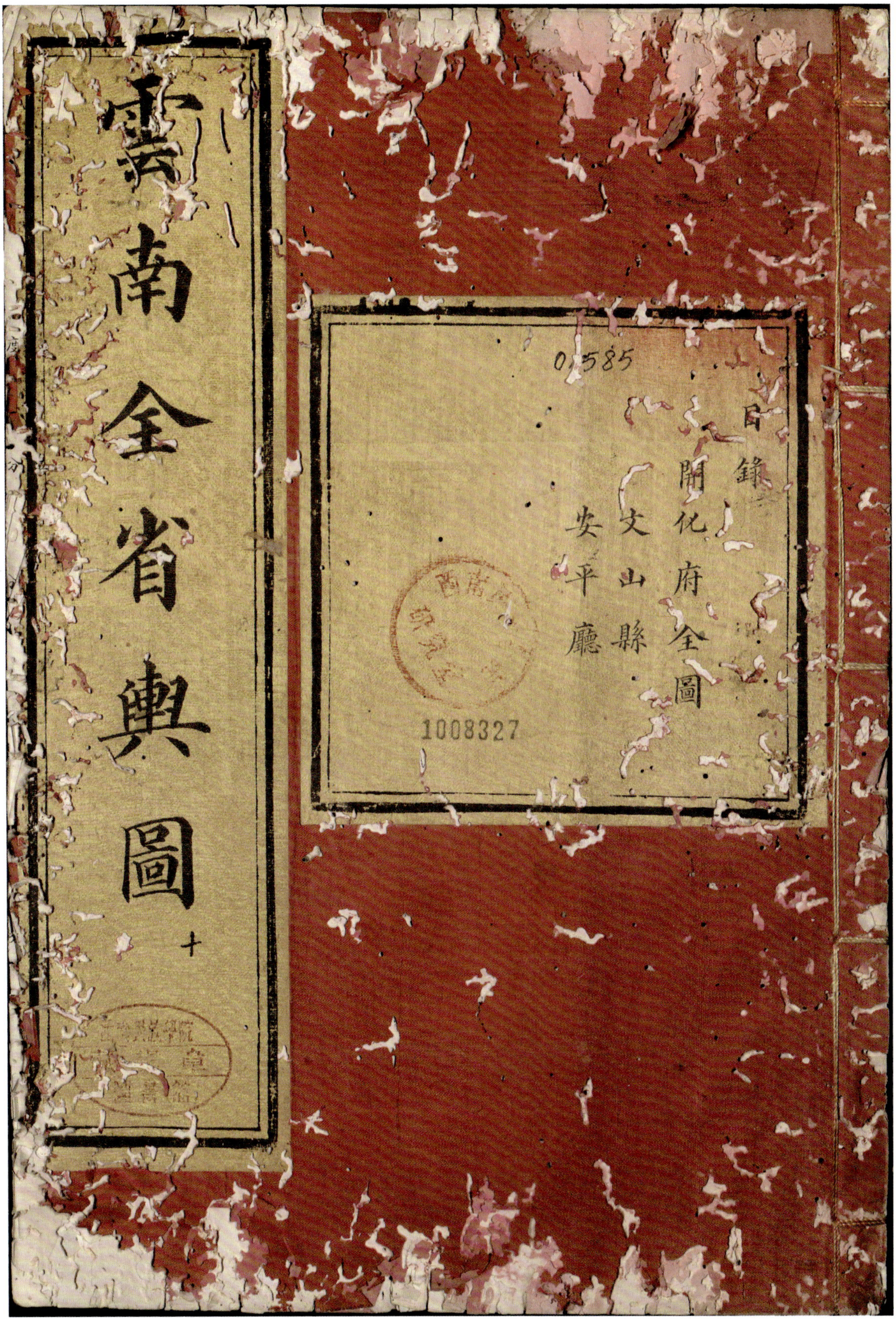
雲南全省輿圖 十
0.585
目錄
開化府全圖
文山縣
安平廳
1008327

雲南通省沿革考

雲南爲禹貢梁州地梁州以華陽黑水爲界鄭康成云自華山之南至于黑水也禹貢黑水凡三見其説自來不一有謂三黑水絶不相謀者則指雍州之黑水爲今之大通河梁州之黑水爲今之金沙江（即麗水所謂小金沙江也）導川之黑水或瀾滄或潞江或大金沙江皆可以當之有以三黑水爲二者則以梁州與導川之兩黑水即今潞江有以三黑水爲一者則以緬甸之大金沙江當之以爲此水首尾萬餘里大小枝流匯

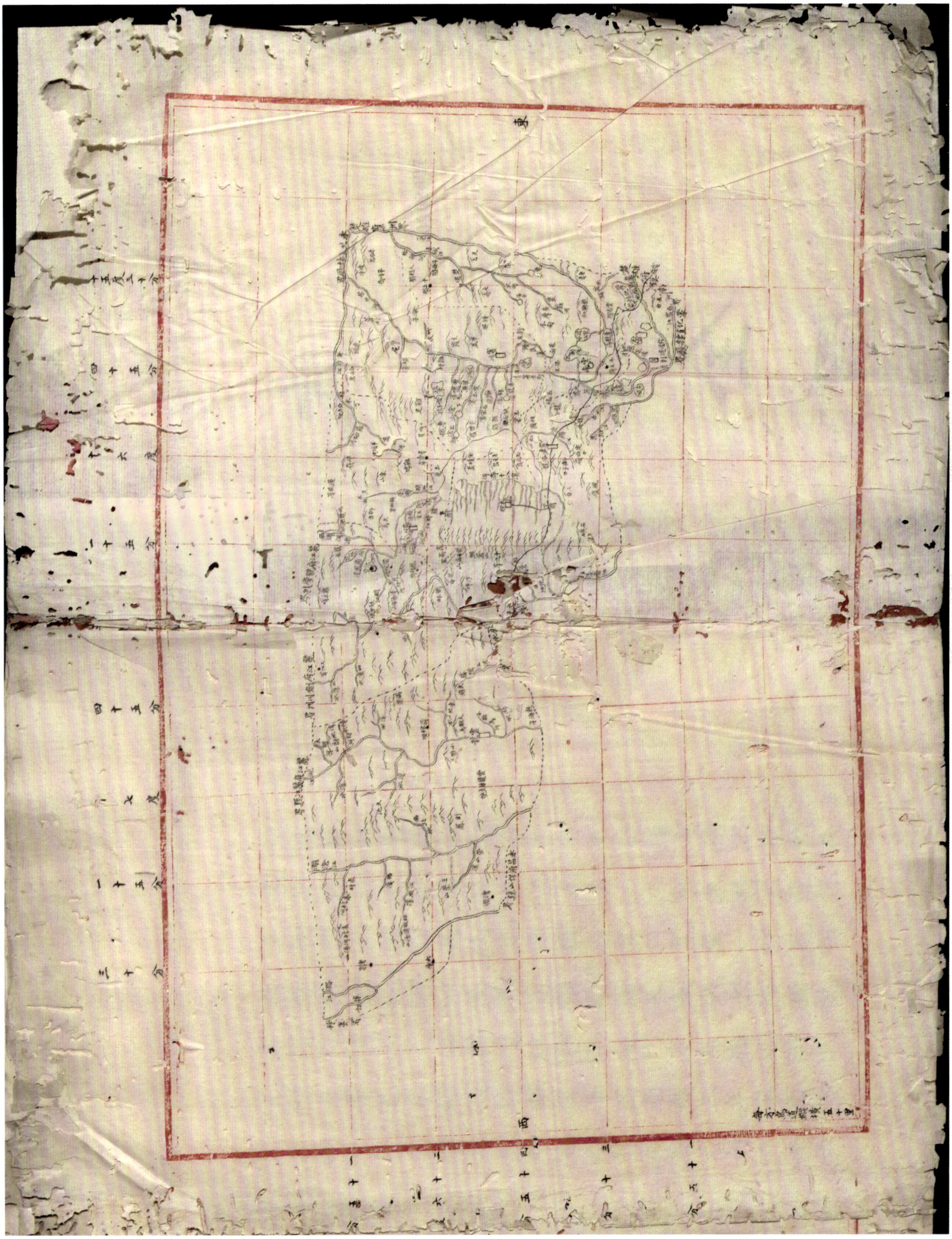
東
西

050

浯溪考二卷

（清）王士禛撰，清康熙刻《王漁洋遺書》本，一册。半葉十行，行十九字，小字雙行同，白口，雙黑魚尾，左右雙邊，上下黑口，框高17.6厘米，寬13.6厘米。

王士禛（1634—1711），字子真，又字貽上，號阮亭，别號漁洋山人，山東新城（今山東桓臺）人。清代詩文作家。謚“文簡”，卒後避雍正諱，追改作“士正”，清乾隆時諭改名“士禎”。順治進士，官翰林院侍讀學士、刑部尚書等職。好學慎思，通音律，善詩文。纂修《國史》《明史》。與其兄士禄、士祜，并稱“三王”，其詩爲一代宗匠，又與朱彝尊齊名，稱“南朱北王”。王士禛著述甚豐，一生著述達五百餘種，作詩四千餘首。著有《帶經堂集》《漁洋詩文集》《居易録》《池北偶談》等。

浯溪位于祁陽縣南五里，流入湘江，有清江、百河江及三江水皆注之。因唐代元結曾居此而得名，舊有李仁剛等纂志，無傳。後得志本，内容冗雜，王士禛廣搜文獻訂證補充，雜考新舊《唐書》及唐以來諸家文集、金石録、筆記小説等，要取精核，間録詩賦雜文，多郡志、溪志所未收者。于清康熙四十年（1701）成書，約二萬字，不分門目。上卷載山川、古迹和元次山詩文，附以歐陽修、黄庭堅、王世貞等諸家題跋議論；下卷皆後人藝文，尤以宋楊萬里、范成大、秦觀等人詩文爲多。全書以輯録爲主，頗搜奇秘，内容頗宏富，言簡事賅，是研究祁陽地區史志的重要參考文獻。

浯溪考卷上

濟南王士禎撰

浯溪在祁陽縣南五里（方輿勝覽）浯溪在祁陽縣南流入湘江有清江白河江及三江水皆注之（天下名勝志）浯溪自雙井發源逶漫郎宅過渡香橋北入湘（永州府志）浯溪在祁陽縣上游五里瀟湘江之南峿水自三泉嶺發源北行五里與湘水合（浯溪志）環永之治百里北至于浯溪西至于湘之源南至于瀧泉東至于黃溪其間名山水而村者以百數（柳宗元黃溪記）

元結[illegible]溪銘序浯溪在[illegible]湘愛其

051 廣雁蕩山志二十八卷首一卷末一卷

（清）曾唯纂、范鈜纂輯，清刻本，十二册。半葉九行，行二十字，小字雙行同，白口，單黑魚尾，四周雙邊，框高13.2厘米，寬9.4厘米。

曾唯（生卒年不詳），字翰西，又作岸西，號近堂，出身永嘉（今温州市區）世族，詩書傳家，且以家資豐贍著稱。乾隆五十六年（1791），曾唯以監生援例江蘇溧陽縣丞。曾唯一生以疏財好義、熱心地方公益事業飲譽當時。他不僅獨資修造海壇山石壩，還爲維護江心孤嶼名勝做了不少貢獻。如現在的江心浩然樓（曾一度改名孟樓）、文天祥祠堂，都是他于乾隆三十八年（1773）獨力重建的。

雁蕩山在浙江温州府，跨樂清、平陽二縣，景色秀麗。明初僧永升，創修《雁山集》一卷。嘉靖十八年（1539），朱諫因搜討舊本，增爲四卷。萬曆九年（1581），胡汝寧復續。其後徐待聘又有《雁山志勝》四卷。此書除參考舊志外，又與同時樂清教諭范鈜所纂《雁蕩山志》參互考訂，因名曰《廣雁蕩山志》。《廣雁蕩山志》乾隆五十五年（1790）完成，共二十八卷。卷首收“雁蕩山方位圖”等二十七幅，卷末收“雁蕩山游法”，内分名山、山水、寺宇、西内谷、東内谷、東外谷、南閣、北閣、物産、寓賢、釋氏、羽客、紀异、藝文、雜著，兹篇參考舊志外，勝舊志之處甚多。

玉舍沙而求金乎訂傳
聞之誤搜隱秘之蹤因
舊志而廣之敢云作哉
客哂而退即名吾書曰
廣雁蕩山志
乾隆五十有四年歳在

廣雁蕩山誌卷二

山水　西外谷

化工造物每出人意想之外而於雁蕩山水尤爲窮工極巧出神入化卽化工初亦不自料其技至此也王季重謂是造化小兒糖擔中物楊龍友云奇不足言幾於怪矣怪不足言幾於誕矣此皆於無可形容無可贊歎之中而作此極力形容極力贊歎之語究不能得其萬分之一正如夫子作春秋游夏不能贊一辭何必饒舌志山水

052

删注荀子二卷

（明）王納諫删并注，明萬曆四十年（1612）刻本，二册。半葉九行，行二十一字，白口，無魚尾，四周單邊，框高20.3厘米，寬13厘米。

王納諫（生卒年不詳），字青蒲，肥城人。明末史家。萬曆四十四年(1616年)進士，官至雄縣知縣。著有《史閣紀年》《會心言》等經典著作。編選的《蘇長公小品》一書，催生了明朝小品文的興起和發展。

此書是作者對荀子以及荀子思想進行删并注的著述。此書内有朱筆圈點、墨筆眉批，鈐“長宜山房”、“吉星”、“讀書最樂”等印。

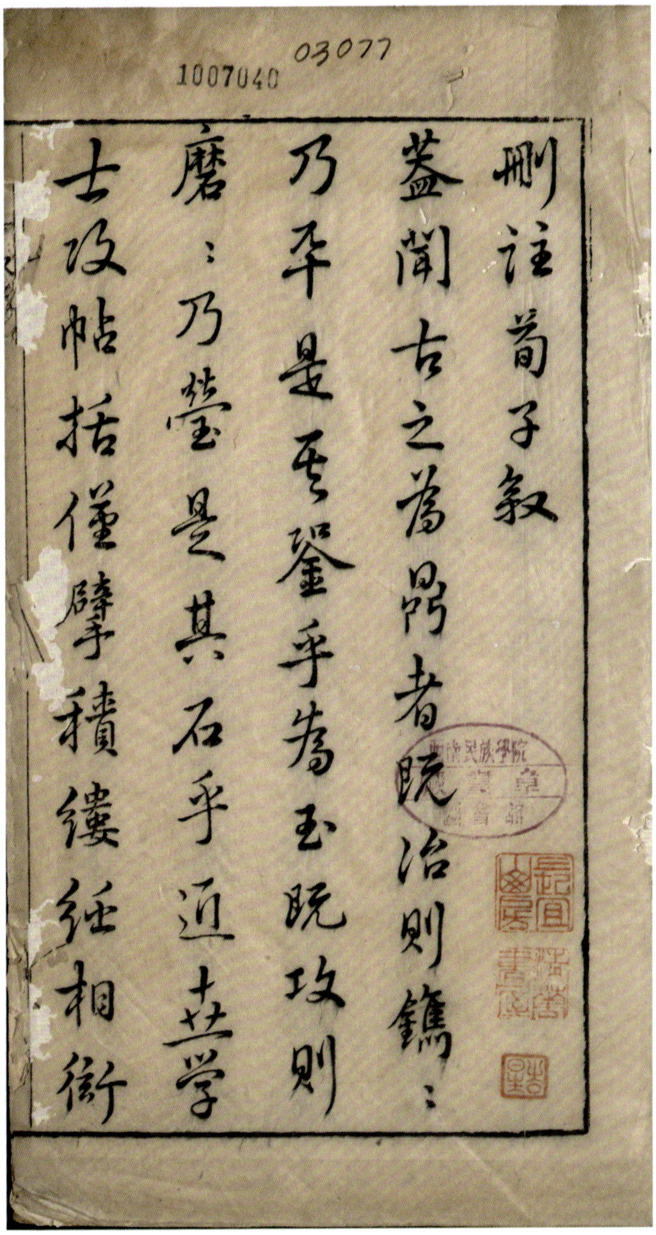

刪註荀子敘

蓋聞古之爲器者既治則鐫〻乃平是至鋻乎爲玉既攻則磨〻乃瑩是其石乎近世學士攻帖括僅肄積纏經相衒

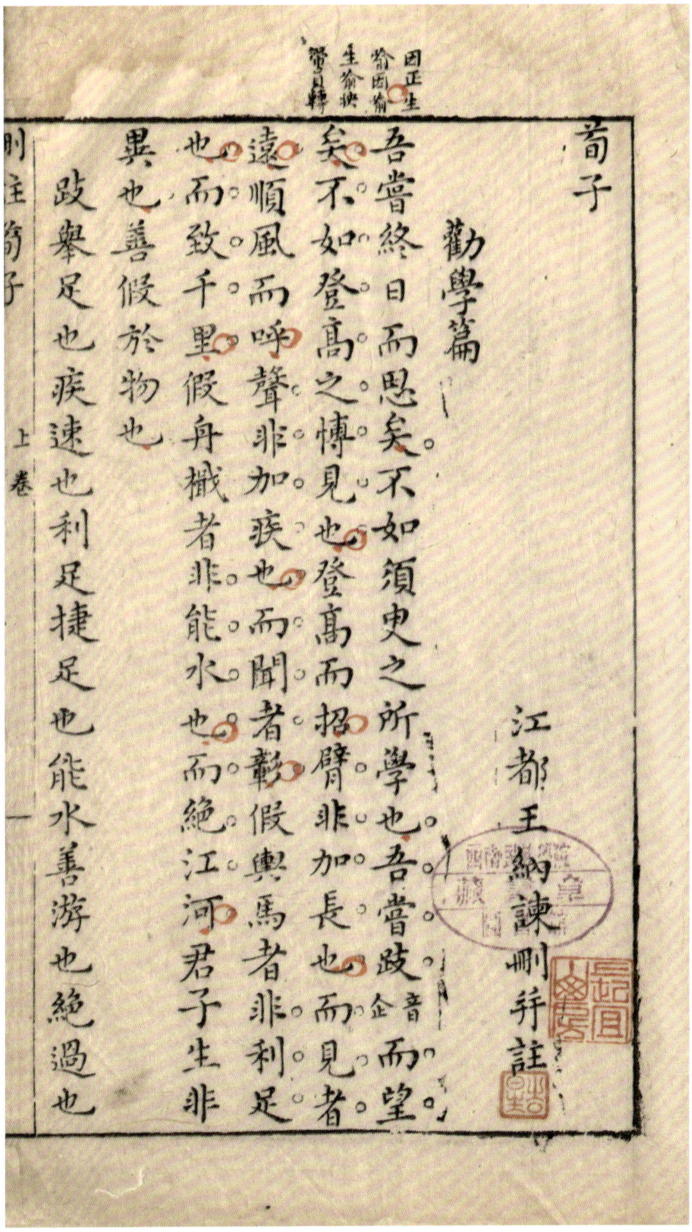

荀子

勸學篇

江都王納諫刪并註

吾嘗終日而思矣不如須臾之所學也吾嘗跂音企而望矣不如登高之博見也登高而招臂非加長也而見者遠順風而呼聲非加疾也而聞者彰假輿馬者非利足也而致千里假舟檝者非能水也而絕江河君子生非異也善假於物也

跂舉足也疾速也利足捷足也能水善游也絕過也

刪註荀子　上卷　一

053

新刊群書考正性理大成七十卷

（明）胡廣等纂輯，明萬曆刻本，十六册。半葉十一行，行二十三字，小字雙行同，黑口，雙順黑魚尾，有書耳，四周雙邊，框高21.1厘米，寬12.3厘米。

胡廣（1370—1418），字光大，號晃庵。吉水（今屬江西）人。明詩文家。建文二年（1400）進士第一，授翰林修撰，賜名“靖”。永樂即位，復名廣，兩次從帝北征，以醇謹見重。纍官至文淵閣大學士。卒謚“文穆”。善長書法，并曾奉詔纂修《五經四書性理大全》。著有《胡文穆集》。

此書又名《性理大全》七十卷，與《五經四書大全》同輯成于永樂十三年（1415）九月。明成祖親撰序言，冠于卷首，頒行于兩京、六部、國子監及國門府縣學。此書爲宋代理學著作與理學家言論的彙編，也是以官方名義撰修的理學教材。收録宋儒之説一百二十家。以程朱理學爲核心，兼采各家。其中自成卷者有周敦頤《太極圖説》一卷、《通書》二卷，張載《西銘》一卷、《正蒙》二卷，邵雍《皇極經世書》七卷，朱熹《易學啓蒙》四卷、《家禮》四卷，蔡元定《律吕新書》二卷，蔡沈《洪範皇極内篇》二卷。其他分爲十三目，有理氣、鬼神、性理、道統、聖賢、諸儒、學、諸子、歷代、君道、治道、詩、文。此書廣輯宋儒理學名篇于一書，堪稱“大全”，所設門類也較同類各書爲詳，惟其成書太速，不免龐雜冗蔓。此書的編纂説明理學已成爲明朝統治者的官方哲學。

新刊群書攷正性理大成卷之一

○太極圖

先生之斈之妙

朱子曰太極圖者濂溪先生之所作也先生姓周氏名惇實字
茂叔後避英宗舊名改惇頤家世道州營道縣濂溪之上博學
力行聞道甚早遇事剛果有古人風爲政精密嚴恕務盡道理
嘗作太極圖通書易通數十篇襟懷飄灑雅有高趣尤樂佳山
水廬山之麓有溪焉先生濯纓而樂之因寓以濂溪之號而築
書堂於其上又曰先生之斈其妙具於太極一圖通書之言亦
皆此圖之藴而程先生兄弟語及性命之際亦未嘗不因其說
觀通書之誠動靜理性命等章及程氏書李仲通銘程邵公志
顔子好學論等篇則可見矣潘淸逸誌先生之墓叙所著書特
以作太極圖爲稱首然則此圖當爲先生書首不疑也然先生
既手以授二程本因附書後傳者見其如此遂誤以圖爲書之
卒章不復釐正使先生立象盡意之微旨暗而不明而驟讀通
書者亦復不知有所綂攝此則諸本之失也又嘗讀朱內翰震
進易說表謂此圖之傳自陳摶种放穆脩而來而五峯胡氏作
序又以爲先生非止爲种穆之學者此特其學之一師耳非其
至者也夫以先生之學之妙不出此圖以爲得之於人則決非
种穆所及以爲非其至者則先生之斈又何以加於此圖哉是
以竊嘗疑之及得誌文攷之然後知其果先生所自作而非有

054

蕺山先生人譜一卷人譜類記二卷

（明）劉宗周撰，（清）洪正治編，清雍正教忠堂寫刻本，一冊。半葉十一行，行二十一字，小字雙行同，白口，單黑魚尾，四周單邊，框高18.1厘米，寬13.2厘米。

劉宗周（1497—1575），字起東，號念臺，學者稱念臺先生，又稱蕺山先生。山陰縣（今屬紹興市）人。晚明大儒學家，講學于山陰蕺山，曾經師從著名儒學家劉宗周先生。學者稱蕺山先生。他開創的蕺山學派，被譽爲“陽明後學”、“浙學淵源”。在浙學史和中國儒學史上都具有承先啓後的作用。“主意”、“慎獨”一説即始自先生。明代最後一個原創性的思想家。著有《論語學案》《中庸首章説》等。

此書爲宗周主持蕺山書院時之作，所述以授生徒。《人譜》一卷，首列人極圖説，次證人要旨，次紀過格，再改過説。《人譜類記》二卷，爲《體獨篇》《知幾篇》《定命篇》《凝道篇》《考旋篇》《作聖篇》，皆集古人嘉言善行，分類録之，以爲楷模。每篇前有總記，後列條目，間附以論斷，主于啓迪初學，故詞多平實淺顯，兼爲下愚勸戒。此書版心下題“教忠堂”，卷内有朱筆圈點。

蕺山先生人譜

人極圖

人極圖說

無善而至善心之體也

即周子所謂太極太極本無極也統三才而言謂之極分人極而言謂之善

繼之者善也

動而陽也乾知大始是也

成之者性也

人譜類記上

體獨篇

○大學云小人閒居爲不善無所不至見君子而後厭然揜其不善而著其善人之視己如見其肺肝然則何益矣此謂誠於中形於外故君子必愼其獨也述體獨第一

程子曰學始於不欺闇室又曰无妄之謂誠不欺其次矣一誠立而萬善從之

楊龜山先生曰古人修身齊家治國平天下本於誠意而已詩書所稱莫非明此者但人自信不及故無其效

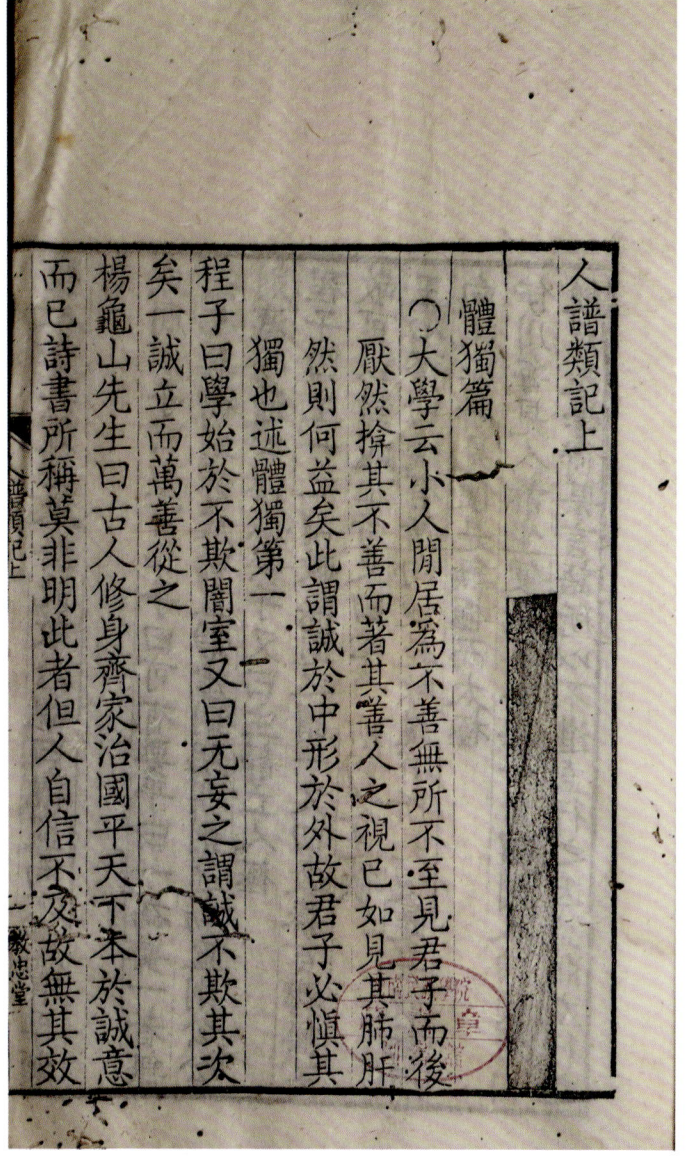

055

聖祖仁皇帝庭訓格言一卷

清世宗胤禛纂，清雍正末乾隆初刻本，一册。半葉七行，行二十字，小字雙行同，白口，單黑魚尾，四周雙邊，框高20.9厘米，寬12.6厘米。

胤禛（1678—1735），滿族，愛新覺羅氏，年號雍正，清朝第五位皇帝，清入關第三代皇帝。雍正帝在位期間，重整機構，并且對吏治做了一系列改革。他的一系列社會改革對于康乾盛世的連續具有關鍵性作用。雍正的佛學著作，以中國佛教特有的禪宗爲主，把古德參禪語要編輯成《御選語録》共十九卷，雍正帝與康熙帝一樣勤于政事，後人收集他在位的十三年中朱批過的摺子就有三百六十卷。雍正在位期間，把他批閱過的奏摺選擇一部分輯成《朱批諭旨》。他對臣工的諭旨，由張廷玉等紀録編成《上諭内閣》《上諭八旗》。他的各種體裁的文章被後人輯爲《御製文集》。

此書乃雍正八年（1730）胤禛追述其父在日常生活中對諸皇子的教誡而親録成編，共二百四十六條，計三萬餘字，包括讀書、修身、爲政、待人、敬老、盡孝、馭下以及日常生活中的細微瑣事，即圖書、經史、禮樂、文章、天象、地輿、曆律、步算皆有言及。該書版心上方鎸“庭訓格言”四字，字體鎸刻頗精。是中國家訓發展史上的重要著作。有《四庫全書》本行世。

聖祖仁皇帝庭訓格言

訓曰元旦乃履端令節生日爲載誕昌期皆係喜慶之辰宜心平氣和言語吉祥所以朕於此等日必欣悅以酬令節

訓曰吾人凡事惟當以誠而無務虛名朕自幼登極凡祀
壇廟禮神佛必以誠敬存心即理事務對諸大臣總以

056

黄氏日鈔九十七卷附古今紀要十九卷

（宋）黄震撰，清乾隆三十二年（1767）新安汪佩鍔刻本，二十四册，存九十三卷（一至十一、十六至九十七）。半葉十四行，行二十六字，小字雙行同，黑口，雙黑魚尾，四周雙邊，框高19.2厘米，寬13.3厘米。

黄震（1213—1280），字東發，號文潔，人稱于越先生。慶元慈溪（今浙江慈溪東南）人。南宋末年思想家。南宋寶佑四年（1256）進士，授迪功郎、吴縣尉。咸淳三年（1267）任史館檢閲，參與修纂寧宗、理宗兩朝《國史》《實録》等。後爲浙江提舉常平，多有惠政。爲人清介自守。著有《黄氏日鈔》《戊辰修史傳》《古今紀要》等。

此書共九十七卷，現存九十三卷。前六十八卷爲其閲讀經、史、子、集諸書時的札記、評論；以後各卷收集了作者的奏札、講義、策問、書、記、序、跋、行狀、墓志銘等方面的作品。其倫理思想散見于各卷中。推崇朱熹理學，但對朱學有取捨，并不迷信。對佛老、陸學持否定態度，批評陸九淵、朱熹皆雜禪。又反對功利，譏詆王安石變法。此書後收入《四庫全書》。

《古今紀要》十九卷，是一部以人物紀傳爲主體而貫通古今的通史著作。上起三皇五帝，下訖北宋哲宗元符年間（1098—1100）。其體例有别于紀傳、編年或紀事本末，《四庫全書總目》將其列入别史類。

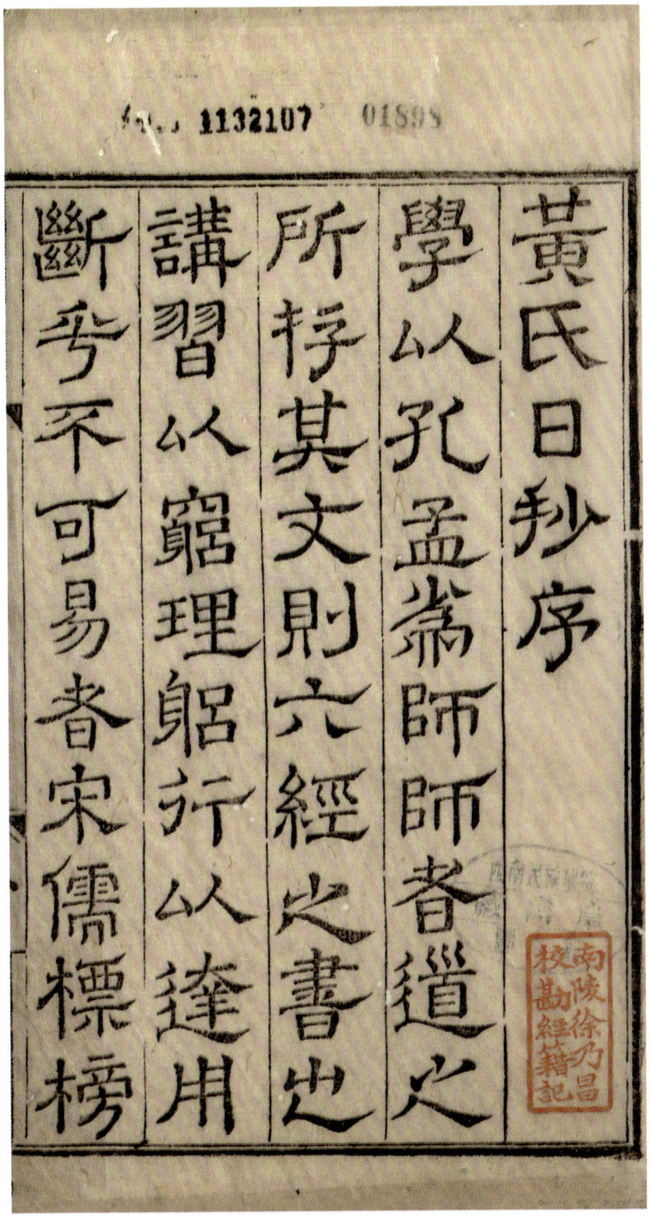

黃氏日抄序

學以孔孟爲師師者道之所存其文則六經之書也講習以窮理躬行以達用斷乎不可易者宋儒標榜

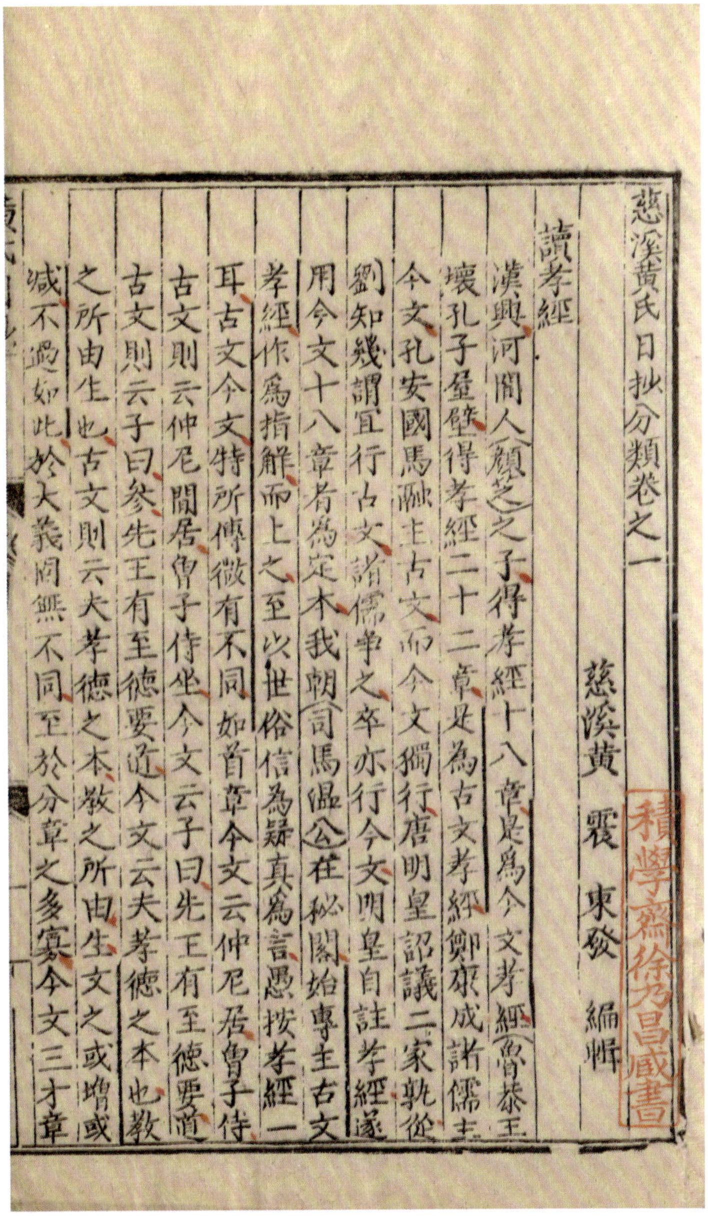

慈溪黃氏日抄分類卷之一

慈溪黃　震　東發　編輯

讀孝經

漢興河間人顏芝之子得孝經十八章是爲今文孝經魯恭王壞孔子屋壁得孝經二十二章是爲古文孝經鄭康成諸儒主今文孔安國馬融主古文而今文獨行唐明皇詔議二家孰從劉知幾謂宜行古文諸儒爭之卒亦行今文明皇自註孝經遂用今文十八章者爲定本我朝司馬温公在秘閣始專主古文孝經作爲指解而上之至以世俗信爲疑真爲言愚按孝經一耳古文今文特所傳微有不同如首章今文云仲尼居曾子侍古文則云仲尼閒居曾子侍坐今文云子曰先王有至德要道古文則云子曰參先王有至德要道今文云夫孝德之本也教之所由生也古文則云夫孝德之本敎之所由生文之或增或減不過如此於大義固無不同至於分章之多寡今文三才章

057

南華經解不分卷

（清）宣穎撰，清康熙六十年（1721）刻本，存二册。半葉十行，行二十三字，白口，單黑魚尾，四周雙邊，框高20厘米，寬13.5厘米。

宣穎（生卒年不詳），字茂公。江蘇句容縣人。清代學者。康熙五十三年（1714）選貢生。喜讀《莊子》，文章與張鹿牀齊名。著有《莊子南華經解》《悦庵遺書》。

《南華經》本名《莊子》，是戰國時代著名思想家、道家學派大師莊周及其後學的作品，此書爲講析《莊子》的著作。著者其《自序》云："予此本不敢于《莊子》有加，但尋其窾會，細爲標解，而不以我與焉。"注重以儒解莊。注者力圖恢復《莊子》本來面目，注解頗爲審慎。對内篇、外篇、雜篇，分别于各編之前加以説明，進行總體概括。各篇均有提要，貫通全篇文脉。篇中分段釋義，點明各部分宗旨。句下出注，頗多精到之論。是清代莊學史上一部重要的專著，對後世影響深遠。

南華真經解外篇

句曲　從學宣　穎茂公著
同學王暉吉季孟較

駢拇。

聖門言仁義即是性。莊子却將仁義看作性外添出之物。蓋他止就源頭處一直下來。不肯多着一字。老子曰。不知其名。字之曰道。道之一字。還是借說的。何況說到仁義。莊子就是這一樣見解。他都就最上處理會下一截事。便一切掃却。

此篇言以仁義為行。則失其性。是就傷於己上說。引仁義

058

增注莊子因六卷

（戰國）莊周撰，（清）林雲銘評述，清乾隆泉郡輔仁堂藏板刻本，六册。半葉九行，行二十二字，小字雙行同，白口，單黑魚尾，四周雙邊，框高20.8厘米，寬13.4厘米。

莊周（生卒年不詳），即莊子，字子休，宋國蒙（今河南商丘）人。戰國時期哲學家，先秦道家學派的重要代表人物。他發展了老子的思想，是道家學派之集大成者。

林雲銘（1628—1697），字道昭，號西仲。清代學者、詩人。順治十五年進士，官安徽徽州通判。仕途不甚得意，但著述頗多。著有《損齋焚餘》《吴山谷音》《莊子因》《楚辭燈》《古文析義》等。

此書在清朝頗爲流行，作者貫徹歸莊入儒與文理相通的宗旨，對莊子散文的筆法、莊子思想等都有一些獨到的看法。深入分析《莊子》的詞章義理，分篇析章，疏通文理，便于閲覽。該書是清代注莊解莊史上的一部重要著作。此書牌記題“泉郡輔仁堂藏板”，卷前有林雲銘《自序》，次《凡例》。

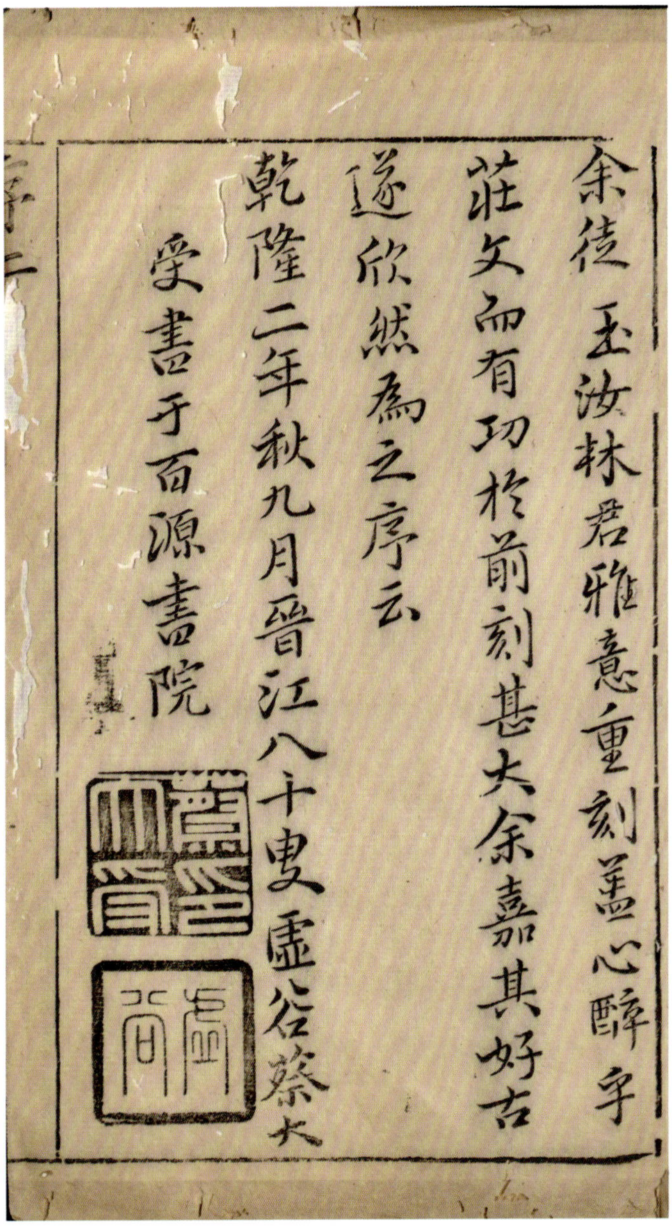

余徒玉汝林君雅意重刻蓋心醉乎
莊文而有功於前刻甚大余嘉其好古
遂欣然為之序云
乾隆二年秋九月晉江八十叟盧谷蔡大
受書于百源書院

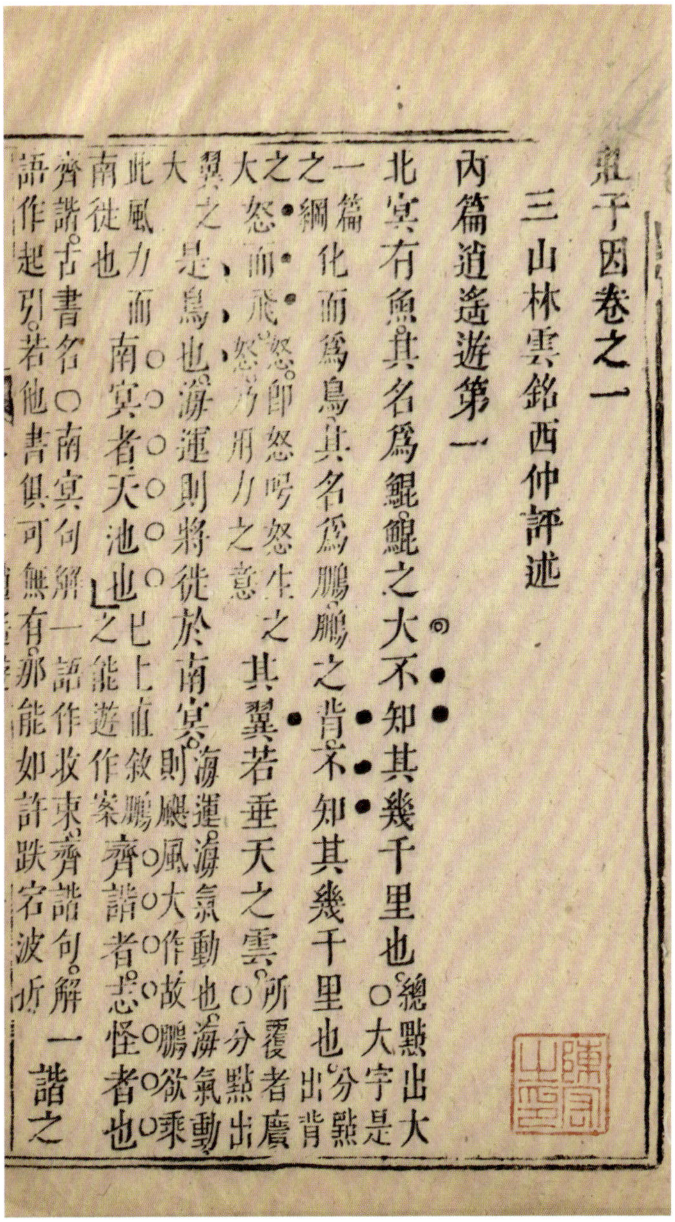

莊子因卷之一
三山林雲銘西仲評述
內篇逍遙遊第一
北冥有魚其名為鯤鯤之大不知其幾千里也總點出大○大字是一篇之綱化而為鳥其名為鵬鵬之背不知其幾千里也分點出背之大怒而飛怒即怒呺怒生之怒乃用力之意其翼若垂天之雲所覆者廣○分點出翼之大是鳥也海運則將徙於南冥海運海氣動也海氣動則颶風大作故鵬欲乘此風力而南徙也南冥者天池也已上直敘鵬之能遊作案齊諧者志怪者也齊諧古書名○南冥句解一語作收束齊諧句解一語作起引若他書俱可無有那能如許跌宕波折諧之

059 居易録三十四卷

（清）王士禛撰，清康熙刻本，八册。半葉十行，行二十字，黑口，左右雙邊，單黑魚尾，框高16.7厘米，寬13.1厘米。

王士禛（1634—1711），字貽上，號阮亭、漁洋山人，新城（山東桓臺）人，清初著名詩人。順治十五年（1658）進士。後人因避雍正皇帝胤禛諱，改稱他爲“士正”，乾隆時又因“士正”與其原名不同音，詔改“士禎”。他在清初以學識淵博著稱，一生著作極爲豐富，康熙時繼錢謙益而主盟詩壇。論詩創神韵説。一生著述達500餘種，作詩4000餘首，主要有《帶經堂集》《漁洋山人精華録》等。單是筆記就有《居易録》《池北偶讀》《香祖筆記》《古夫于亭雜録》《分甘餘話》等五種，且都較爲有名。

此書三十四卷，是作者康熙二十八年（1689）官左副都御史，至四十年（1701）官刑部尚書十三年間所記雜事。自序稱“居易”，乃唐顧况戲白居易語“長安米貴，居大不易”之反意。該筆記内容相當博雜，涉及朝章典故、年景豐歉、人情事理、文人軼事、詩歌品評、書畫鑒賞等各個方面，尤多詩論。如卷二記盤山和尚智樸詩，卷三論吴雯詩，卷三十記木工蕭中素善詩之事。許多議論反映出作者的詩學觀，是本書的精華所在。卷首有作者自序。

居易錄卷一

濟南　王士禛　著

婺源黃昌衢刻宋范石湖詩集二十卷中多闕文吳郡門人顧嗣協迂客亦刻石湖集摹宋板最工後村云石湖詩三十四卷今顧刻卷數正合

慈谿友人姜宸英西溟示唐摹十七帖紙韌堅好點畫無闕失真古物也秀水曹侍郎秋岳溶跋云貞觀中盛購右軍墨蹟褒業進士以草書來上首有十七日字遂呼十七帖今石刻傳世有二本唐刻尾有敕字及解勒褚校者卽此本也南唐後主得賀知章所臨

060

容齋隨筆七十四卷

（宋）洪邁撰，明崇禎刻本，九册。半葉九行，行十八字，小字雙行同，白口，無魚尾，左右雙邊，框高18.5厘米，寬14厘米。

洪邁（1123—1202），字景盧，别號野處，鄱陽（今江西波陽）人。南宋文學家。宋代名臣洪皓季子。與其兄洪适、洪遵文名俱盛，時稱“三洪”。乾道間，纍遷中書舍人、兼侍讀、直學士院、同修國史。淳熙十三年（1186）爲翰林學士。寧宗時，以端明殿學士致仕。學識淵博，一生涉獵書籍甚衆，自經史百家以至醫卜星算，皆有研究，尤熟于宋代掌故，曾手書《資治通鑒》凡三遍。著有《容齋隨筆》《夷堅志》《野處類稿》等，編有《萬首唐人絶句》。

此書是一部著名的筆記，共七十四卷。全書分爲五集：隨筆、續筆、三筆、四筆、五筆，前四集每集均爲十六卷，第五集因書未成而作者過世，僅爲十卷。書中内容十分豐富，所涉甚廣，舉凡歷史、哲學、文學、藝術、地理、風俗習慣等，無所不記，基本上是一事一條，各列標題，共記事一千二百三十則。乃其博覽群書及耳聞目睹時事時，凡有所得，皆隨筆記之，前後近四十年，完成此宏篇巨著。書中考證了宋以前的一些史實和政治經濟制度、詞章典故及遺聞佚事等，對宋朝典章制度記載尤詳，對于某些歷史人物和事件也間作評論，并對歷代經史典籍進行了重評、辨僞與訂誤，提出了許多頗有見地的觀點，更正了許多流傳已久的謬誤。書中記事，辨證考據，頗爲精確，具有很高的史料價值。在中國歷史文獻上有着重要的地位和影響。《四庫全書總目提要》推它爲南宋筆記小説之冠。

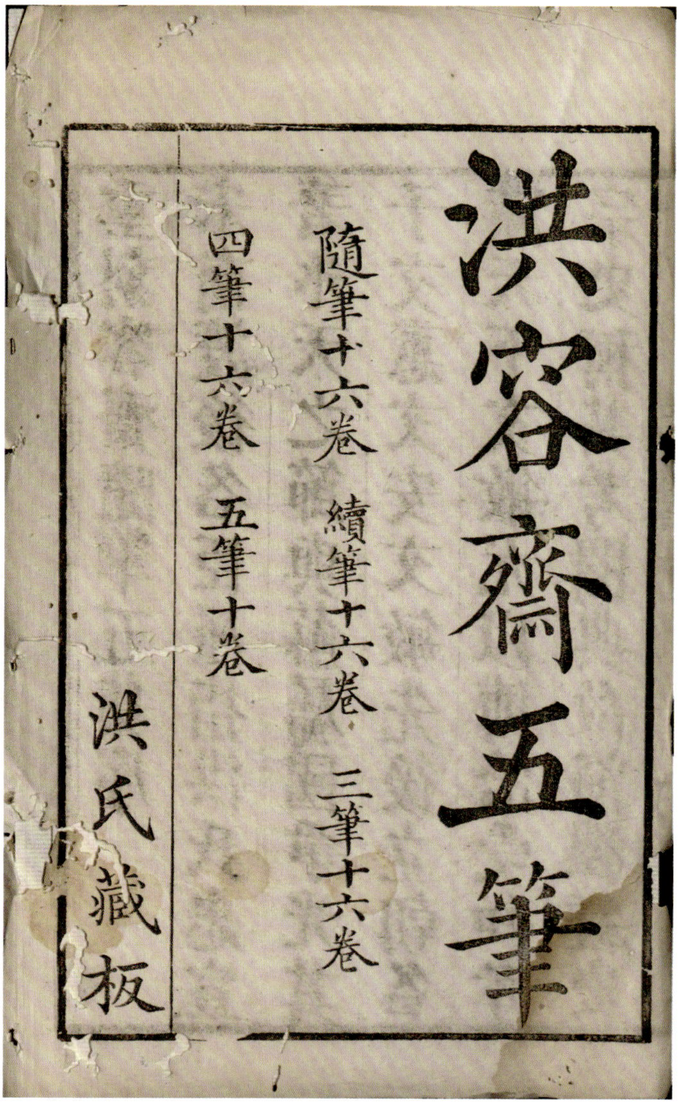

洪容齋五筆

隨筆十六卷　續筆十六卷　三筆十六卷

四筆十六卷　五筆十卷

洪氏藏板

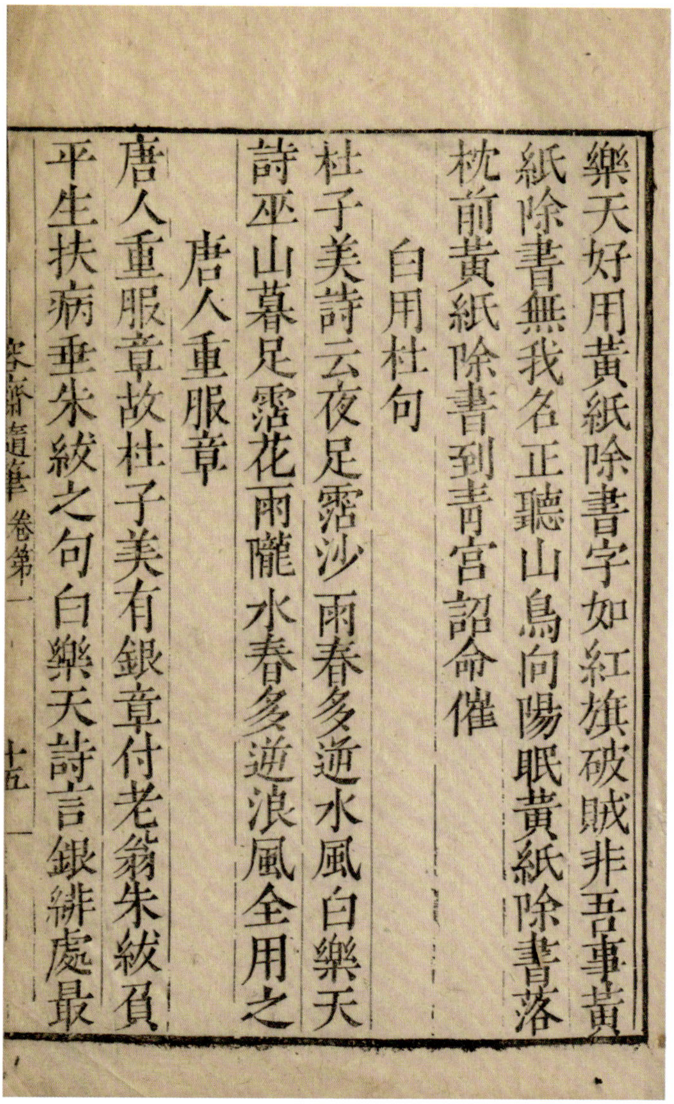

樂天好用黃紙除書字如紅旗破賊非吾事黃紙除書無我名正聽山鳥向陽眠黃紙除書落枕前黃紙除書到青宮詔命催

白用杜句

杜子美詩云夜足霑沙雨春多逆水風白樂天詩巫山暮足霑花雨隴水春多逆浪風全用之

唐人重服章

唐人重服章故杜子美有銀章付老翁朱紱負平生扶病垂朱紱之句白樂天詩言銀緋處最

061

草木子四卷

（明）葉子奇撰，清乾隆二十七年（1762）刻本，二册。半葉十行，行二十二字，小字雙行同，白口，單黑魚尾，四周雙邊，框高19.3厘米，寬13.7厘米。

葉子奇（生卒年不詳），字世杰，號静齋，又號草木子，龍泉（今屬浙江）人。明散文家、學者。曾任巴陵（今湖南岳陽）主簿，旋棄官歸里。明太祖洪武十一年（1378）因案受株連下獄，在獄中用瓦磨墨著書，筆記《草木子》即獄中所作。學識淵博，撰著頗多。多已佚失。另著有《太玄本旨》《静齋集》等。

此書爲明代文言筆記小説集。原稿二十二篇，到明正德十一年（1516）葉子奇的裔孫葉溥初刻刊行，這時距原書定稿已達一百幾十年，已部分散失。後改并爲八篇，分四卷：卷之一上（管窺篇）、卷之一下（觀物篇）、卷之二上（原道篇）、卷之二下（鉤玄篇）、卷之三上（克謹篇）、卷之三下（雜製篇）、卷之四上（談藪篇）、卷之四下（雜俎篇）。均爲作者在獄中時所作，此書涉及的内容十分廣泛，從天文律曆、時政得失、兵荒灾亂以及自然界的現象、動植物的形態，都廣搏搜羅，仔細探討。在明人的筆記中，頗有特色。尤其是關于元朝的掌故和元末農民起義史迹記載頗詳。多是其他書中所不曾述及的。反映了一些元朝的腐朽和經濟情況，是研究元末明初史實的重要資料。此書卷前有乾隆壬午（二十七年）齊召南“重刻草木子序”及蘇遇龍“重梓草木子叙”，鈐“葉秉誠”印，卷内有朱筆圈點。

重刻草木子序

草木子八篇明初龍泉葉靜庵先生著先生事實今載明史儒林其書博大精深能括天地人物古今載籍之奧而洞其原於學術政治制度凡

草木子卷之一

明初劍川葉子奇世傑父著

觀物篇

天生萬物有色聲香味使無目耳鼻口以收攝之則天地之工或幾於熄矣故色爲之目聲爲之耳香爲之鼻味爲之口此天人之所以交也人則得其正者也物則偏爲此其所以靈於萬物也如蠅攻臭穢鴟鴉嗜鼠麋鹿食薦蝍蛆甘帶數者孰知天下之正味哉至於義理則惟心可以通之人則可以貫全體物則局於一偏也物之偏者如蜂蟻君臣虎狼父子雎鳩有別豺獺報本是

062

小窗別紀四卷

（明）吴從先撰，明末刻本，四册。半葉八行，行十八字，白口，無魚尾，四周單邊，框高21.6厘米，寬13.2厘米。

吴從先（生卒年不詳），字寧野，號小窗。歙縣（今屬安徽）人。明代出版家、散文家。交友廣泛，與陳繼儒、馮夢禎、吴偉然、焦竑、黄汝亨等文人交好。畢生博覽群書，潛心著述，好爲詩賦文章、俳諧游戲雜説及清雅小品。喜好編撰書籍，從明萬曆四十一年（1613）至萬曆四十三年，他陸續編撰出版了《小窗自紀》四卷、《小窗別紀》四卷、《小窗清紀》五卷、《小窗豔紀》十四卷（合稱《小窗四紀》）等。這些書堪爲古代清言小品美文類作品之集大成者。明崇禎二年（1629），吴從先又與何偉然合作編撰了《廣快書》五十卷行世。其創作的散文見解獨特，文筆華美，如《吊岳武穆文》《倪雲林畫論》《讀水滸傳論》等都是較好的作品。作品後均收録于《四庫總目》并傳于世。

此書爲明代文言小説集，爲《小窗四紀》其中一種，編選漢代到明代的雜録舊事、美文小品。主要是他人文句的摘編和文章選輯，多爲文風清雅的小品文，體裁短小却又回味無窮。其收羅内容較雜，有不少轉録于他書，也有部分己作。有文言小説，也有短篇小品，乃至文史考據和人物述評，兼涉志怪，總明季纖詭之習也。此書鈐“高氏收藏圖籍”及“笠原家藏”章，卷内有朱筆圈點。

小窗別紀卷一

延陵吴從先評選　華亭施沛校

調神 內經

春三月此謂發陳天地俱生萬物以榮夜卧蚤起廣步于庭被髮緩形以使志生生而勿殺予而勿奪賞而勿罰此春起氣之應養生之道也逆之則傷肝夏為寒變奉長者少夏三月此謂蕃秀天地氣交萬物華實夜卧蚤起無厭于日

063

陔餘叢考四十三卷

（清）趙翼撰，清乾隆五十六年（1791）刻本，十二册。半葉十一行，行二十一字，小字雙行，行二十七字，白口，單黑魚尾，左右雙邊，框高18厘米，寬12.9厘米。

趙翼（1727—1814），字雲崧，一字耘崧，號甌北，江蘇陽湖（今常州市）人。清代著名的史學家和文學家。清乾隆進士，授翰林院編修。曾任内閣中書、貴西兵備道等職。曾與修《通鑒輯覽》。後辭官歸里，主講安定書院，以詩文著述終其身。長于史學，擅考據，論詩反對摹擬，主張獨創。著作尚有《廿二史札記》《檐曝雜記》《甌北詩話》及詩文集等，後彙編爲《甌北全集》。

此書爲作者從黔西罷官以後的讀書筆記彙編。歷經十餘年，方始刊行，因爲是“循陔”時（即辭官奉母期間）所作，故名爲《陔餘叢考》。全書共四十三卷，不分門類，但編次先後則以類相從，其中包括《論經義》四卷、《史學》十一卷、《掌故》六卷、《藝文》三卷、《紀年》一卷、《官制》二卷、《科舉》二卷、《風俗》二卷、《喪禮》一卷、《器物》一卷、《數術》及《神佛》二卷、《稱謂》三卷、《雜考》五卷。内容涵蓋經學、史學、風俗考論、制度等方面。書中以論文學、論史學部分爲其精華，考論各體詩如“拗體七律”等之源流，頗爲精詳。在考史論文諸條中，很有些精闢的見解。是書前有乾隆五十五年（1790）作者小引，以及乾隆五十六年吴錫麒序。另有乾隆五十五年（1790）湛貽堂刊本、商務印書館1957年排印本等。

陔餘叢考卷一

陽湖 趙翼 耘菘

五經正義

五經正義雖署孔穎達名然實非出一手顏師古傳太宗以經籍去聖久遠文字訛謬令師古於秘書省考定五經旣成太宗又令諸儒詳覈諸儒傳習已久皆非之師古引晉宋以來古今本援據詳明皆出其意表諸儒始服是師古於此書功最深孔穎達傳亦云穎達與顏師古司馬才章王恭王琰等受詔譔五經義訓凡一百八十卷名曰五經正義太宗命付國子監施行是師古外又有司馬才章等參訂也未幾馬嘉運駁正其失永

064

燕山叢録二十二卷

（明）徐昌祚撰，（明）李叔春校，明萬曆三十年（1602）刻本，二册。存卷一至卷三。半葉十行，行二十字，四周單邊，白口，單魚黑尾，框高20.6厘米，寬14.2厘米。

徐昌祚（生卒年不詳），初名昌儒，字文伯，改字伯昌，號昆竹。江蘇常熟縣人。萬曆元年（1573）諸生。承祖父蔭授後府都事，升經歷，改太僕寺寺丞，遷刑部河南清吏司員外郎、郎中，三十三年致仕。與輯《太常寺志》。著有《新鐫訂補釋注蕭曹遺筆》《大明律例添釋旁注》《長安里語》等。

此書爲作者因輯《太常寺志》，得以徵各州縣志，因采録成編，以居燕京所録，記的多是京都附近的事，故以“燕山”爲書名。整部書分爲二十二類，大抵多涉語怪。該書雜記聞見，分敦行、奇節、吏道、兵革、技術、仙釋、神鬼、妖邪、怪异、奇聞、果報、科試、天文、地理、古迹、器物、禽獸、草木、古墓、駁疑、山谷等二十一類，附《長安里語》一卷，雖多失其本字本音，但仍可作爲研究方言學的資料。書成于明萬曆壬寅年，有作者的自序，《四庫全書總目》據浙江巡撫采進本列入存目。

新刻徐比部燕山叢録卷之一

海虞徐昌祚　伯昌甫　著
雲間李叔春　順卿甫　校

敦行類

余宦遊燕中所檢閱誠臣孝子貞姬烈婦之跡甚夥總之彝常中事也其芳度義範可為世訓及幽潛弗耀者始屬筆焉若一切尋常不足聳動觀聽者不録一切彪炳業已昭彰耳目者不録故所録敦行類凡若干則

065

山海經廣注十八卷讀山海經語一卷雜述一卷山海經圖五卷

（清）吴任臣注，清刻本，六册。半葉九行，行二十二字，小字雙行同，白口，無魚尾，左右雙邊，框高18.7厘米，寬13.3厘米。

吴任臣（？—1689），初名征鴻，字志伊，一字爾器，號托園。清初任和（今浙江省餘杭縣）人。明末清初著名的歷史學家、藏書家。康熙十八年（1679）授翰林院檢討，修《明史·曆志》。博學多聞，通經史，精小學，兼善天官、樂律。著《十國春秋》《山海經廣注》《周禮大義補》《禮通》《春秋正朔考辨》等書，今皆傳于世。

此書在晋朝郭璞《山海經注》的基礎上更進一步地注解了《山海經》這部奇書，故稱《山海經廣注》，在書中的注解中，有“郭曰”的即是郭璞注文，“任臣案”的即是吴任臣的注文。全書共十八卷，分爲《山經》和《海經》兩部分，《山經》五卷，記録了東西南北中五個方位的山脉共二十六條，包括山的珍禽异獸、奇花异草、河流走嚮等。《海經》十三卷，分《海外》《海内》《大荒》三個部分，記録的則是一些未被中原人們認識和開化的异國，它們大部分奇形怪狀，如結匈國、不死民等。吴任臣在郭璞《山海經注》的基礎上擴大了對名物等注釋範圍，對郭注中較簡單、未詳未聞的注解做了進一步補充，對郭注的明顯錯誤做了注解修訂。注重考據，旁徵博引，所引書目達530餘條，對《山海經》做了全面的輯佚。《山海經廣注》被編入《四庫全書》的“异聞”之屬，具有非常重要的學術價值。

山海經廣注卷之一

仁和吳任臣注

南山經

南山經之首曰䧿山任臣案今本作鵲三才圖會有鵲山之神即此山也又濟南汝寧太原順德皆有鵲山搜神記仲子隱于鵲山蓋濟南鵲山通鑑李世民與竇建德戰西薄汜水南屬鵲山汝寧鵲山也非此其首曰招搖之山任臣案王崇慶釋義云既曰䧿山又曰其首曰招搖之山是一山而二名或南山鵲並誤任昉述異記言招搖山亦名鵲山臨于西海之上郭曰在蜀伏山山南之西頭濱西海龍多桂郭曰桂葉似枇杷長二尺餘廣數寸味辛白花叢生山峯冬夏常青閒無雜木呂氏春秋曰招搖之桂任臣案王會解自深桂注自深南蠻也楚辭嘉南州之炎德兮麗桂樹之冬榮山海經圖贊曰桂生南裔拔萃

066

夏侯陽算經三卷

（隋）夏侯陽撰，清乾隆三十九年（1774）《武英殿聚珍版叢書》刻本，一册。半葉九行，行二十一字，小字雙行同，白口，單黑魚尾，左右雙邊，框高12.6厘米，寬9.2厘米。

夏侯陽（生卒年不詳），中國南北朝時代數學家，北魏人。《宋史·禮志》載算學祀典，稱之爲晋代人，清代阮元《疇人傳》認爲他是隋代人。著有《夏侯陽算經》三卷。

此書原是魏晋或南北朝時期的數學著作，原作著者爲夏侯陽。北宋元豐七年（1084）秘書省刊刻《算經十書》，亦刻了一部《夏侯陽算經》，此後諸版本均據此以傳。現傳本已非夏侯陽原著，疑爲唐代的韓延增修本。輾轉流傳至今，三卷共計有計算題八十三題。共分十二章，卷上有“明乘除法”、“辨度量衡”、“言斛法不同”、“課租庸調”、“論步數不等”、“變米谷”六章；卷中有“求地税”、“分禄料”、“計給糧”、“定脚價”、“稱輕重”五章；卷下有“説諸分”一章。這是一部實用算術書，在十部算經中内容最爲簡要。運用當時流傳的乘除捷法，來解答日常生活中的應用問題，使很多數學史料得以保存。明《永樂大典》分類抄録此書。清乾隆中修《四庫全書》，戴震從《永樂大典》中輯出，抄入“天文演算法”類，并收入《武英殿聚珍版叢書》。

一年各幾何答曰一日一百三十五斛八斗四升一月四千七十五斛二斗一年四萬八千九百二斛四斗
術曰置兵數以二因之得一日之數上十之得十日之數以三因之得一月之數以十二因之得一年之數
今有馬七千六百八十匹匹日給料五升問一日幾何
答曰一日三百八十四石
術曰置馬匹數以五因之得三萬八千四百升再退爲石數案原本脫石字今補
今有粟三千八百四十斛欲給馬每匹五升問給幾何

夏侯陽算經卷上

明乘除法

夏侯陽曰夫算之法約省爲善有分者通之分不均者同之位高者下之可約者約之耦則半之五則倍而折之一三七九商用所宜于此不得乃爲之命分分母入者須出之然後爲定于可半者半之不可半者倍母而入之此算之要道也凡除分者全數易了奇殘難用心意之勞正在于此後當隨事釋之其物殘分求尺尺之求寸皆上十之斤之求兩二而八之兩之求銖三而八

067 海島算經一卷

（晋）劉徽撰，（唐）李淳風釋，清乾隆四十年（1775）《武英殿聚珍版叢書》刻本，一册。半葉九行，行二十一字，小字雙行同，白口，單黑魚尾，左右雙邊，框高12.6厘米，寬9.2厘米。

劉徽（生卒年不詳），魏晋間人。中國偉大的數學家，中國古典數學理論的奠基人之一。在世界數學史上也有着崇高的歷史地位。劉徽的一生是爲數學刻苦探求的一生。景元四年（263）注《九章算術》十卷，其第十卷《重差》爲自撰，即後世流傳之《海島算經》，都爲中國最寶貴的數學遺産。

此書爲中國古代數學名著，是劉徽在給《九章算術》作注、叙述“重差術”的緣由和意旨時，將若干典型問題編成一章，附在“勾股”章的後面，稱爲《重差》。唐初選定十部算書時，將《重差》和《九章算術》分離開來成爲單行本。由于書中第一題是關于測望海島的，故稱之爲《海島算經》。《海島算經》共包括九個問題，它們都是利用兩次或多次測望所得的數據，來推算遠處目的物的高、遠、廣、深的問題。該書總結、補充和發展了我國古代測望城池、山高、島高和井深等的測量術，顯示了古代測量數學的進步，在古代數學史上也很有價值。《海島算經》在勾股測量術的理論基礎上創造發展了重差理論，達到了中國古代測望之學的頂峰。該書作爲中算重要典籍被收入《永樂大典》與《四庫全書》。《海島算經》的版本有北宋秘書省刻本和南宋鮑澣之刻本；戴震任四庫館員時從《永樂大典》中輯録出九個問題訂爲一卷即爲《四庫》本。

海島算經

晉 劉 徽 撰

唐 李 淳 風 注

今有望海島立兩表齊高三丈前後相去千步令後表與前表參相直從前表卻行一百二十三步人目著地取望島峯與表末參合從後表卻行一百二十七步人目著地取望島峯亦與表末參合問島高及去表各幾何答曰島高四里五十五步去表一百二里一百五十步

068 隸法匯纂十卷

（清）項懷述編録，清乾隆四十五年（1780）刻本，四册。半葉六行，行二十二字，大字雙行同，白口，無魚尾，四周單邊，框高17.8厘米，寬11.5厘米。

項懷述（1718—1776），字愓孜，號別峰，安徽歙縣人。書房名爲伊郁齋、伊蔚齋。工書法，以篆、隸著稱，善畫，長于治印。與同里項根江、項道瑋、項綏德被時人合稱爲“南河四項”。清乾隆間輯自刻印成《伊蔚齋印》《伊蔚齋黄山印藪》。

此書爲顧藹吉《隸辨》的改編本，前有乾隆四十五年編者項懷述序言，卷首有《分卷總目》。此書專爲隸書學者及篆刻家而設，通篇手書上版，字體端秀可人，兼考諸碑。總結清代前期衆多學者隸體書法研究優秀成果，細心臨摹而成。該書收録隸書結體逾萬個，幾乎將漢魏以來各種隸書結體囊括殆盡，對不同結體亦作了精確的闡述。又引《説文》《廣韵》述其字形演變，頗有益于小學。是後人研習隸書之典範，故爲後世書家所重視，更爲後世篆刻家所推崇。爲乾嘉時期一部考證、彙集漢碑隸書的著作，兼有漢隸字典的作用，對金石考據與書法研究大有裨益。

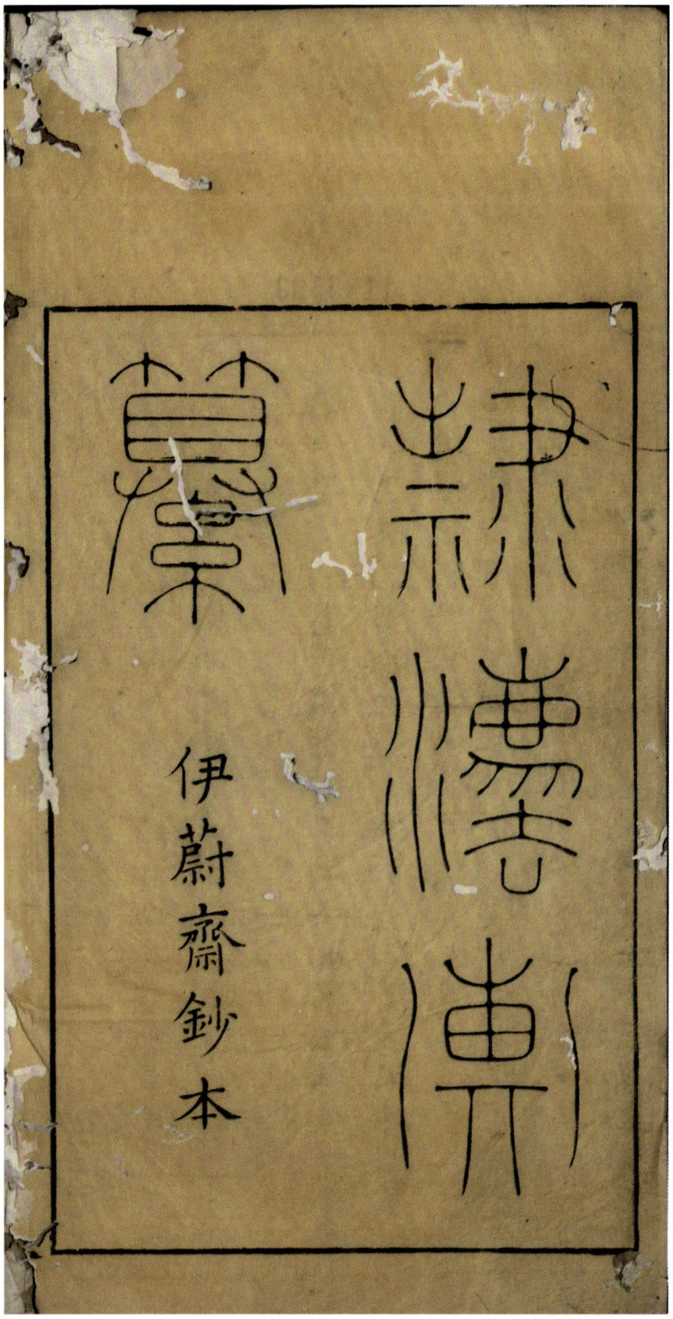

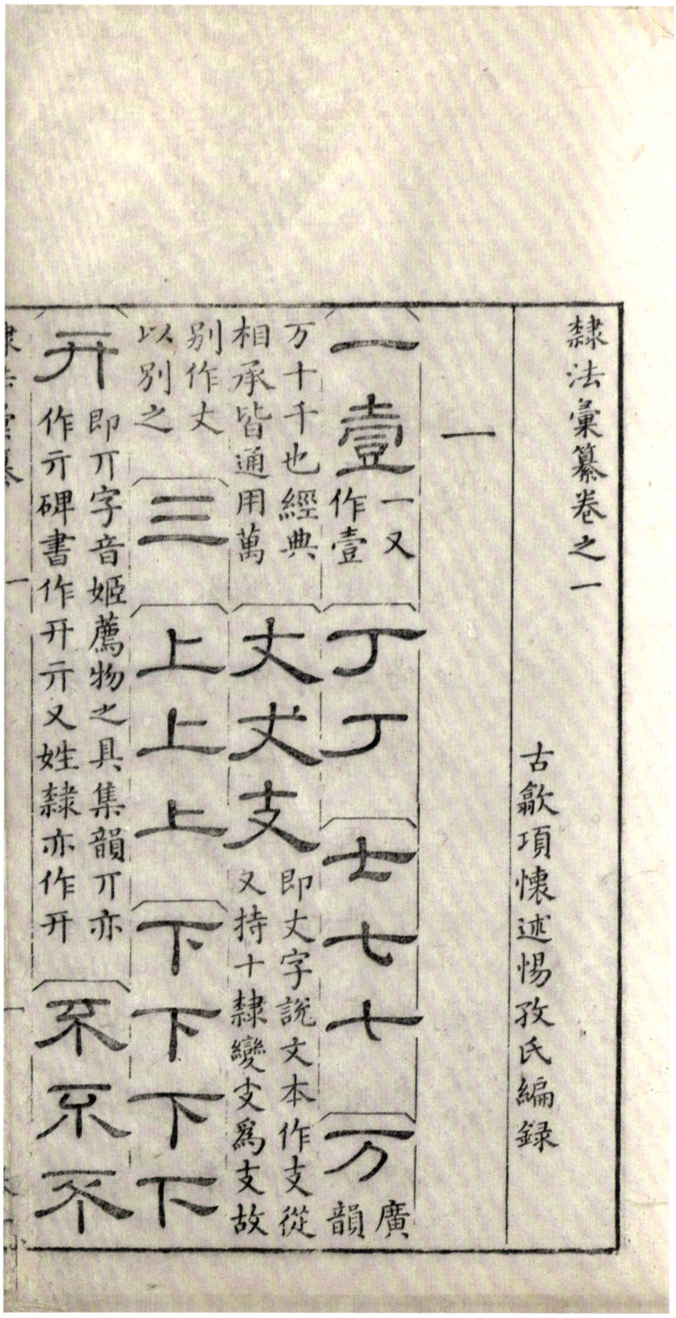
隸法彙纂卷之一

古歙項懷述惕孜氏編錄

一

一 壹 一又作壹
丁 丁 丁
七 七 七
万 万 廣韻万十千也經典相承皆通用萬別作丈以別之
丈 丈 支 即丈字說文本作支從又持十隸變支爲支故
三
上 上 上
下 下 下
开 即丌字音姬薦物之具集韻丌亦作亓碑書作开亓又姓隸亦作开
不 不 不

069

宗鏡録一百卷

（宋）釋延壽集，清戊午成都文殊院刻本，二十册。半葉九行，行二十字，白口，左右雙邊，單黑魚尾，框高20.8厘米，寬13.6厘米。

釋延壽（904—975），俗姓王，字仲玄，餘杭（今浙江杭州）人。北宋高僧。三十歲依龍册寺翠岩禪師出家。後從天台德韶禪師參禪，得其印可，傳承法眼宗。旋住持奉化雪竇寺，法席甚盛。并復興杭州靈隱寺。建隆二年（961）應吴越王錢俶之請，接住永明寺（即净慈寺）十五年，弟子一千七百人。高麗國王讀他所著《宗鏡録》，崇敬無加，派僧三十六人至杭州受教，其學遂普及于高麗。忠懿王賜號智覺禪師。有詩偈賦詠凡千萬言，流播海外。著述頗豐，著作除此書外，尚有《萬善同歸集》《永明知覺禪師唯心訣》《定慧相資歌》等。

此書爲中國佛教典籍，又稱《宗鑒録》《心鏡録》，一百卷。成書于五代時期，書成後，由吴越王錢俶保存收藏，未得流傳。于宋仁宗元豐年間（1078—1085）作者逝去近百年後纔有木刻本流行。釋延壽根據《楞伽經》中“佛語心爲宗”之説，“舉一心爲宗，照萬法如鏡”，故以“宗鏡”立名。全書立論，重在頓悟、圓修。輯録佛教經論及諸祖賢聖之言。全書約八十餘萬字，分三章：第一標宗章，以闡明宗旨所在；第二問答章，假設問答，述説道理；第三引證章，廣泛引據論證。書中廣引各種經論文獻資料約三百餘種，總結了宋以前中國佛學的得失。保留了許多唐代禪宗和法相唯識宗的資料，主旨是要在肯定唐代宗密“禪教一致”説的基礎上，進一步予以發揚光大，并把這種融合思想的原則推及所有佛教宗派。本書是宗密之後禪宗中比較系統地闡述教禪一致觀點的理論著作，對于研究中國佛教在五代宋初演變的基本軌迹具有重要價值。

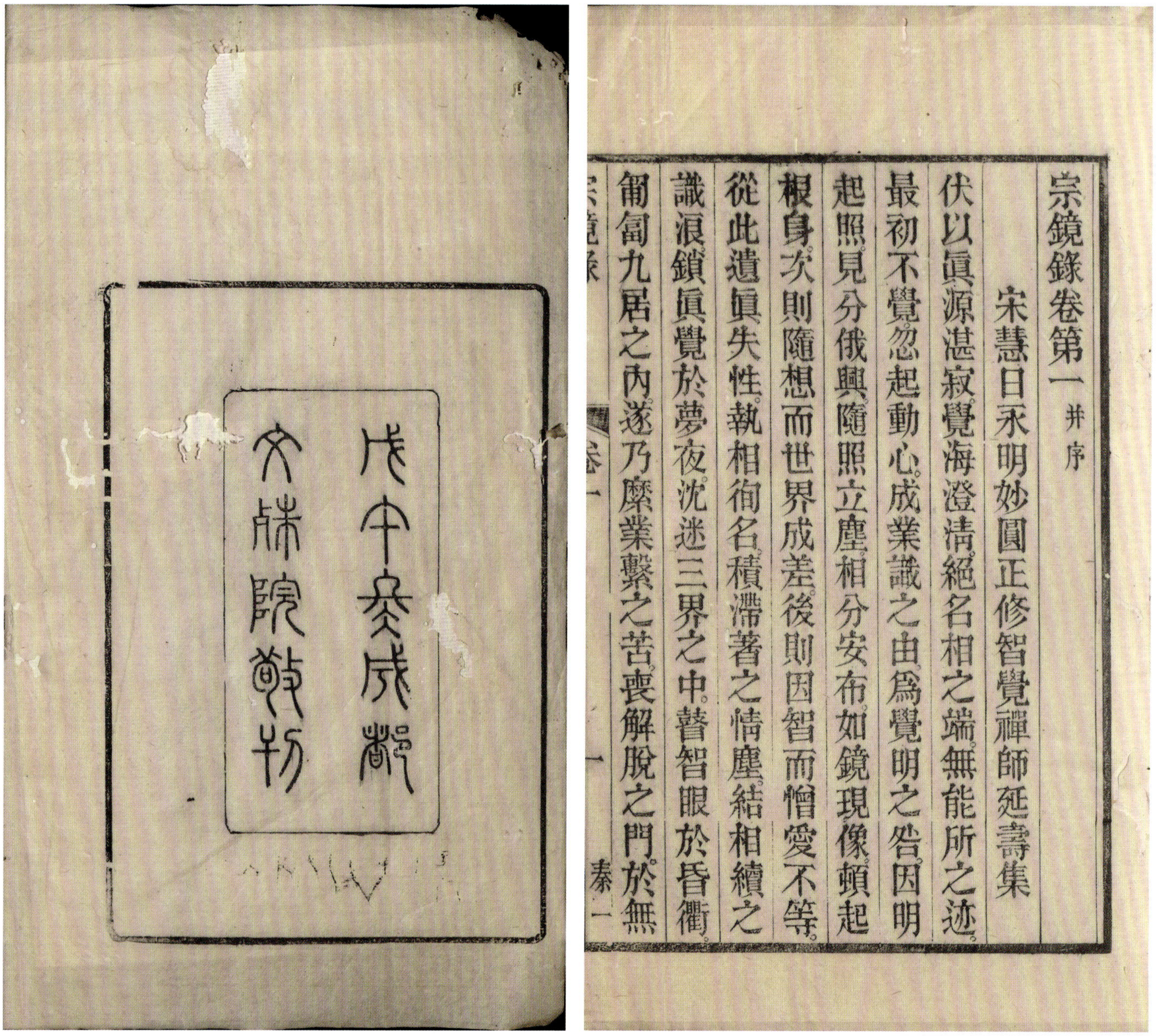
戊午冬成都
文殊院敬刊

宗鏡錄卷第一 并序
宋慧日永明妙圓正修智覺禪師延壽集
伏以眞源湛寂覺海澄清絕名相之端無能所之迹
最初不覺忽起動心成業識之由爲覺明之咎因明
起照見分俄興隨照立塵相分安布如鏡現像頓起
根身次則隨想而世界成差後則因智而憎愛不等
從此遺眞失性執相徇名積滯著之情塵結相續之
識浪鎖眞覺於夢夜沈迷三界之中瞽智眼於昏衢
匍匐九居之內遂乃縻業繫之苦喪解脫之門於無

宗鏡錄 卷一 一

070

楚辭燈四卷

（清）林雲銘撰，清康熙三十六年（1697）晋安林氏挹奎樓刻本，二册。半葉八行，行二十字，小字雙行同，白口，單黑魚尾，左右雙邊，框高18.5厘米，寬12.6厘米。

林雲銘（1628—1697），字西仲，號損齋，福建閩縣林浦（今屬福州市倉山區）人。少嗜學，每探索精思，數日不食。另著有《損齋焚餘》《吴山谷音》《莊子因》等。

此書是楚辭注本，僅注屈賦，不及其他人的楚辭。它不依傍王逸《楚辭章句》，不附合朱熹《楚辭集注》，獨闢蹊徑，發明舊説，考訂舊詁之訛。在體例上，該書卷前列自序、凡例、《史記・屈原賈生列傳》，末附《楚懷襄二王在位事迹考》，以楚國大事爲正文，按時序結合叙述屈原事迹及作品繫年。又從《史記》和黄文焕説，以《大招》《招魂》爲屈原所作，突破了《漢書・藝文志》著録屈賦25篇的傳統成説。漢以後所謂的"續離騷"亦不收録。每篇對正文逐句詮釋，旁加圈點，逐段分疏，最後以總論概括全文。書中痛詆《楚辭》七十二家舊評。又采用黄文焕《楚辭聽直》的寫法，品箋相間，評注結合，評述屈原忠君及憂國憂民的思想。重于疏通文義而略于詮釋訓詁。以清康熙三十六年（1697）挹奎樓刊本較佳。

楚辭燈卷之一

晋安林雲銘西仲論述　男　沅芷之較

離騷

帝高陽之苗裔兮顓頊後，與楚同姓，爲世官，便有宗國不可去之義。朕皇考曰伯庸原父字攝提貞于孟陬兮攝提，星名，隨斗柄正指于寅方，是爲正月。陬，隅也。孟春昏時見，故曰孟陬。惟庚寅吾以降叶洪又值寅日，人生于寅，得人道之正。皇覽揆余于初度兮肇錫余以嘉名初生時氣象便與凡人不同，父視而揣之，知余長成時必無邪行，始擇其名之美者而命之。下文許多字俱本於此。舊註作時節，欠妥。名

071

楚辭箋注十七卷

（清）李陳玉撰，清康熙吴郡寶翰樓刻汲古閣本，六册。半葉九行，行十五字，小字雙行同，白口，單黑魚尾，左右雙邊，框高18.5厘米，寬12.6厘米。

李陳玉（生卒年不詳），字石守，號謙庵，吉陽（今江西省吉水縣）人。崇禎甲戌科進士，初授嘉善知縣，曾任武塘令、侍御史等職。另著有《三易大傳》。

此書是較重要的《楚辭》注本之一，在中國楚辭學史上有一定的地位。全書分卷首、正文兩大部分。卷首包括李陳玉自序、門人陳子覲後序、門人錢繼章後序、門人魏學渠的序及其附記。有感于歷代注家對楚辭注釋方法的混同，而采取“箋”、“注”的形式，對它們進行研究。正文共四卷，第一卷《離騷》，第二卷《天問》，第三卷《九歌》《九章》《遠游》《卜居》和《漁父》，此三卷歸之爲屈原作品；第四卷《九辯》《招魂》和《大招》，歸之爲宋玉作品。李氏的訓釋形式雖爲“箋注”，但根據篇章的需要有所側重。對《離騷》所下功夫最深，既箋又注。本書箋注的體例是，先作一小序，然後再分段討論。每段都先串講大意，然後再箋注詞句。文中還時時注明讀音。箋注文字的特點是以分析作者的感情和思想爲主，以串通文義爲輔。對于名物訓詁以及芳草美人之喻，也十分注意講解。書中正文箋注除了沿用傳統的訓詁方法之外，較爲重要的特點是結合多種方法，注重篇題章句文意的貫通、闡釋、疏通。另有清康熙十一年（1672）壬子仲春武塘刊本。

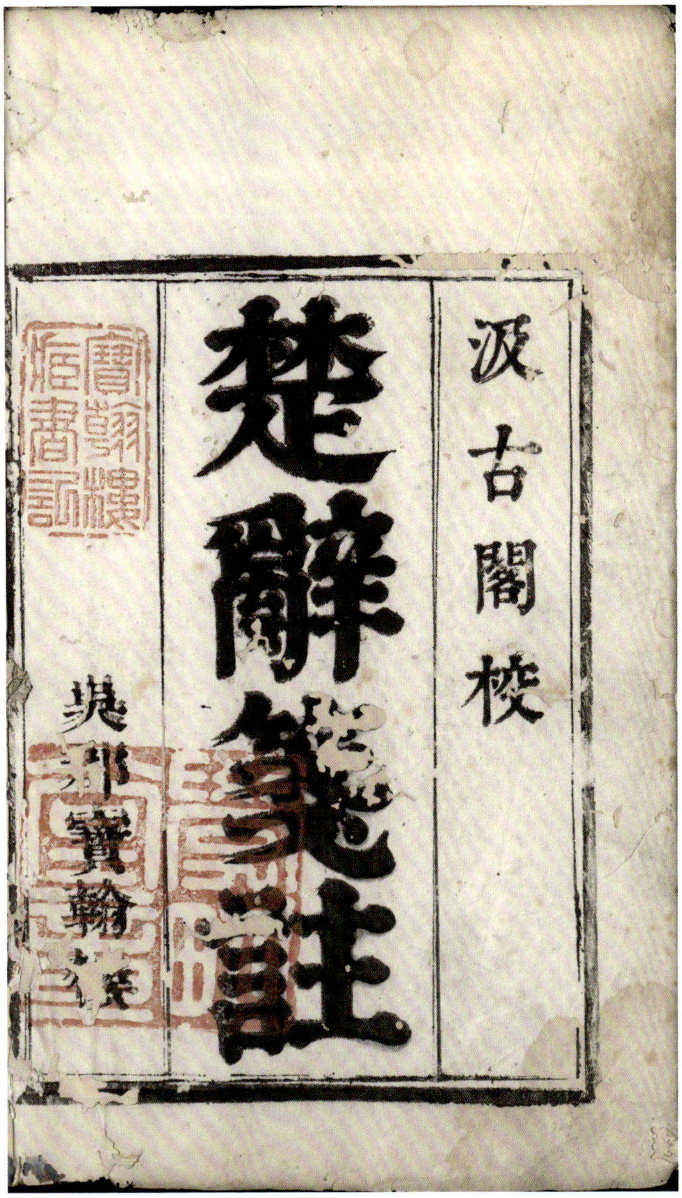

汲古閣校

楚辭箋註

吳門寶翰樓

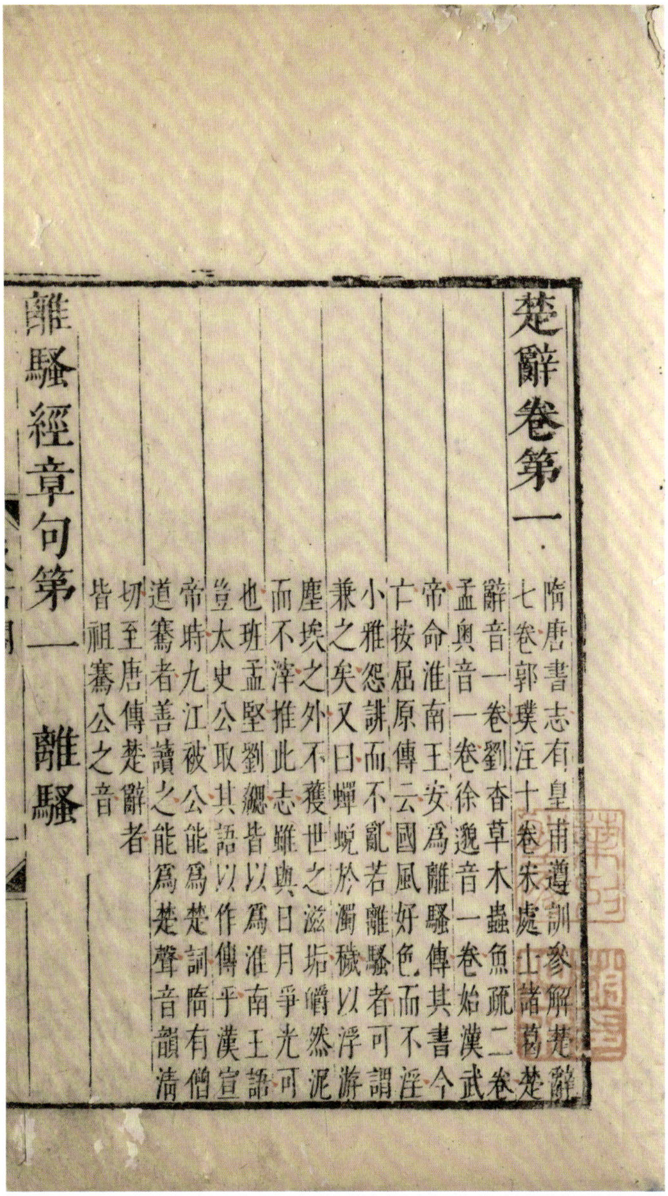

楚辭卷第一

隋唐書志有皇甫遵訓參解楚辭七卷郭璞注十卷宋處士諸葛楚辭音一卷劉杳草木蟲魚疏二卷孟奥音一卷徐邈音一卷始漢武帝命淮南王安爲離騷傳其書今亡按屈原傳云國風好色而不淫小雅怨誹而不亂若離騷者可謂兼之矣又曰蟬蛻於濁穢以浮游塵埃之外不獲世之滋垢皭然泥而不滓推此志雖與日月爭光可也班孟堅劉勰皆以爲淮南王語豈太史公取其語以作傳乎漢宣帝時九江被公能爲楚詞隋有僧道騫者善讀之能爲楚聲音韻清切至唐傳楚辭者皆祖騫公之音

離騷經章句第一　離騷

072

楚辭集注八卷總評一卷屈原外傳一卷

（宋）朱熹集注，清乾隆聽雨齋刻朱墨套印本（寶仁堂藏板），四册。半葉八行，行二十二字，白口，左右雙邊，無魚尾，四周單邊，框高19.7厘米，寬12.2厘米。

朱熹（1130—1200），字元晦，又字仲晦，號晦庵，別號紫陽，南宋徽州婺源（今屬江西）人，生于南劍州尤溪（今屬福建），後徙居建陽（今屬福建）考亭。宋代哲學家、教育家。紹興十八年（1148）進士。朱熹受業于程頤再傳弟子延平李侗，後發展二程理學，集北宋以來理學之大成，著有《四書章句集注》及後人編纂的《晦庵先生朱文公文集》和《朱子語類》等。

此書爲楚辭研究著作。朱熹著述大多爲闡釋儒家經義之作，唯有此書是爲純粹的文學作品作注。書前附《屈原外傳》《屈原列傳》《總評》。以東漢王逸的《楚辭章句》爲依據，删去其中的《七諫》《九懷》《九嘆》《九思》四篇，增入賈誼的《吊屈原賦》《鵩鳥賦》二篇，將屈原的作品二十五篇定爲“離騷類”，分五卷；宋玉等人的作品十六篇定爲“續離騷類”，分三卷。每篇分若干章，先校异文，定讀音，次注釋字義，再通解全章大意。各章之下，標明作法。對篇義的解説，多有創見。是書書名頁題“八十四家評點”、“寶仁堂藏板”，版心題“聽雨齋”，卷末題“聽雨齋開雕”。

楚辭集注卷之一

朱熹集註

離騷經第一

離騷經者屈原之所作也屈原名平與楚同姓仕於懷王爲三閭大夫三閭之職掌王族三姓曰昭屈景屈原序其譜屬率其賢良以厲國士入則與王圖議政事決定嫌疑出則監察羣下應對諸侯謀行職修王甚珍之同列上官大夫及用事臣靳尚妬害其能

073 杜詩詳注二十五卷

（唐）杜甫撰，（清）仇兆鰲輯注，清康熙三十二年（1693）刻本，二十八册。半葉十行，行二十二字，小字雙行同，左右雙邊，黑口，單黑魚尾，框高19.3厘米，寬13.8厘米。

仇兆鰲（1638—1717），字滄柱，一字知幾，晚號章溪老叟。浙江鄞縣人。清代學者，清康熙進士，選庶吉士，授編修。歷官侍講，侍讀，内閣學士，禮部、吏部侍郎。爲黄宗羲弟子，學宗劉宗周，以理學自任，與李光地等交好。著有《杜詩詳注》《四書説約》《悟真篇集注》《古本周易參同契集注》等。俱爲傳世佳作。

此書又名《杜少陵集詳注》。杜詩全集校刊箋注本。係作者殫二十餘年之精力撰成，廣搜博取、潛心鑽討、幾經增補而成。總一百三十餘萬言。此書前二十三卷爲詩，凡一千四百三十九首，附有年譜及諸家集序、題詠等資料；卷二十四爲杜賦詳注，共十篇；卷二十五爲杜文集注，共十八篇。全書所列詩文，以編年爲次。是書的注釋體例是，先于每首詩各分段解釋文義，而後徵引典故，注釋非常詳盡。書前有自序和新舊《唐書》杜甫傳、年譜、凡例。書後又附録逸詩、文，歷代銘、序、記，諸家詠杜、論杜等，收集資料頗爲豐富。匯各家之長，成一家言。其所引證之書，僅釋典道藏亦引至一二百種。唐宋以來所有注杜與各種詩話，幾乎搜羅無遺。其援引之書，近世未見傳本者頗多。此書堪稱歷代注杜詩的總結，爲研究杜詩者提供了不少方便。《四庫全書》于清代所有注杜之作，存書者僅此一種，足見其價值。

杜詩詳註卷之二

翰林院編修臣仇兆鰲輯註

飲中八仙歌

黃鶴注蔡興宗年譜云天寶五載而梁權道編在天寶十三載按史汝陽王天寶九載已薨賀知章天寶三載李適之天寶五載蘇晉開元二十二年並已歿此詩當是天寶間追憶舊事而賦之未詳何年　新書云白與賀知章李適之汝陽王璡崔宗之蘇晉張旭焦遂為酒中八仙人此因杜詩附會耳且既云天寶初供奉又云與蘇晉同遊何自相矛盾也　蔡夢弼曰按范傳正李白新墓碑在長安時時人以公及賀監汝陽王崔宗之裴周南等八人為酒中八仙公此篇無裴豈范別有稽耶

知章騎馬似乘船眼花落井水底眠此極摹賀公狂態騎馬若船言醉中自得

074

李義山文集十卷

（唐）李商隱撰，（清）徐樹谷箋，（清）徐炯注，清康熙四十七年（1708）徐氏花溪草堂刻本，六册。半葉十行，行二十四字，小字雙行同，白口，單黑魚尾，左右雙邊。框高19.3厘米，寬13.9厘米。

李商隱（813—858），字義山，號玉溪生，懷州河内（今河南沁陽）人。進士。曾任縣尉、秘書郎等職。因受牛李黨争影響，被人排擠，終身潦倒。李商隱工詩善文，尤以近體詩和律詩的成就爲高。與杜牧齊名，人稱“小李杜”，是晚唐重要詩人之一。所作文采贍麗，多用典實，意旨隱晦。又善駢文，有《李義山詩集》。後人又輯有《樊南文集》《樊南文集補編》。

此書爲李商隱文集箋注，共十卷。有表二卷、狀一卷、啓二卷、祭文二卷、祝文一卷、序一卷、書一卷。含清朱鶴齡所輯舊稿五卷。并補其所缺“狀”體，係從閩本商隱文集中補入。共得表二十二篇，狀二十三篇，啓四十三篇，祭文十九篇，祝文十一篇，序五篇，書三篇，檄、箴、傳、碑銘各一篇，賦二篇，雜著七篇，計一百五十篇。二徐箋注本係傳世之第一部商隱散文輯注本，此本簡明扼要。清末葉德輝在《郎園讀書志》評説：“注文亦簡要有法，不隔斷文意，讀本中當推此爲第一。”此書爲清人箋注唐集之代表作，也是清康熙時期精寫刻的標本。有《四庫全書》本、清康熙四十七年刻本等。

李義山文集卷第一

崑山徐樹穀藝初箋

徐　炯章仲註

表上

爲汝南公華州賀赦表 箋舊書周墀傳墀字德升汝南人長慶二年擢進士第開成四年拜中書舍人內職如故武宗即位出爲華州刺史鎮國軍潼關防禦等使武宗紀會昌元年正月壬寅朔庚戌有事於郊廟禮畢御丹鳳樓大赦改元新書地理志華州領縣三鄭華陰下邽百官志下之達上其制有六一曰表二曰狀三曰牋四曰啓五曰辭六曰牒

臣某言伏奉正月九日制書是月壬寅朔越九日爲庚戌南郊禮畢改元爲某大赦天下者王應麟玉海秦幷諸侯曰大赦天下由漢以來或即位建儲改元立后皆有大赦以爲常制奉郊禋以定天位周禮大宗伯以禋祀祀昊天上帝周語精意以享曰禋漢郊祀志兆於南郊所以定天位也新曆象以

075

重訂李義山詩集箋注三卷集外詩箋注一卷年譜一卷詩話一卷

（唐）李商隱撰，（清）朱鶴齡箋注，（清）程夢星删補，清乾隆八年（1743）東柯草堂刻本，四册。半葉十行，行二十一字，小字雙行同，黑口，單黑魚尾，四周單邊，框高18.3厘米，寬13.5厘米。

李商隱（813—858），字義山，號玉溪生，懷州河内（今河南省沁陽市）人。晚唐著名詩人，和杜牧合稱“小李杜”。他的詩以七律成就爲最高，其他五言、絶句、七古、五古等也多有名篇。

朱鶴齡（生卒年不詳），字長孺，號愚庵。吴江（今屬江蘇）人。清初經學家。明諸生。明亡入清，始研治群經，遂專于箋疏之學。與顧炎武爲友。承宋儒之學，并有所發揮。著述以經學爲主，著有《毛詩通義》《愚庵小集》《尚書埤傳》《禹貢長箋》等。

此書又名《李義山詩集注》或《李商隱詩注》，清朱鶴齡箋注。是唐詩别集箋注本，也是第一部完備的李商隱詩集注本。此書依舊本次第編排，附《詩評》和《李義山詩譜》。卷首有作者自撰序，略述注《李義山詩集》經過，并對義山其人其詩有深刻獨到的論述。收録了李商隱詩二百四十首，包括五言、七言古，五言、七言律，五言、七言絶句。是朱鶴齡據明末釋石林注本加以增補删改而成，箋注特重李詩内容，并揭示其詩多比興寄托之特色。博考時事，解説翔實，一掃諸家穿鑿附會之説，繁簡頗爲得當。用力于考證典實，側重于“注”而非“箋”，尤以援引錢龍惕之箋者多。有清乾隆五年刻本、清乾隆八年（1734）東柯草堂校刊本、清懷德堂刻本等。

江都程午橋重訂

李義山詩集箋注

東柯草堂校刊

重訂李義山年譜

德宗貞元十五年己卯

義山生

按義山生卒史所不載吳注朱[illegible]
令狐楚鎮河陽時義山以文干之年[illegible]十[illegible]
憲宗元和十三年戊戌逆數而上[illegible]生于貞
廿一二年間崑山徐氏箋注樊南甲乙集則謂[illegible]
生于貞元十五年二說小異徐氏是也然下逮文
宗太和七年崔戎爲華州刺史時義山上書稱愚

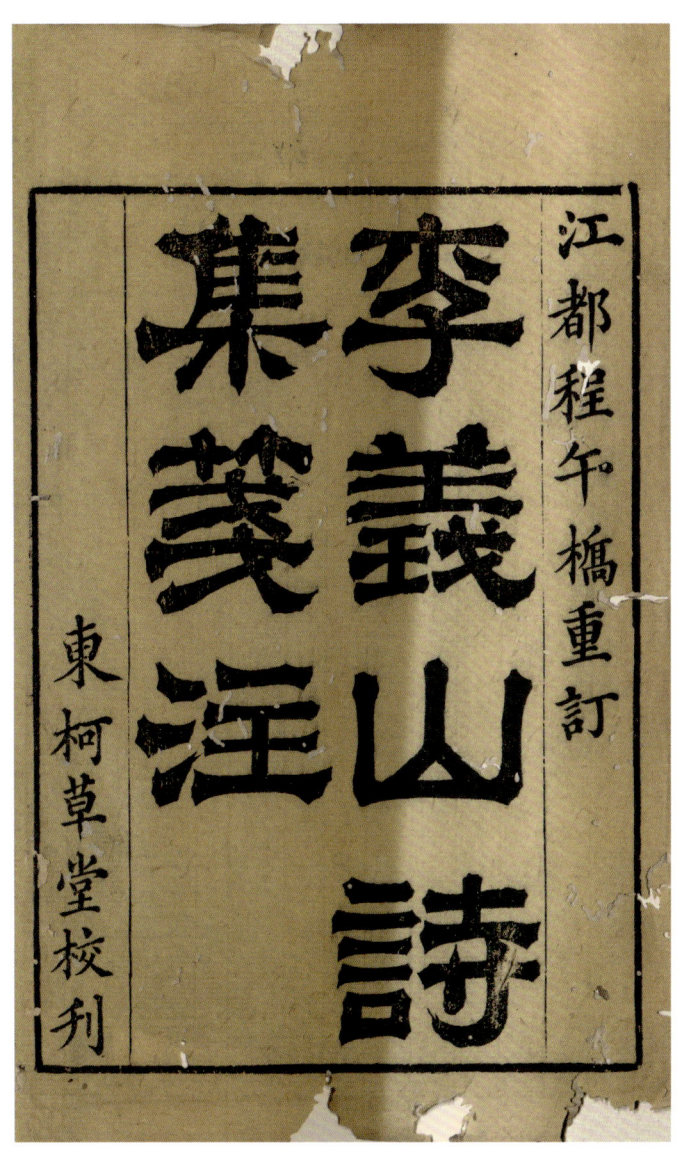

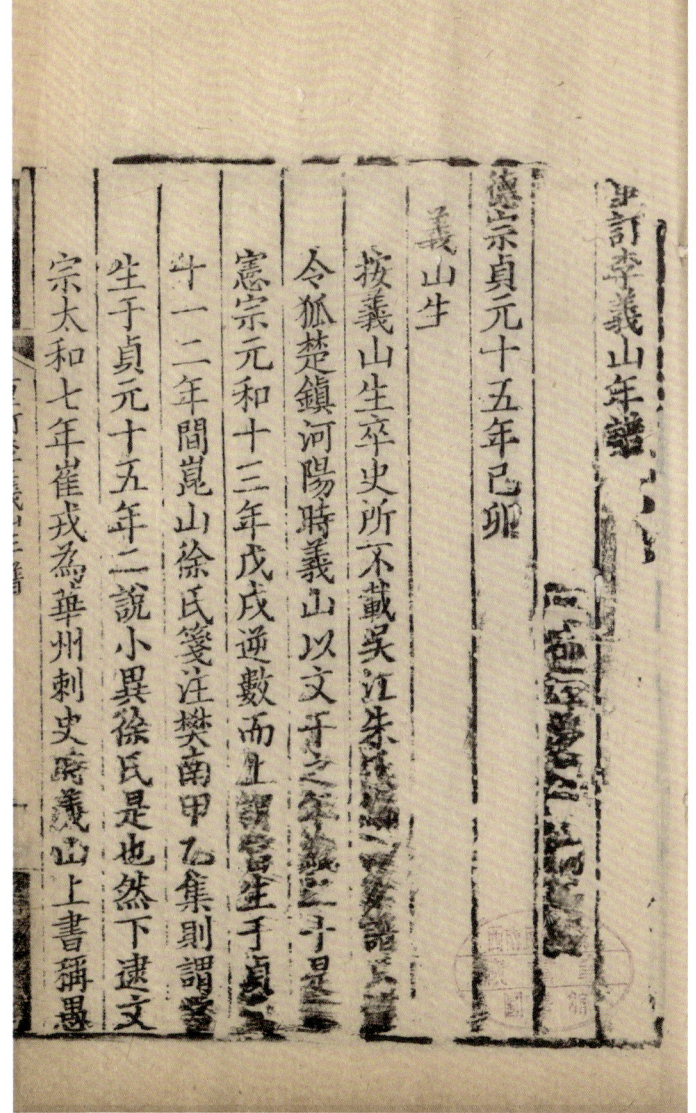

076

李太白文集三十六卷

（唐）李白撰，（清）王琦輯注，清乾隆二十三年（1758）刻本，六册，存十二卷（卷四至十一、卷二十一至二十二、卷三十六）。半葉十行，行二十字，小字雙行同，白口，單黑魚尾，左右雙邊，框高17.1厘米，寬13.1厘米。

李白（701—762），字太白，號青蓮居士。祖籍隴西成紀（今甘肅秦安），生于西域碎葉，居綿州昌隆（今四川江油）青蓮鄉。唐代偉大的浪漫主義詩人，被後人譽爲“詩仙”。與杜甫并稱爲“李杜”。其人爽朗大方，愛飲酒作詩，喜交友。存世詩文千餘篇，其詩作《蜀道難》《行路難》《將進酒》《望廬山瀑布》《早發白帝城》等都是傳世經典之作。所作詩歌感情熱烈，才氣縱横，雄奇飄逸，達到盛唐詩歌藝術的巔峰。有《李太白集》傳世。除詩歌之外，其詞賦就開創意義及藝術成就而言，亦享有極爲崇高的地位。

王琦（生卒年不詳），字琢崖，浙江錢塘（今杭州）人，清代箋注家。其長于箋注之學，精于考證，對唐人詩文有深湛研究，所撰《李太白集注》，爲李白詩文集最完備的注本。另有《李長吉歌詩匯解》。

此書爲《李白集》古注本。是唐代詩人李白畢生精力所萃，收録其所作詩歌、古賦、表書、序、贊、頌銘、碑文等。王琦輯注的《李太白文集》，彙集了楊齊賢、蕭士贇、胡震亨三家注李集的長處，補充和改正了他們的疏漏和錯誤。采擇宏富，注釋詳備，考證也力求準確，確有集大成之功績。他對典故和地理方面的詮釋考訂提出了一些獨到的見解，在版本校勘上也時有創新。現存最早的李白集刊本，當爲北宋末年的蜀本（藏于日本）。其他傳世刊本甚多，明代以後，李白詩的整理、注釋與編刻蔚爲大觀。如楊慎批點《李詩選》，胡震亨批注《李詩通》，各具價值。到了清代，影響最大、價值最高、流傳最廣的，則有王琦注本《李太白文集》三十六卷。對于研究李白以及瞭解當時社會情况、政治生活等均有重要價值。

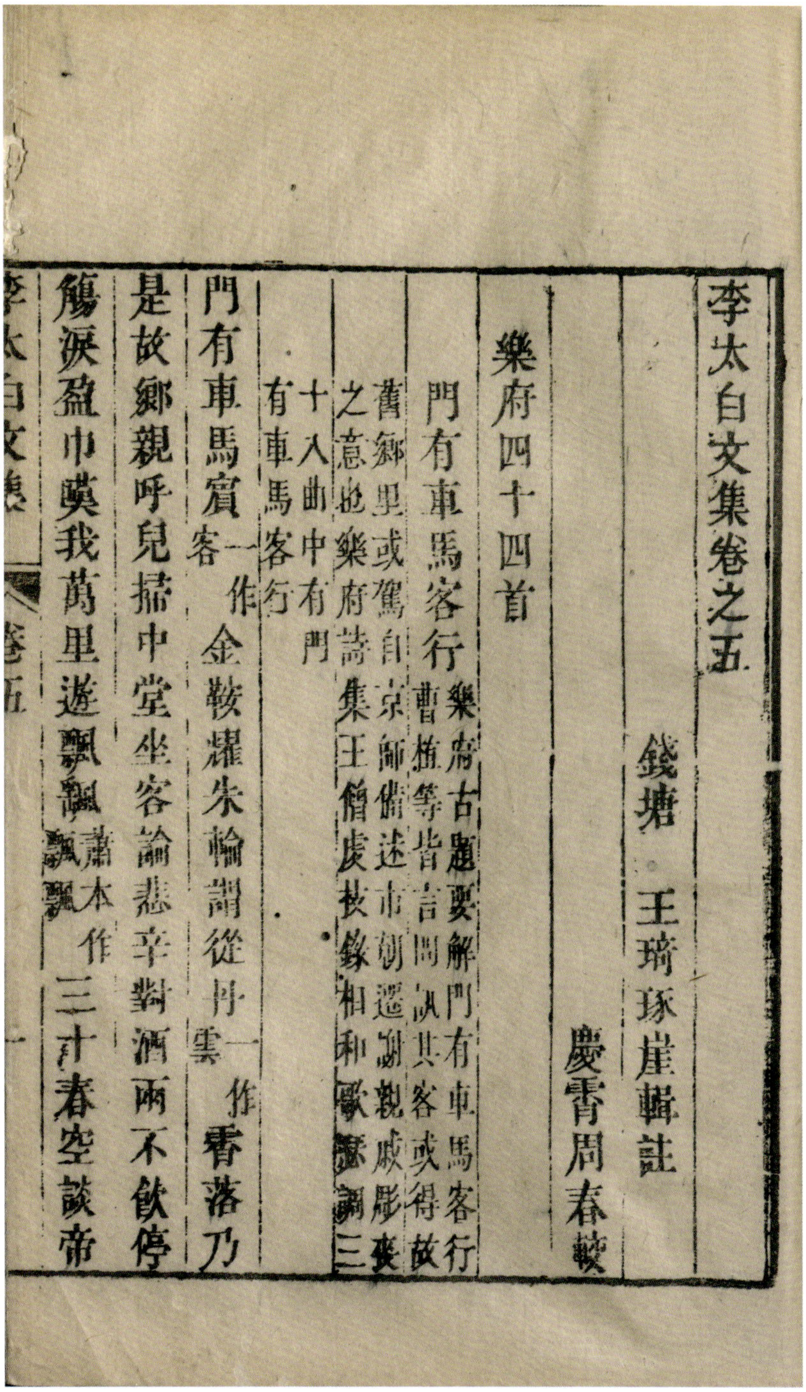
李太白文集卷之五
錢塘　王琦琢崖輯註
慶霄周春較
樂府四十四首
門有車馬客行 樂府古題要解門有車馬客行曹植等皆言問訊其客或得故舊鄉里或駕自京師備述市朝遷謝親戚彫喪之意也樂府詩集王僧虔技錄相和歌瑟調三十八曲中有門有車馬客行
門有車馬賓客一作金鞍曜朱輪謂從丹霄一作香落乃是故鄉親呼兒掃中堂坐客論悲辛對酒兩不飲停觴淚盈巾歎我萬里遊飄颻一本作飄飄三十春空談帝
李太白文集　卷五　一

077

杜工部集二十卷首一卷唱酬題詠附録一卷諸家詩話一卷

（唐）杜甫撰，（清）鄭澐校，清乾隆五十年（1785）鄭澐玉勾草堂刻本，二十四册。半葉八行，行十七字，左右雙邊，黑口，無魚尾，框高12.3厘米，寬8.9厘米。

杜甫（712—770），字子美，自稱少陵野老、杜陵野客。原籍襄陽（今屬湖北），生于鞏縣（今屬河南）。唐代偉大詩人。二十歲起，南游吴越，東游齊趙。天寶三載（744）結識李白。三十五歲入長安求仕，困居十年。安史之亂中，陷居京城，後逃奔鳳翔進見肅宗，拜爲左拾遺。至德三載（758）出爲華州司功參軍。乾元二年（759），棄官至秦州，次年至成都，築草堂于浣花溪畔。不久，西川節度使嚴武舉之爲檢校工部員外郎。出蜀後，歷湖北、湖南，五十九歲病逝于湘江舟中。今杜詩有一千三百多首，嚮有“詩史”之稱。代表作有《兵車行》《春望》《自京赴奉先詠懷五百字》《羌村三首》《北征》《三吏》《三别》《茅屋爲秋風所破歌》《秋興》等。被後人譽爲“詩聖”。有《杜工部集》傳世。

此書又名《杜少陵集》，唐代詩文别集。杜甫嘗任檢校工部員外郎，故名。原有集六十卷，經北宋王洙等廣采諸本，重新編補，分體編年，鏤版流布，題《杜工部集》，二十卷，遂爲定本，然此本也未及流行。嘉祐四年（1059），王琪、何琭、丁修等人又對王洙本重新編訂，在蘇州雕板刊行，是杜甫集的最早刻本。共録詩一千四百餘首。杜詩題材廣闊，内容豐富。其中大部分作品直接涉及時事政治，記録了玄宗、肅宗、代宗三朝重大的歷史事件，深刻地反映了唐代安史之亂前後二十多年的社會全貌，表達了詩人熱烈深沉的感情。後來杜詩的編年、分體、集注、增校、注釋等皆源于此本。此書版心下鎸“玉勾草堂”，鈐“孫嶙之章”、“成都茹古書局收售善本之記”等印，卷内有朱筆及墨筆圈點。部分卷册曾經修補，書頁下襯有印于1944年成都學道街茹古書局的廣告紙。

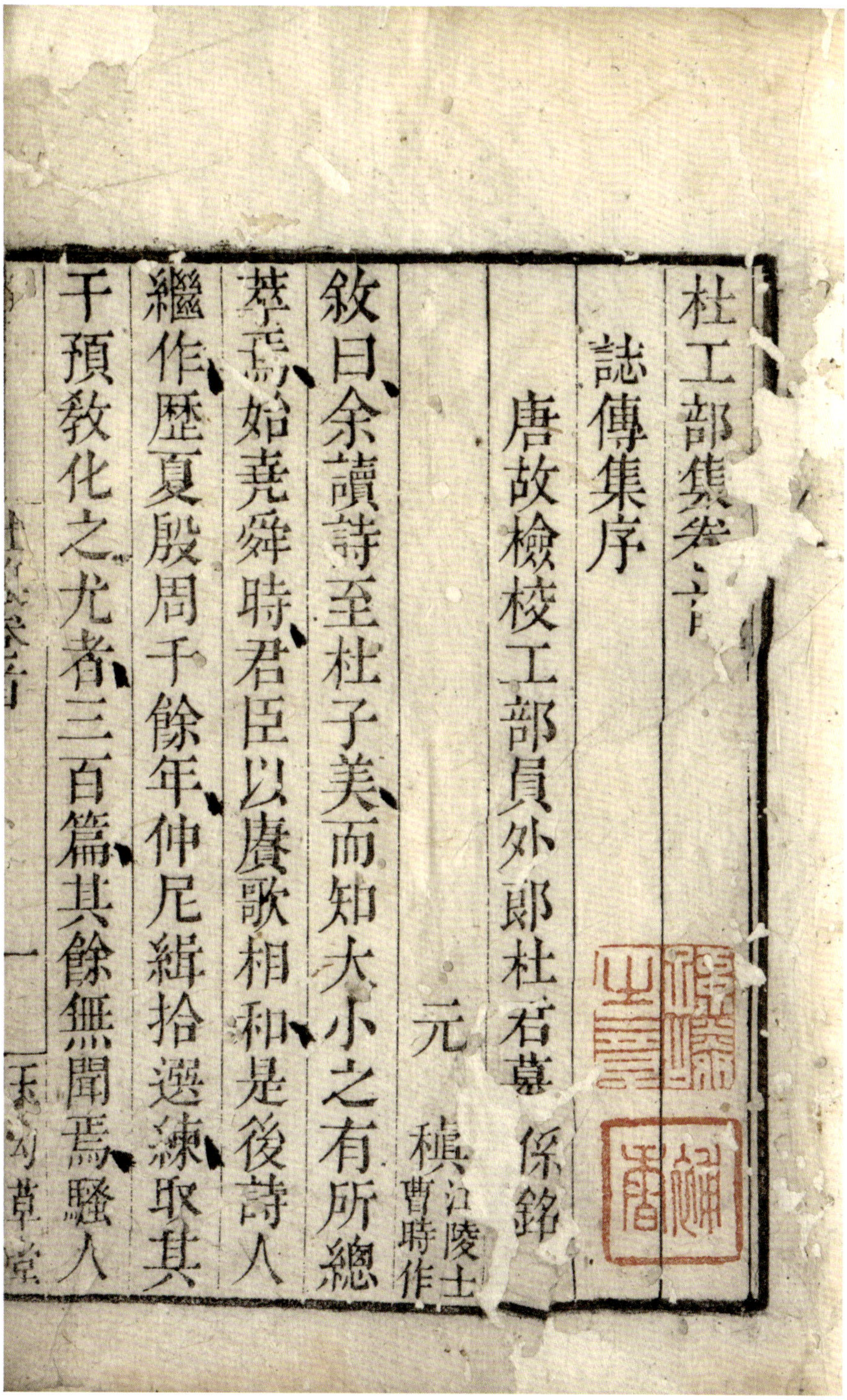
杜工部集卷首
誌傳集序
唐故檢校工部員外郎杜君墓係銘
元稹 江陵士曹時作
敘曰余讀詩至杜子美而知大小之有所總萃焉始堯舜時君臣以賡歌相和是後詩人繼作歷夏殷周千餘年仲尼緝拾選練取其干預教化之尤者三百篇其餘無聞焉騷人
杜工部集卷首　一　玉勾草堂

078

歐陽文忠公全集一百五十三卷附録五卷

（宋）歐陽修撰，（清）曾弘重梓，清康熙十一年（1672）刻本，十四册，存八十六卷（卷一—二十二；卷三十三—卷九十六）。半葉十行，行二十二字，小字雙行同，白口，單黑魚尾，四周單邊，框高19.5厘米，寬12.2厘米。

歐陽修（1007—1072），字永叔，號醉翁，晚年又號六一居士。祖籍廬陵（江西永豐）。北宋政治改革家、詩文革新運動主將，在經學、史學、金石學、文學等方面均有成就。著有《文忠集》一百五十三卷、《六一詞》《六一詩》《毛詩本義》《新唐書》《新五代史》《集古録》《歸田録》等。傳世墨迹有《與端明侍讀札》《自書詩文稿》《尺牘》等。

此書一百五十三卷，附録五卷，又附一卷。包括《居士集》五十卷、《外集》二十五卷、《易童子問》三卷、《外制集》三卷、《内制集》八卷、《表奏書啓四六集》七卷、《奏議》十八卷、《雜著述》十九卷、《集古録跋尾》十一卷、《書簡》十一卷，前附年譜，後附行狀、墓志、傳文等五卷。又附宋人胡柯編《廬陵歐陽文忠公年譜》一卷。有明天順六年（1462）吉安府知事海虞程宗刊本、嘉靖中刊本、清康熙十一年（1672）刊本、清嘉慶間刊本、清光緒十九年（1893）澹雅書局刊本、《四部叢刊》影印元刊本、《四部備要》據清乾隆本排印本。

歐陽文忠公居士集卷之一

吉水後學曾　弘　重梓

古詩三十八首

顏跖

顏回飲瓢水陋巷臥曲肱盜跖饜人肝九州恣橫行回仁而短命跖壽死免兵愚夫仰天呼禍福豈足憑跖身一腐鼠死朽化無形萬世尚遭戮筆誅甚刀刑思其生所得豺犬飽臭腥顏子聖人徒生知自誠明惟其生之樂豈減跖所榮死也至今在光輝一作煇光如日星譬如埋金玉不耗精與英生死得失間較量誰

079

盱江先生全集三十七卷附年譜一卷外集三卷

（宋）李覯撰，清雍正五年（1727）招規刻本，八册。半葉九行，行二十字，小字雙行同，白口，單黑魚尾，四周雙邊，框高18.7厘米，寬12.9厘米。

李覯（1009—1059），字泰伯，建昌軍南城（今屬江西）人。北宋思想家、詩人，被稱爲“盱江先生”。他一生以教授爲業，從學者常達數十百人。宋仁宗皇祐二年（1050），范仲淹薦之試太學助教，後升直講，最後做到太學説書。

此書又稱《盱江集》《直講李先生文集》，三十七卷，附《年譜》一卷、《外集》三卷。其中《易論》《禮論》《富國策》《平土書》等反映了他的政治、哲學、經濟、法學、軍事等主張和思想。《盱江文集》幾乎反映了當時的封建經濟的各方面問題，也是我們研究北宋中期社會的寶貴資料。書中的思想在當時産生了很大的影響，他提出的功利觀，是王安石和後來陳亮、葉適功利思想的先驅。另有明正德孫甫刻本、萬曆孟慶緒刻本。

雍正丁未年新鐫

宋儒李泰伯先生全集

內附

山甫先生藝文

招梘藏板

盱江先生全集卷之一

廣昌魏方泰日乾　靖宇平輿泰閱

後學　仝鑒定　後裔

海寧陳世儁蘭陔　化鵬炳霞較訂

禮論七篇

予幼而好古誦味經籍竊測教意然卒未能語其綱

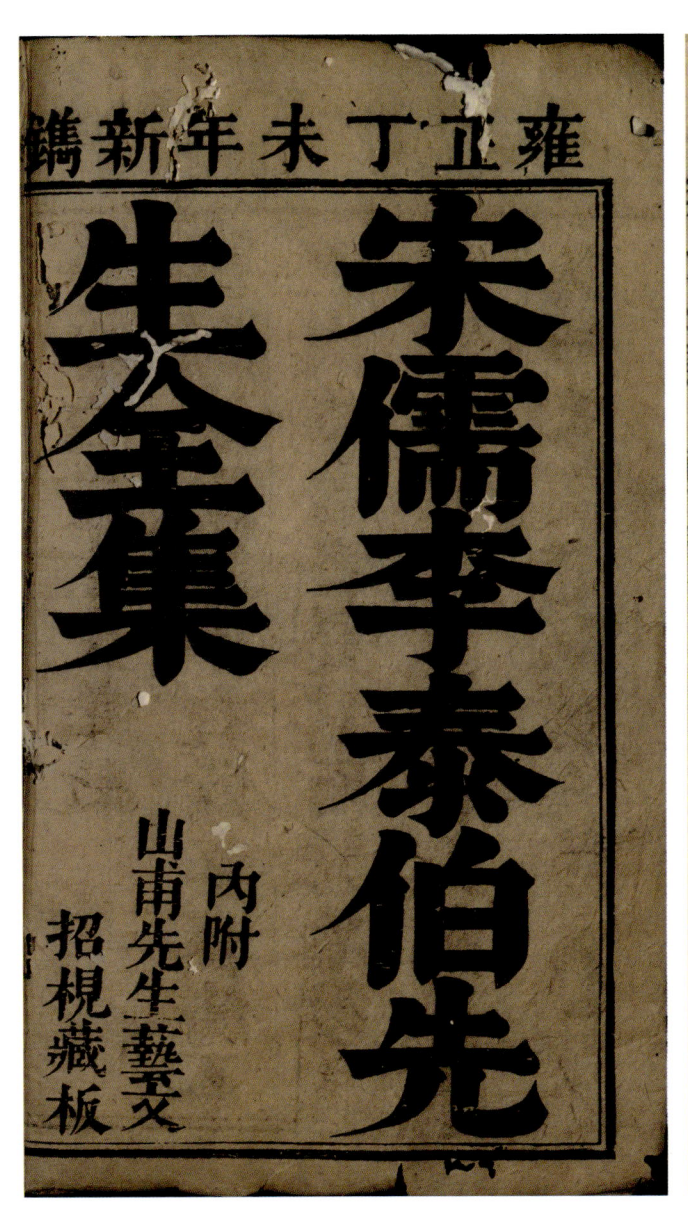

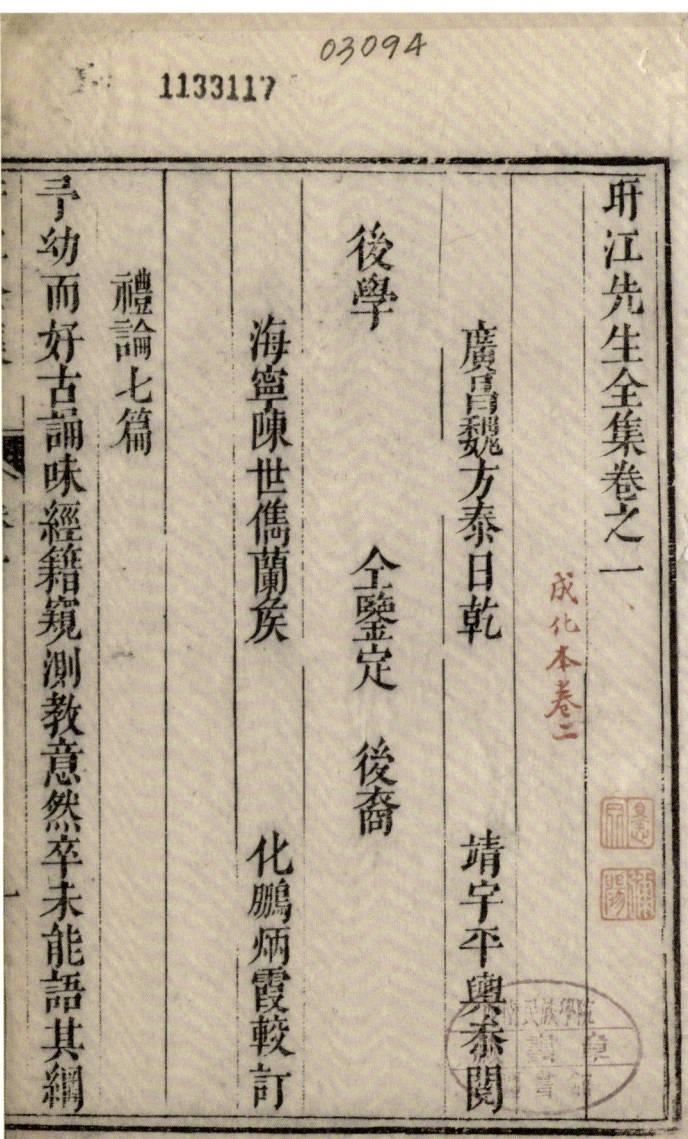

080

雁門集六卷

（元）薩都剌著，清康熙十九年（1680）半野軒刻本，四册。半葉九行，行十九字，白口，無魚尾，左右雙邊，框高18.5厘米，寬13.4厘米。

薩都剌（約1300—？），亦作“薩都拉”，字天錫，號直齋。元代少數民族著名詩人。先世爲答失蠻氏，祖父因功留鎮代郡，遂定居于雁門。泰定四年進士，歷官閩海廉訪知事、河北廉訪經歷等職。現存作品有《雁門集》《集外詩》以及詞曲集《天錫詞》。薩都剌寫詞不多，但頗有影響，以《念奴嬌·登石頭城》《滿江紅·金陵懷古》爲代表，被後人譽爲元代詞人之冠。

《雁門集》最早刊印是元至正年間的八卷本，久佚，今傳皆爲後人所輯，而卷數不一。以通行本而言，明成化十二年（1476）張習刻八卷本，乃此集迄今存世最早的刊本。另有清康熙年間薩希亮刻《雁門集》六卷本、詩人裔孫薩龍光所輯清嘉慶十二年（1807）十四卷本（是迄今爲止收輯最爲全面和較爲完備的版本）。現可確定薩氏所作的詩有780餘首。薩都剌的文學創作，以詩歌爲主，可分爲政治紀實篇、刺惡諷邪篇、詠史懷古篇、寫景抒情篇等類型。其中，以自然景物爲題材的山水詩較出色，并富有生活實感，描寫細膩，貼切入微。有些作品反映民間疾苦，揭露社會黑暗。詩風清麗俊逸，文辭雄健，間有豪邁奔放之作。詩作以其精湛的藝術手段，形象而深刻地反映時代和社會面貌，堪稱一代“詩史”，對研究元代文學、歷史及瞭解當時風俗民情具有較高參考價值。

鴈門集卷之一

樂府古調　　代郡天錫薩都剌著

江南樂

江南樂春水紅橋滿城郭出門不用金馬絡門前畫船如畫閣綠紗虛窗春霧薄隔窗蛾眉秋水活翡翠冠高羅袖闊楚舞吳歌勸郎酌紫竹揺絲相間作船頭柳花如雪落船尾采旗風綽綽秉燭夜遊隨處泊人生無如江南樂

江南怨

序

詩源於西北周人其生民公劉等什備述姜嫄后稷之生力穡之詳于焉頌之清廟以爲受釐獲福之典所謂美盛德之形容以其成功告之於神明者皆由邠鎬西北之境也厥後流而爲漢廣行露等作則有以及乎列國至於天下上以風化下下以諷刺上或懽忻以盡其下之情或齊莊以發其王之德所以立賦比興於其門藹然忠厚之風見焉世道既降詩亦隨變爲楚騷爲漢選迄於唐律

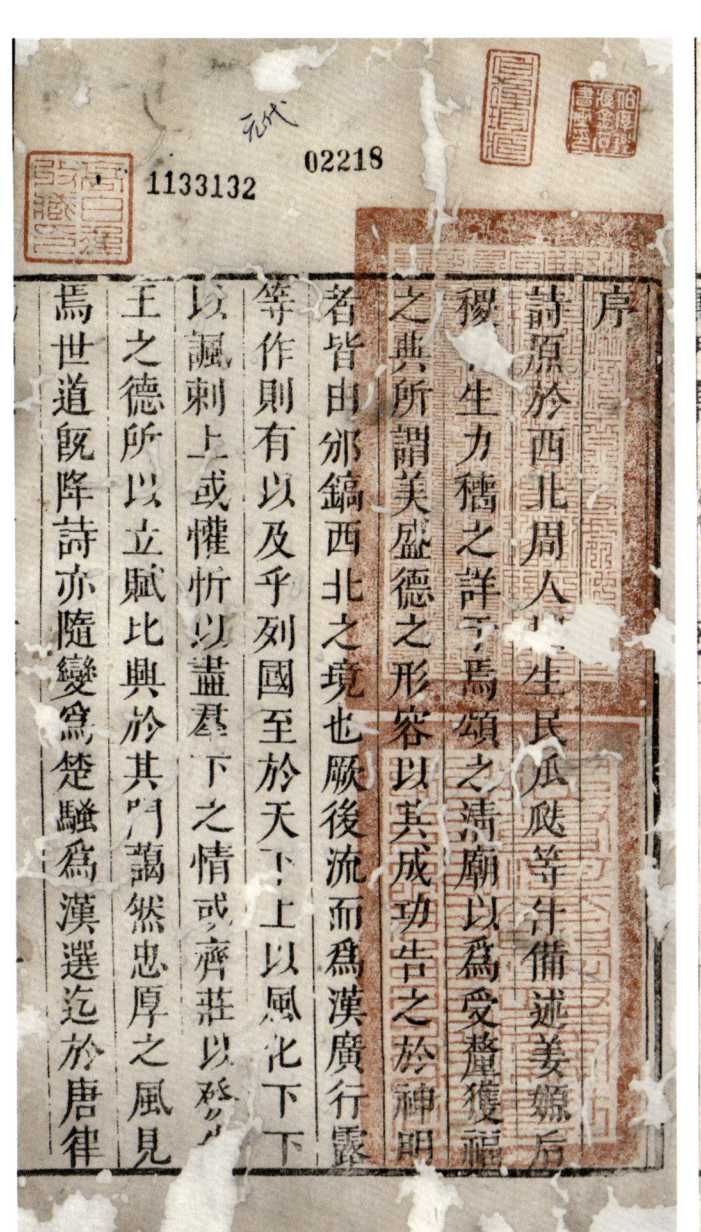

081 草廬吴文正公全集四十九卷首一卷

（元）吴澄撰，清乾隆二十一年（1756）仁讓齋刻本，二十四册。半葉十行，行二十一字，小字雙行同，白口，單黑魚尾，左右雙邊，框高19.5厘米，寬13.2厘米。

吴澄（1249—1333），字幼清，元撫州崇仁（今江西崇仁）人。曾任國子司業、翰林學士、經筵講官。元代三大理學家之一，與許衡齊名，號稱“南吴北許”。因所居的草屋題名曰“草廬”，人稱草廬先生。著作有《五經纂言》《草廬精語》《道德經注》等，後被編爲《草廬吴文正公全集》。

此書爲吴澄詩、文彙編，原爲一百卷，又名《支言集》，爲其孫吴當所編。前九十卷爲文，包括雜著、答問、説、書、啓疏、序、記、碑銘、題跋、墓志銘、祭文、制誥、表箋等等，後十卷爲詩。吴澄的學術思想主要反映在答問、雜著、説、書、序等著述中。吴澄是元代著名學者，堪稱大儒，爲學主折衷朱熹、陸九淵兩派，但基本思想仍屬程朱理學範疇，有重要的史料價值。有些碑、銘還保留了許多宋、元道教的寶貴資料。有明永樂四年（1406）、宣德十年（1435）刻本（《四庫全書》所收即此本）。另有明成化間刊《臨川吴文正公集》四十九卷本，係將百卷本合并而成。清乾隆五十一年（1786）萬氏刻本，與成化本同一系統，書名題《草廬吴文正公集》，分四十九卷，卷首一卷，外集三卷，較爲通行。

草廬吳文正公集卷之一

雜著

四經叙録

易伏羲之易昔在皇羲始畫八卦因而重之為六十四當是時易有圖而無書也後聖因之作連山作歸藏作周易雖一本諸伏羲之圖而其取用盖各不同焉三易既亡其二而周易獨存世儒誦習知有周易而已伏羲之圖鮮獲傳授而淪沒於方伎家雖其說具見於夫子之繫辭說卦而讀者莫之察也至宋邵子始得而發揮之於是人乃知有伏羲之易而學易者不斷自文王周

082

涇野先生别集十二卷

（明）吕柟撰，明嘉靖二十三年（1544）刻本，五册，存十一卷（卷一至十一）。半葉十行，行二十二字，白口，無魚尾，四周單邊，框高19.8厘米，寬14.1厘米。

吕柟（1479—1542），字仲木，號涇野，學者稱涇野先生。陝西高陵人。明朝學者、教育家，明代關中理學的重要代表人物之一。正德進士，授翰林修撰，纍官禮部侍郎。他曾講學于寶邛寺、東廓别墅、東林書屋、解梁書院等處，宗程朱理學，與湛若水、鄒守益共同講學三十餘年，門徒衆多，是當時名儒。著有《涇野子集》《涇野集》《四書因問》等。

此書是一部以詩爲主的韵文集，共十一卷，收録了一千七百四十一首作品。按照詩歌題材和表達思想將詩歌分爲贈答、送别、詠物、紀游、懷古傷時、酬頌及其他等類型，所收詩歌或表達作者的憂國憂民之情，或傾吐仰慕聖賢之意，或抒發對美好事物的留戀和贊美，或陳述親朋好友之間的深情厚意，或宣揚實踐躬行的關學主旨，或贊揚關中地區的淳樸民風。《涇野先生别集》詩風質樸，追慕古風，抒發真情，載道育人；藝術技巧多樣，多運用引典故、迭音、襯托、夢境和象徵等技巧來抒發感情。

涇野先生別集卷之一

禮部右侍郎前國子監祭酒翰林院脩撰 經筵官同脩 國史呂柟撰
門人壽張趙緄會集
門人河東張良知校正

賦

慎獨賦

百爾人民自天降良罔克厥獨罔克于明龍變于天厥神淵藏魅[illegible]竊夜旦日則亡慎斯獨斯幾惡斯萌凡厥變化如戶斯張一念之動鬼神斯盟如彼逝川于海于宗乃有逸思其胡能為耳目焉役喪厥威儀有言弗廷帝命不宜為鬼之葵乾始初九

083

康對山先生文集十卷

（明）康海撰，（清）孫景烈選，清乾隆二十六年（1761）刻本，六册。半葉十行，行二十字，四周雙邊，白口，單魚黑尾，框高21.2厘米，寬13.4厘米。

康海（1475—1540），字德涵，號對山，又號沜東漁父、滸西山人、太白山人等，明代文學家。武功（今屬陝西）人。弘治十五年狀元，授翰林院修撰。武宗時宦官劉瑾被殺後，他因名列劉瑾黨而免官。在明文學史上，與李夢陽、何景明、徐禎卿、邊貢、王九思、王廷相稱“前七子”，其詩文成就甚高，文尤勝，時人比之司馬遷。平生著述甚多，主要著有《武功縣志》，被後世奉爲“志乘上品”，清代收入《四庫全書》。另有雜劇、散曲集《中山狼》《沜東樂府》，詩文集《對山集》及雜著《納涼餘興》《春游餘録》等。

孫景烈（生卒年不詳），字孟揚，號酉峰，清代武功縣人。雍正十三年（1735）中舉，乾隆四年（1739）進士，翰林院檢討、侍講學士。因陳述朝事不合皇帝旨意，放歸家鄉，主講于關中書院和皋蘭書院，學識淵博，嚴教諸生，從學者甚多，名士不少。他是關中頗有影響的儒學大師，時稱“關西夫子”，著有《四書講義》《西麓山房稿》《滋樹堂存稿》《郃陽縣志》《郃風見聞録》《菜根園慎言録》等。

此書爲明代詩文别集。初刻于嘉靖年間，爲張太微所輯，西安府知府吴孟祺刊刻，題爲《對山集》。此本爲清乾隆二十六年（1761）孫景烈以所藏張太微本加以刊削而刻之。凡十卷。共收策論一卷，書一卷，序二卷，記并雜著一卷，墓碑并墓表一卷，墓志、祭文、行狀共二卷，詩賦二卷，此本與以前各刻本體例不同，采用文在前、詩賦在後的編排方式。孫景烈刻本除保留了嘉靖張太微刻本和萬曆馬逸姿刻本所載各家序言外，還附有張治道、朱孟震、張光孝、錢謙益等諸家及《明史》對康海詩文的評價。諸家評語後載馬理所撰《對山先生墓志銘》，卷後又附武功人張洲乾隆二十六年所作《康對山先生文集後序》一篇。《四庫全書》收録本即以此刻本爲底本。

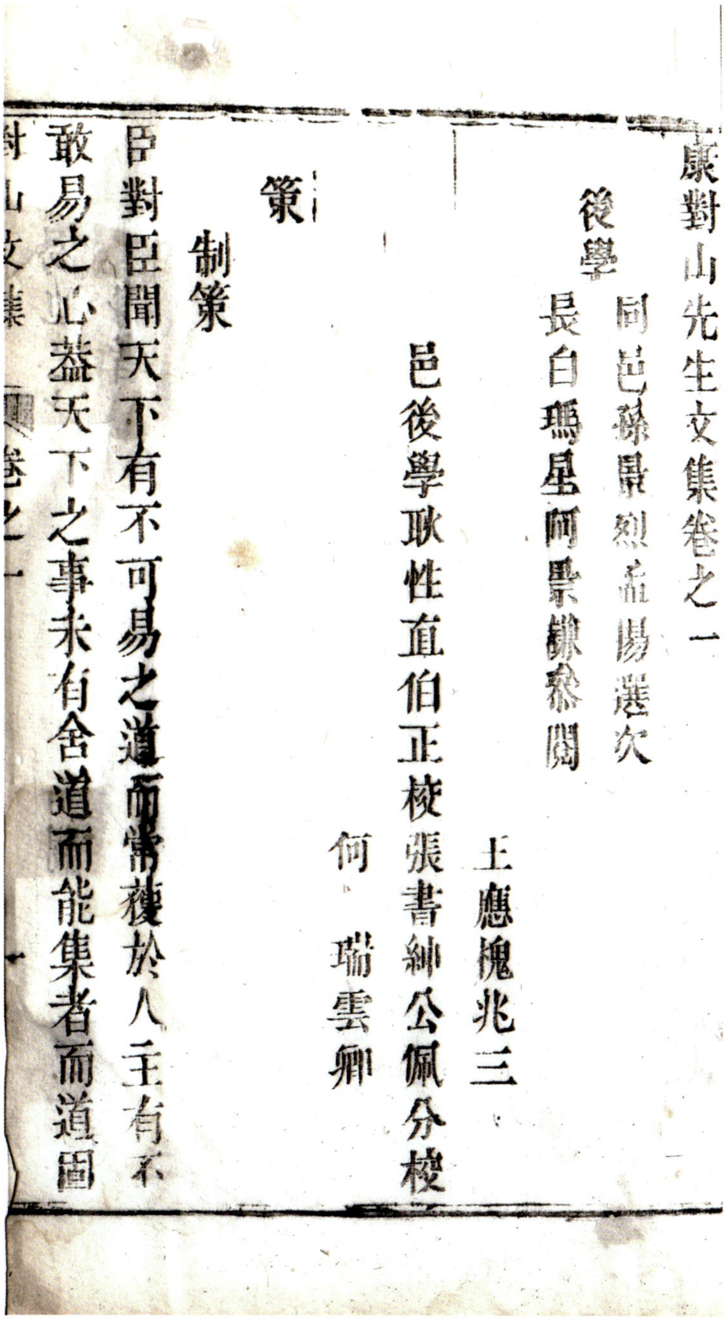
康對山先生文集卷之一
後學 同邑孫景烈孟揚選次
長白瑪星阿景鎌參閲
王應槐兆三
邑後學耿性直伯正校 張書紳公佩分校
何瑞雲卿
策
制策
臣對臣聞天下有不可易之道而常獲於人主有不
敢易之心蓋天下之事未有舍道而能集者而道固
對山文集 卷之一 一

084

近光集二十八卷

（清）汪士鋐纂，清康熙五十八年（1719）保德堂刻本，十四册。半葉九行，行十九字，小字雙行同，左右雙邊，黑口，單黑魚尾，框高15.9厘米，寬12.2厘米。

汪士鋐（1658—1723），字文升，號退谷，又號秋泉，江蘇長洲（今蘇州）人。清康熙三十六年（1697）進士第一，授翰林院修撰，官至右中允，入直南書房。善詩古文辭，尤工書法，《昭代尺牘小傳》譽其書法爲"國朝第一"。生平著述甚富，尤勤于考古。著有《秋泉居士集》《近光集》《四六金桴》《賦體麗則》《全秦藝文志》等。清康熙間汪氏奉敕編纂《近光集》，以備館閣應制之用。

此書精選唐宋元明四朝應制諸體詩文，分類注釋，詳明典故，編輯而成，凡二十八卷。其詩内容，于天文、地理、時令、帝王、科第、官僚、寓直、朝會、巡幸、祭祀、安享、文學、武功、釋道、物類等無不畢悉，按五言律、七言律、五古、七古、五言、七言之順序排列。本書除録全文外，亦録單字。每于詩文中廣收前人之評論，并附己見，尤其序論部分有汪氏對歷代詩人及詩歌的風格、體例、功過等方面的評述，頗有見地。此集雖是爲統治者文治之需而作，但對我國古典詩歌研究亦有一定的參考價值。此書牌記題"保德堂刊行"，是爲禮部頒行本。

近光集卷一　五言律

長洲汪士鋐　文升編纂
崑山徐修仁　用晦叅注

天文上

賦得日暖萬年枝　王約

靄靄彤庭裏沈沈玉砌隮初升九華日潛暖萬年枝煦嫗光偏好青蔥色轉宜毎因韶景麗長沐惠風吹隱映當龍闕氤氳隔鳳池朝陽光照處惟有近臣知

085

思綺堂文集十卷

（明）章藻功撰注，清康熙六十一年（1722）三餘堂刻本，十册。半葉十行，行二十二字，小字雙行同，白口，單黑魚尾，四周單邊，框高19.9厘米，寬13.9厘米。

章藻功（生卒年不詳），字豈績，浙江錢塘（今杭州）人。清詩文家。幼承家學。康熙四十二年（1703）進士及第，改翰林院庶吉士。在官五月，即引疾歸。藻功與陳維崧、吴綺皆以駢文有名，以新巧勝。著有《思綺堂集》。

此書書名葉題“注釋思綺堂四六文集”。此集係章藻功自編自注而成，依年序先後，收録章氏駢文作品共計二百八十四首。其中序、跋二體數量最多，兩者占全部作品將近一半的比重，是章氏駢文創作的最大宗。章氏論文，主張“神清”、“氣動”、“字潔”、“語生”和“取典雅訓”、“對仗空靈”，形成了工切細巧、清健平暢的風格，就其範式傾嚮而言，顯然近于兩宋，而用典靈活生新、對仗巧妙工切，行文“句雖偶出，義屬散行”，達到儷體散趣之境界。章藻功撰注的《思綺堂文集》從編注體例來説，特點是注引經史，必明其來歷，靈活地“尊史”，實事求是地注釋，實際是開創了中國古代文集編纂的一個先例。

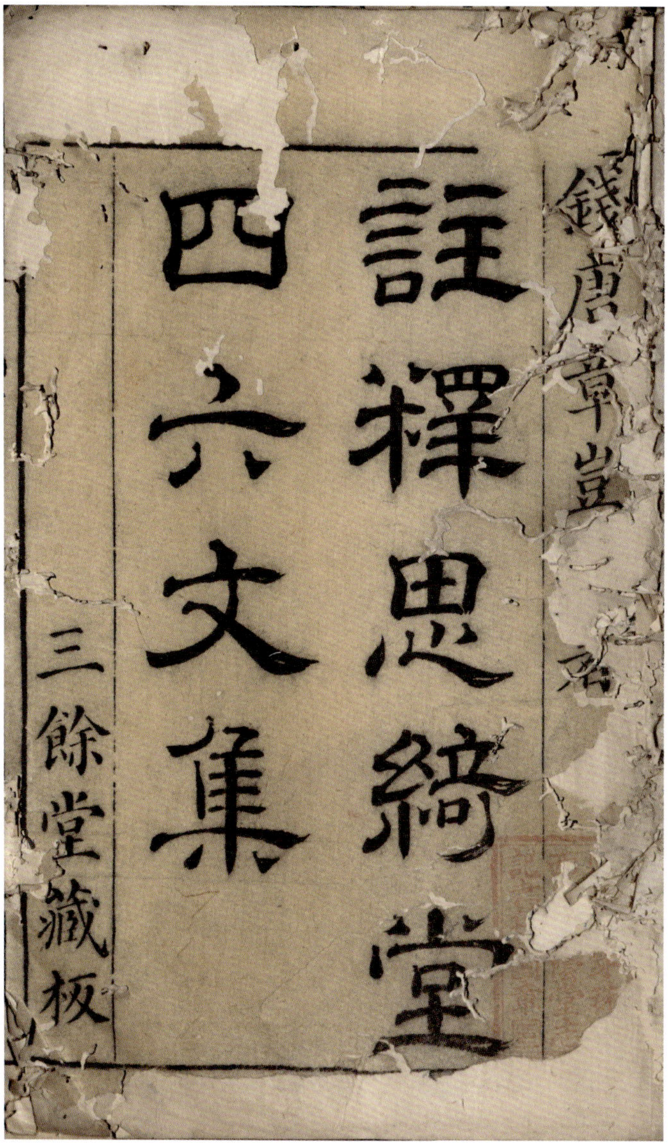

錢唐章豈一名

註釋思綺堂四六文集

三餘堂藏板

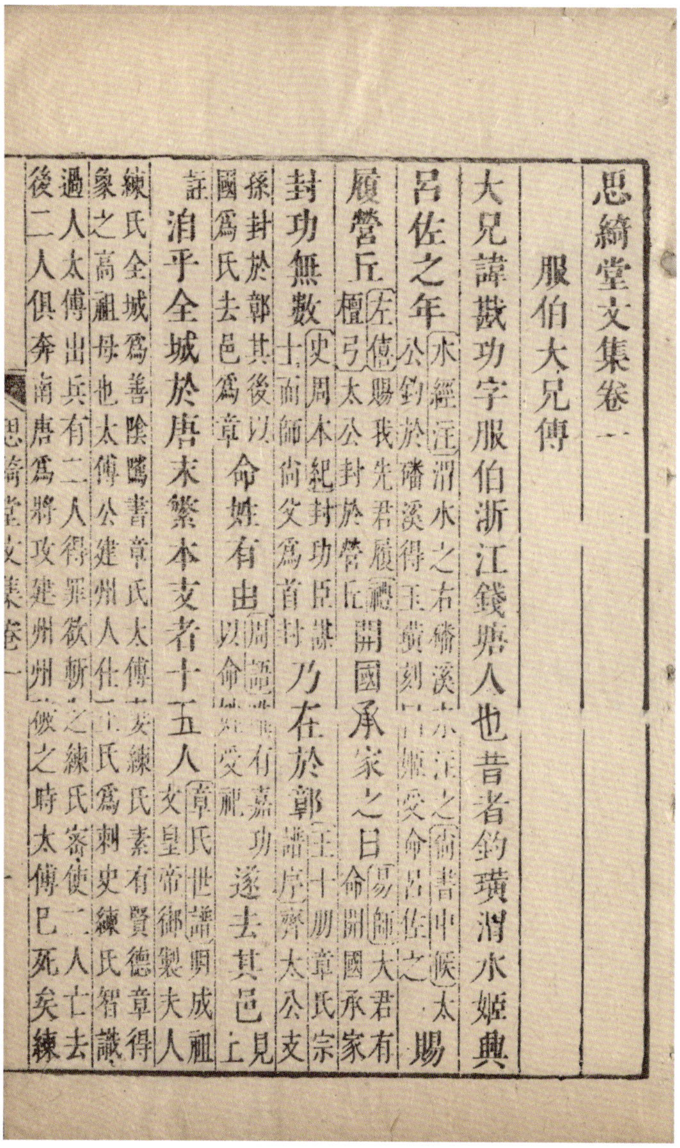

思綺堂文集卷一

服伯大兄傳

大兄諱戩功字服伯浙江錢塘人也昔者釣璜渭水姬典呂佐之年〔水經注〕渭水之右磻溪水注之〔尚書中候〕太公釣於磻溪得玉璜刻曰姬受命呂佐之賜履營丘〔左傳〕賜我先君履〔禮檀弓〕太公封於營丘開國承家之日〔易師〕大君有命開國承家封功無數〔史〕周本紀封功臣謀士而師尚父爲首封乃在於郭〔王十朋章氏宗譜序〕齊太公支孫封於郭其後以國爲氏去邑爲章命姓有由〔周語〕帝嘉有嘉功以命姓受祀遂去其邑見上謚洎乎全城於唐末繁本支者十五人〔章氏世譜〕琠成祖文皇帝御製夫人練氏全城爲善陰隲書章氏太傅夫人練氏素有賢德章得象之高祖母也太傅公建州人仕王氏爲刺史練氏智識過人太傅出兵有二人得罪欲斬之練氏密使二人亡去後二人俱奔南唐爲將攻建州州破之時太傅已死矣練

思綺堂文集卷一

086 二曲集二十六卷

（清）李顒撰，清刻本，八册。半葉九行，行二十字，白口，單黑魚尾，四周雙邊，框高21.3厘米，寬13.2厘米。

李顒（1627—1705），字中孚，號二曲，陝西盩厔（今周至）人，明清之際哲學家。家貧，無師授，遍讀經史諸子以及釋、道之書。深鑽經學。爲學崇尚宋學，尤推崇朱熹及陸九淵。博通諸經，曾講學江南，門徒甚衆，後主講關中書院。博學多知，與孫奇逢、黄宗羲并稱清初“三大儒”。著有《四書反身録》，另有《二曲集》等。

此書爲明清之際李顒的主要著作彙集，爲門人王心敬所編。二十六卷。前二十一卷收有《悔過自新説》《學髓》《兩癢匯録》《靖江語要》《傳心録》《體用全學》《讀書次弟》《東行述》《南行述》《東林書院會語》《匡時要務》《關中書院會約》《盩厔答問》《富平答問》《觀感録》等，均爲講學施教之語，或係自著，或由弟子所輯。二十二卷爲雜文，二十三至二十六卷所收各篇則非李顒的著作，故《四庫全書總目》著録是集爲二十二卷。以心學爲宗，兼采朱熹、陸九淵思想。有嘉慶刊本、咸豐重刊本。《二曲集》作爲中國古代教育思想名著，應當説是有其獨特的思想内容和學術價值的。

刑部左侍郎鄭
陝西督學道高　捐俸梓行

二曲先生集

富平門人惠龗嗣校

二曲集卷之一

悔過自新說

盩厔李顒中孚著

天地之性人爲貴人也者稟天地之氣以成身即得天地之理以爲性此性之量本與天地同其大此性之靈本與日月合其明本至善無惡至粹無瑕人多爲氣質所蔽情慾所牽習俗所囿時勢所移知誘物化旋失厥初漸剝漸蝕遷流弗覺以致卑鄙乖謬甘心墮落於小人之歸甚至雖具人形而

二曲集　卷一　悔過自新　一

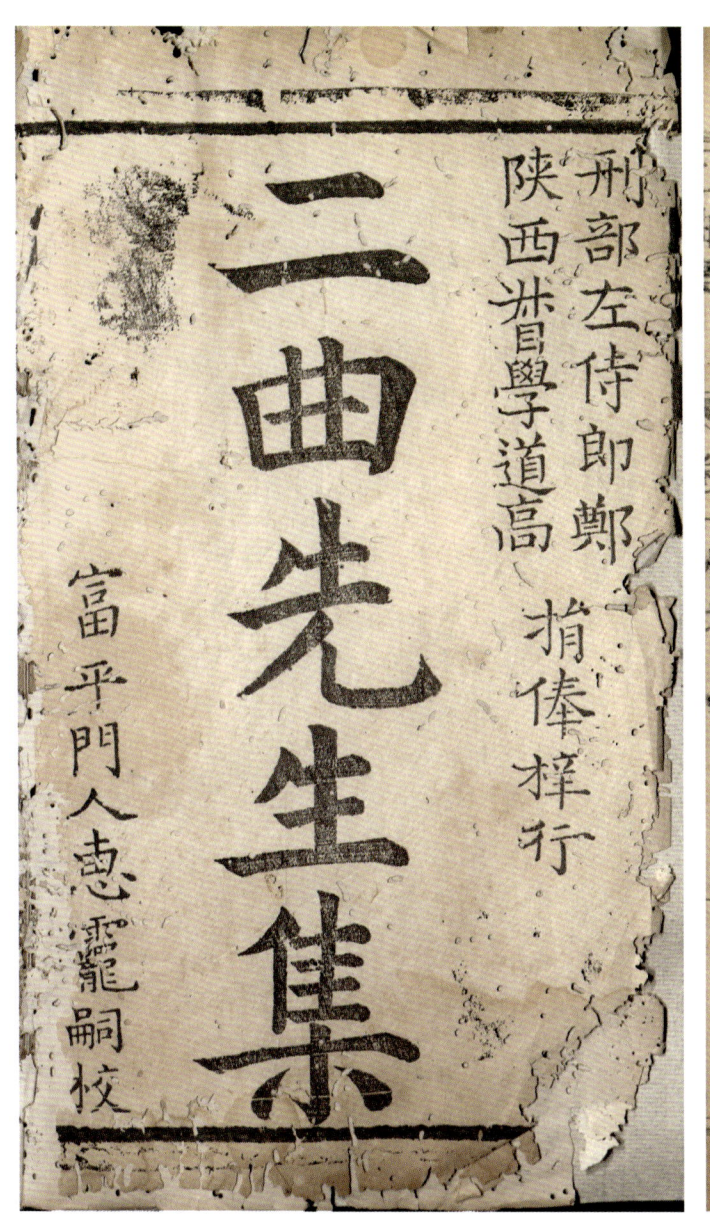

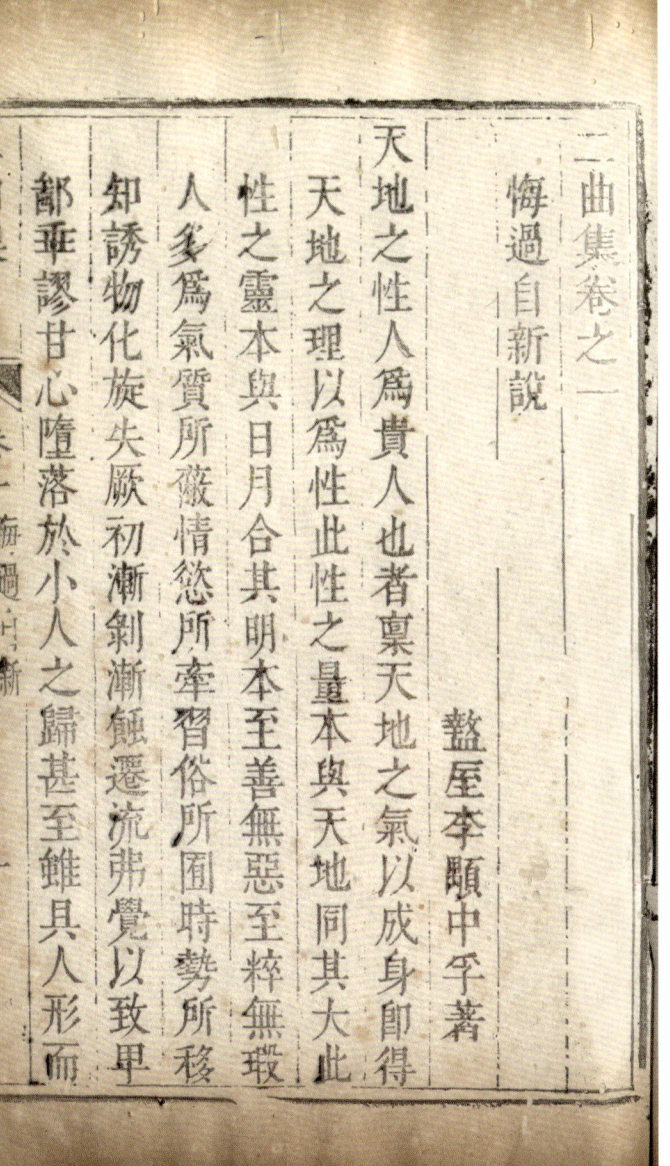

087

曝書亭集八十卷附録一卷附笛漁小稿

（清）朱彝尊撰，清康熙刻本，十六册。半葉十二行，行二十三字，白口，左右雙邊，單黑魚尾，框高19.2厘米，寬12.8厘米。

朱彝尊（1629—1709），字錫鬯，號竹垞，晚號小長蘆釣師，又號金風亭長，浙江秀水（今浙江嘉興）人。清康熙時舉博學鴻詞科，以布衣授翰林院檢討，入直南書房，曾參加纂修《明史》。博通經史，擅長詩、古文。所作詠物詞和集句詞，偏重形式，爲浙派詞的創始者。在文學上與王士禛有“南朱北王”之譽。除《曝書亭集》外，還著有《日下舊聞》《經義考》，選《明詩綜》《詞綜》等。

此書爲清代詩、詞、文别集。包括朱彝尊歷年所作各體作品，係作者晚年手自删定者，類似于全集。八十卷，凡賦一卷，編年詩二十二卷，詞七卷，文五十卷，附録散曲一卷。前有潘耒、查慎行序，又録王士禛、魏禧、查慎行、曹爾堪、葉舒崇、柯維楨舊序。彝尊子昆田《笛漁小稿》附刻以傳。該書由著者自編，始刻于清康熙四十八年（1709），曹寅捐貲倡助，未竣工而朱、曹相繼去世，其孫朱稻孫乞諸親故，于五十三年續成之，清乾隆時收入《四庫全書》。清乾隆間另有張星寫刊本。

曝書亭集卷第一

秀水　朱彝尊　錫鬯

賦

謁孔林賦

粵以屠維作噩之年我來自東至於仙源斯時也壇杏花繁庭檜甲坼元和之儀象畢陳闕里之榛蕪盡闢既釋菜於廟堂旋探書於屋壁乃有百石卒史導我周行軍車魯城之北縲馬洙水之陽即大庭之遺庫循端木之故場驕孫袝於墓前聖子藏兮在左自黃玉之封緘閟幽宮而密鎖頊長終兮不驚懾祖龍兮遠禍除荆棘之叢生罕翔禽之飛墮而香既濡遲景東隅整衣裳之肅肅正顏色之愉愉履謁方幾護尋往蹟超白兔之深溝撫青莽之卧石爰有莫兆蒐蓍叢名字

088

南華山人詩鈔十六卷

（清）張鵬翀撰，清乾隆五年（1740）刻本，兩册。半葉十一行，行二十一字，小字雙行同，白口，單黑魚尾，左右雙邊，框高19厘米，寬14.5厘米。

張鵬翀（1688—1745），字天扉、抑齋，號南華、南華散仙、抑齋居士、合蔭亭主人、雙清居士、南華山人，嘉定（今屬上海市）人。雍正五年（1727）進士，官至詹事府詹事。張鵬翀早擅詩名，才思敏捷，又工繪畫，兼善書法，時稱“三絶”。著有《進呈集》《賡韵集》《傳宣集》《雙清閣集》《南華詩鈔》《南華文鈔》《潭柘寺志》等。

此書十六卷：分爲卷一“海螺集上”，卷二“海螺集下”，卷三“海螺剩稿”，卷四“楚游集”，卷五“紀游集”，卷六“紀游二集”，卷七“北游集”，卷八“春歸集”，卷九“紀游後集”，卷十“使滇集”，卷十一“鶴天集”，卷十二“落葉詩”，卷十三“接葉亭稿”，卷十四“清真倡酬集”，卷十五“奉使紀恩詩”，卷十六“消寒集”。清乾隆五年（1745）沈德潛序之。

南華山人詩鈔卷一

嘉定張鵬翀天扉

海螺集上

郡試題旅館畫鷹

神物何年下錦縧金眸玉爪映秋高知君自有凌雲翮
肯向人間借羽毛

題柳

丁栽楊柳綠溪邊一度春来一可憐最是今年寒食後
軟風搓出萬條烟

春夜寄隣僧

柴門楊柳月應上古禪關遥識焚香坐松深寉夢閑

089 潛庵先生遺稿五卷疏稿一卷

（清）湯斌撰，清康熙間刻、乾隆九年（1744）湯定祥補刻本，五册。半葉九行，行二十字，白口，單黑魚尾，四周單邊，框高17厘米，寬13厘米。

湯斌（1627—1687），字孔伯，號荆峴，又號潛庵。睢州（今河南睢縣）人。清大臣、學者、詩文家。順治進士，康熙十八年（1679）舉博學鴻詞，授侍講。歷任江蘇巡撫、《明史》總裁官、禮部尚書、工部尚書等職。爲官清廉，爲著名理學家，所詣深粹，身體力行，不尚講論。習宋諸儒學，篤守朱程，兼及守仁。著有《洛學編》《睢州志》《潛庵語録》等。

此書又稱《潛庵湯大司空遺稿》，遺稿五卷疏稿一卷，前有康熙二十七年（1688）五月田蘭芳序，卷一“序”（22篇）、“記”（14篇），卷二“書”（44篇）、“辨”（1篇），卷三“賦”（4篇）、“論”（2篇）、“傳”（6篇）、“墓志”（12篇），卷四“雜文”（17篇）、附“語録”（23條）、《志學會約》，卷五“詩”（76首）、“詩餘”（4首），“疏稿”一卷（31條）。

潛菴先生遺稿卷之一

睢州湯　斌潛菴著
宣鎮閻梅公甫評定
同里田蘭芳簣山較

擬

御製大清會典序 順治壬辰七月御試

朕惟一代之創興必明一代之制度蓋紀綱倫敘千載維同而規模品式累朝各異自唐虞以來典謨大備商著風愆用儆有位周垂官禮具訓百工莫不煌

090

豐川續集三十四卷

（清）王心敬撰，清乾隆十五年（1750）刻本，十四册。半葉十行，行二十一字，白口，單黑魚尾，四周雙邊，框高20.3厘米，寬14.2厘米。

王心敬（1656—1738），字爾緝，號豐川，陝西鄠縣人，清理學家。屢徵不起，以諸生終，曾主講江漢書院。終其一生執着鑽研以儒學爲根本，兼及道、釋精髓的理學，是理學的重要流派“關學”的實踐者和傳承者，也是才情横溢的詩人，一生留下詩作三百餘首。勤于著述，有《豐川全集》《豐川易説》《豐川詩説》《尚書質疑》《禮記彙編》《春秋原經》《江漢書院講義》等。

此書爲《豐川全集》續集，凡三十四卷。《豐川全集》爲清乾隆三年（1738）刊本，多達六十六卷，三十八册。乃其所作語録及雜著，以講學内容居多。全集包括《豐川禮記彙編》八卷、《豐川尚書質疑》八卷、《豐川春秋原經》十六卷、《豐川續集》三十四卷。這些著作集中體現了王心敬的理學思想。

生之遺訓而文章政績了無奇
紀今年力日衰安能更進於學
惟日手是編而長愧此兩言也
夫時
乾隆十三年戊辰嘉平朔日海
寧後學陳世倌書於燕山邸

豐川續集卷之一

豐川王心敬爾緝甫著

男　勛　功　勷　謹錄

平湖後學陸　綸懷雅
黃岡門人靖道謨誠合　同校

語錄

原學

論造詣須以孔曾思孟爲準極論學術須以明新止善
爲會歸程子曰言人必以聖爲志言學必以道爲志又

091

飴山詩集二十卷

（清）趙執信撰，清乾隆十七年（1752）因園藏板刻本，四册。半葉十行，行二十一字，小字雙行同，白口，單黑魚尾，四周單邊，框高18厘米，寬12.8厘米。

趙執信（1662—1744），字仲符，號秋谷，又號飴山，益都（今屬山東）人。清代著名的現實主義詩人、文學評論家、書法家。清康熙進士，授翰林院編修，後任右贊善，并擔任《明史》纂修官。詩以峻刻爲主，也有富于情韵之作。他從詩歌創作到詩歌理論都有相當高的成就，著有《飴山文集》《聲調譜》《談龍録》《因園集》等。

此書詩集十九卷，詩餘一卷，收集了趙執信的各體詩歌1044首。趙執信的作品，表現了他憎恨統治者、同情人民的思想感情，表現了自己不與世俗同流合污、拒絶與統治階級合作的優秀品德，描繪了樸素優美的田園風光，歌頌了祖國的大好河山。趙執信的詩中，最有價值的是那些揭露階級矛盾和階級鬥争的現實主義詩篇，從這些詩篇中，更能看出他愛恨分明的觀點和疾惡如仇的思想。他的作品語言樸素，立意新穎，許多作品至今在社會上廣爲流傳。

飴山詩集卷之一

青州趙執信

并門集　古律雜歌詩四十七首

督亢懷古

燕丹昔逃秦身免怨未雪千金求死士快意期一決徒逞匹夫憤焉知霸王烈我聞燕先王築臺市駿骨晚得昌國君雄心一朝豁全齊七十城紛如槁葉脫但隆郭隗禮不灑田光血豈有熊羆臣輕試虎狼穴可憐易水上壯士衝冠髮事敗國旋亡寂莫名未滅

陘陽驛雨甚行槖皆濕輿中聊述

092 解春集文鈔十二卷補遺二卷詩鈔三卷

（清）馮景撰，清乾隆五十七年（1792）盧文弨抱經堂刻《抱經堂叢書》本，六册。半葉十行，行二十一字，小字雙行同，白口，單黑魚尾，左右雙邊，框高18厘米，寬13.2厘米。

馮景（1652—1715），字山公，一字少渠。浙江錢塘（今杭州）人。清代詩文作家。諸生。康熙十八年（1679）舉博學鴻儒，堅辭不就。後應聘入宋犖幕，以母老辭歸。爲人嚴正不苟，平生所交結者多爲當世名士，如萬斯同、朱彝尊、閻若璩、毛奇齡等。嗜好讀書，尤深研經學，善古文，著有《解春集詩文鈔》《幸草》《樊中集》。

此書以譏諷的筆調描述清代官吏的腐敗。十七卷，凡“文鈔”十二卷。卷一“序一”，卷二“序二”，卷三“論”，卷四“記”，卷五“書一”，卷六“書二”、“狀”，卷七“題跋”，卷八“淮南子洪保一”，卷九“淮南子洪保二”，卷十“雜著一”，卷十一“雜著二”，卷十二“傳”。“志銘”一卷，“文鈔補遺”二卷，“詩鈔”三卷。此書爲抱經堂藏版。

解春集文鈔卷第一

錢塘　馮　景　山公

序一

賀太平歌序

皇帝御極之二十五年歲在柔兆攝提格終窩之月直隸巡撫于公陞辭之任皇帝御養心殿親問直隸利弊所繇已乃諭曰朕所信者總督于成龍巡撫湯斌與鄉三人而已往欽哉景在淮南與大理邱公象升聞之欣忭感激已而歎曰古人有言太平無象茲其象也顧今岳牧多賢良師師濟濟

解春集文鈔　卷一　一

093

道古堂文集四十八卷

（清）杭世駿撰，清乾隆刻本，十二册。半葉十行，行二十一字，小字雙行同，白口，左右雙邊，單黑魚尾，框高18.6厘米，寬12.8厘米。

杭世駿（1696—1772），字大宗，號堇浦，浙江仁和（今杭州）人。清乾隆初舉博學鴻詞科，授翰林院編修，曾受命校勘武英殿《十三經》《二十四史》，纂修《三禮義疏》。晚年主講粵秀、安定兩書院最久。善詩、文，作古文宏偉奥博，根柢深厚，而獨往獨來，不爲宗派所囿。著有《諸史然疑》《三國志補注》《續方言》《道古堂文集》等。

此書爲文别集，四十八卷，收録了杭世駿平生大量的序、記、書信、論説、題跋、傳狀、碑銘等作品。内容豐富，有很多論述學術問題的文章，頗能反映杭氏的治學態度。著者學識淵雅，每言一事，都能窮原竟委，如卷四《韓氏經説序》言説經之流派，卷五《施愚山先生年譜序》言年譜之體制，卷七《張芑堂金石契序》《孫月峰書畫跋序》論金石書畫之著録，《名醫類案序》《續名醫類案序》説方技醫經之得失，卷二十一《答任武承書》述起居注之義例，卷二十四《説緯》詳緯書之流别，無不辨證明晰，如數家珍。作者精究史學，善于綜括，卷二十三《志西漢鹽鐵》、卷二十五《漢爵考》，于一代典制詳加剖析。作者考訂之作精義亦多，尤以序跋各篇最見功力。此書是研究其生平經歷及學術思想的重要歷史文獻資料。後被收録入《續修四庫全書》中，是清人文集中較有價值的一種。有清乾隆五十五年（1790）刻本、清道光十四年汪氏振綺堂重刻本。

道古堂文集卷之一

仁和　杭世駿　大宗撰

御試制科卷

五六天地之中合賦以敬授民時聖人所先爲韻

原夫子建天元丑爲地柄試推策於二篇實肇基於三正帝出震而成艮一元之運皆本中德以流形星伏戌而見辰四序之行必於合神而布令析之是名九星統之乃云七政數得主而有常道無爲而不競撫辰惟勤授時在敬奇全耦半積五位以相乘兼兩函三合六爻而互應爾其積寸該分課虛責有生成備而變化行神

094

歸愚詩鈔二十卷

（清）沈德潛撰，清乾隆沈氏教忠堂刻《沈歸愚詩文全集》本，六册。半葉十行，行十九字，小字雙行同，白口，單黑魚尾，左右雙邊，框高17.4厘米，寬13.3厘米。

沈德潛（1673—1769），字確士、慤士，號歸愚、歸愚老人、歸愚叟，江蘇長洲（今蘇州）人。清乾隆四年（1739）進士，當時年已六十七歲。召對時，稱爲江南老名士。命值上書房，擢内閣學士兼禮部侍郎。他是清代初期至中葉過渡時期文學家，以詩歌理論和創作見長，著有《沈歸愚詩文全集》，又選輯《古詩源》《唐詩别裁》《國朝詩别裁》等。

此書是清代沈德潛創作的詩歌集，二十卷。歸愚，猶返樸。集稱“詩文”，實則所收體裁種類頗爲駁雜，範圍過于廣泛，所謂“全集”也與實際不盡相符。本集刻竣于清乾隆三十二年（1767）。有清乾隆間教忠堂遞刊本。

飴山詩集卷之一

青州趙執信

并門集　古律雜歌詩四十七首

督亢懷古

燕丹昔逃秦身免怨未雪千金求死士快意期一決徒逞匹夫憤焉知霸王烈我聞燕先王築臺市駿骨晚得昌國君雄心一朝豁全齊七十城紛如槁葉脫但隆郭隗禮不灑田光血豈有熊羆臣輕試虎狼穴可憐易水上壯士衝冠髮事敗國旋亡寂莫名未滅

陘陽驟雨甚行橐皆濕輿中聊述

092

解春集文鈔十二卷補遺二卷詩鈔三卷

（清）馮景撰，清乾隆五十七年（1792）盧文弨抱經堂刻《抱經堂叢書》本，六册。半葉十行，行二十一字，小字雙行同，白口，單黑魚尾，左右雙邊，框高18厘米，寬13.2厘米。

馮景（1652—1715），字山公，一字少渠。浙江錢塘（今杭州）人。清代詩文作家。諸生。康熙十八年（1679）舉博學鴻儒，堅辭不就。後應聘入宋犖幕，以母老辭歸。爲人嚴正不苟，平生所交結者多爲當世名士，如萬斯同、朱彝尊、閻若璩、毛奇齡等。嗜好讀書，尤深研經學，善古文，著有《解春集詩文鈔》《幸草》《樊中集》。

此書以譏諷的筆調描述清代官吏的腐敗。十七卷，凡“文鈔”十二卷。卷一“序一”，卷二“序二”，卷三“論”，卷四“記”，卷五“書一”，卷六“書二”、“狀”，卷七“題跋”，卷八“淮南子洪保一”，卷九“淮南子洪保二”，卷十“雜著一”，卷十一“雜著二”，卷十二“傳”。“志銘”一卷，“文鈔補遺”二卷，“詩鈔”三卷。此書爲抱經堂藏版。

歸愚詩鈔卷一

長洲沈德潛確士

古樂府

梁父吟

曾子耕泰山之下值天大雨雪不得歸思念其母作梁父吟以見志樂苑載其事亡其辭擬古辭以補之

力農于野。泰山之側。雪閉川原。欲歸不得。一解欲歸不得。眷念我母。我母念我。悵望隴畝。誠通境隔。中心何有。二解祿養由命。色養由心。豈因賤貧。莫侍饔

095

强恕齋詩鈔四卷文鈔五卷

（清）張庚著，清乾隆刻本，二册，存詩鈔四卷、文鈔三至五卷。半葉十行，行二十一字，小字雙行同，四周單邊，黑口，單黑魚尾，框高18.2厘米，寬12.6厘米。

張庚（1685—1760），字溥三，更字長庚，原名燾，字公之于，號浦山，又號瓜田逸史、白苎村桑者、彌伽居士，清浙江秀水（今嘉興）人。清乾隆元年以布衣舉博學鴻詞。清畫家、畫論家，亦善白描，復致力于書畫鑒賞。著作頗豐，有《强恕齋文鈔》五卷、《通鑒綱目釋地糾繆》六卷（《補注》六卷）、《畫徵録》三卷（《續録》二卷）、《五經臆》《蜀南紀行略》《强恕齋詩鈔》《瓜田詞》《矩櫱瑣記》傳于世。

強恕齋詩鈔卷之一

秀水張　庚浦山著
男時敏校

樂府

度關山

攬轡升高慨焉顧望天何穹窿四野茫茫日月垂耀黍稷輸芒萬物以育庶民用康悠悠千古厥運靡常爲吉爲凶治亂以彰治日何隘亂何可長嗟勞往聖端作其章于俾後世循之勿荒崇山有崖林木有芳豈無耕釣叟也實艮湯文既遇寧衰以亡才難之歎徵之既庸不

096

漁洋山人精華録訓纂十卷

（清）惠棟撰，清乾隆惠氏紅豆齋刻本，十二册。半葉十行，行二十一字，小字雙行同，四周雙邊，白口，單黑魚尾，框高19.2厘米，寬14.4厘米。

惠棟（1697—1758），字定宇，號松崖，江蘇吴縣（今江蘇蘇州）人。乾隆間著名的經學家、訓詁學家。諸生。乾隆十五年（1750）詔舉經明行修之士，陝西總督尹繼善、兩江總督黄廷桂均薦之，未及進呈所著書而罷。傳祖周惕、父士奇之學，幼承家訓，篤志嚮學，精于經學，吴派經學奠基人。著作繁多，以學者身份注王士禛詩，成《漁洋山人精華録訓纂》，爲時所重。另著有《松崖文鈔》《九曜齋筆記》《九經古義》《古文尚書考》《周易述》《易漢學》《易例》等。

此書爲清代文學家王士禛詩歌選集的注本。王士禛是清初著名詩人，其詩作有頗多學者爲之箋注，《漁洋山人精華録》是代表之作。《漁洋山人精華録》先後有金榮的箋注和惠棟的訓纂。惠棟認爲注家之學皆纂集古今之書而成之，故名其注本爲“訓纂”，意爲古語之集合。惠棟爲王士禛千餘首詩作詳盡注釋，撰《漁洋山人精華録訓纂》一書。一是通過考訂王詩中的名物、典章等，揭示漁洋詩歌創作本義；二則是表明其運用研究經史文獻方法注解王詩，且承襲姚察《漢書訓纂》體例，不破壞王詩文本結構，衹將訓纂内容附于原本之末，使注文内容不影響詩歌整體風貌的呈現。全書十卷附《年譜》二卷，分古體四卷，今體六卷。書中長于史實、地理、名物方面的考證，注重當代人物的考察，體現了經學家嚴謹扎實的學風，代表了清代漁洋詩注的較高水準。此本于乾隆中刊行，爲紅豆齋刊本。此書版心題“精華録訓纂”，附漁洋山人自撰年譜。

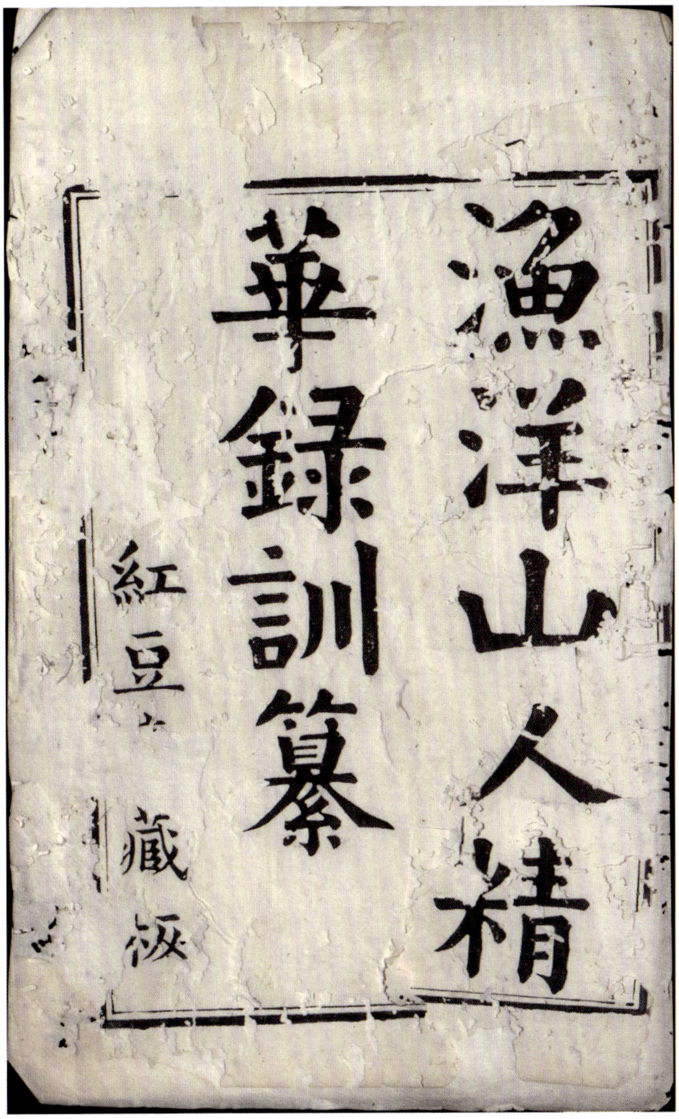

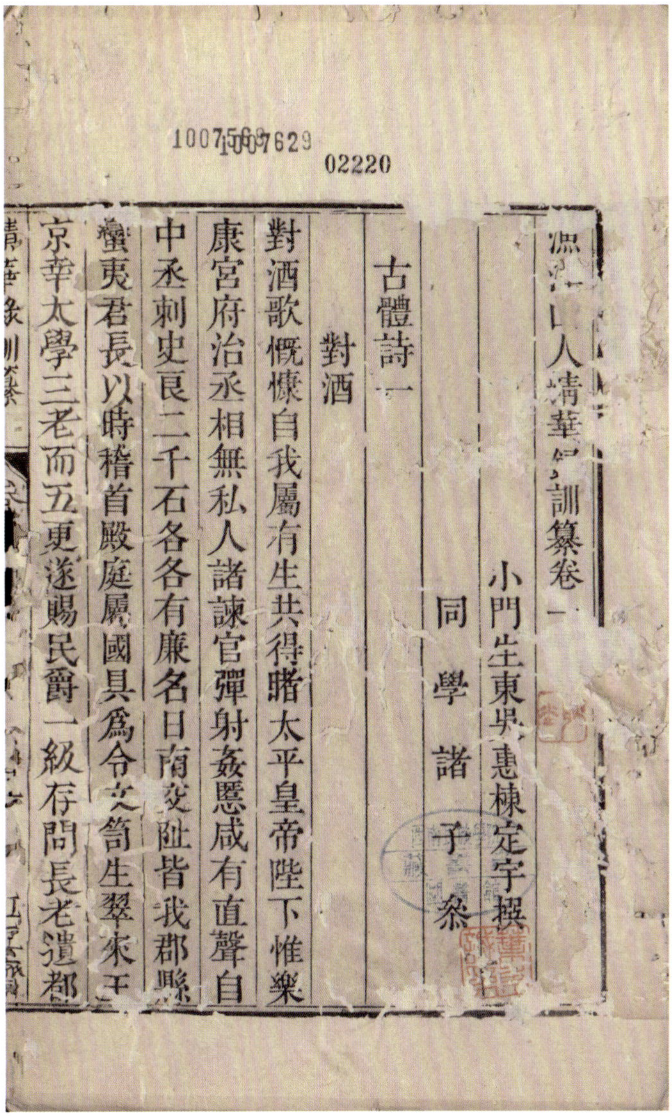

097

寒松堂全集四卷

（清）魏象樞撰，清嘉慶十六年（1811）魏煜刻本，四册。半葉十行，行二十字，黑口，單黑魚尾，左右雙邊，框高18.4厘米，寬13.6厘米。

魏象樞（1617—1687），字環極，號庸齋。山西蔚州（今河北蔚縣）人，清初著名官員、文學家、學者。明崇禎十五年（1642）中舉人，清順治三年（1646）中進士，官至左都御史、刑部尚書。後人以“好人、清官、學者”六字，概述其一生。他治程朱理學，著述有《寒松堂全集》《儒宗録》《知言録》等。

此書是清初名臣魏象樞之詩文集，收明崇禎十七年（1644）至清康熙十九年（1680）間之詩作，凡一百四十一首，文三百八十三篇，庸言一百八十則。約三十萬餘字，奏疏四卷，詩三卷，序、記、傳一卷，書、尺牘二卷，祭文、墓志銘、神道碑、行狀一卷，説、議、論、辨、雜著一卷。反映了清順治、康熙之際的歷史面貌。魏氏被譽爲“清初直臣之冠”，一生在立德、立功和立言三方面都有建樹，尤其在彈劾貪官、引薦人才、講求理學、躬行實踐、重視學養和廉潔做人等方面表現卓著。他以自己耿直的個性、務實的精神、嚴謹的作風及突出的實績對清初政界和思想界産生了重大影響。有《幾輔叢書》本、《叢書集成初編》本等。

寒松堂全集卷之一

蔚州魏象樞環溪著

奏疏　刑科　工科　刑科

刑科給事中臣魏象樞謹

題爲籲荒節荷

聖恩祈

勅速行榜示以普

皇仁事臣聞恤患救災

聖朝大政今歲各省災傷百姓之延頸望

恩已非一日我

098

韋廬初集不分卷

（清）李秉禮撰，（清）李憲喬評議，清嘉慶刻本，一册。半葉十行，行十九字，左右雙邊，白口，單黑魚尾，框高18.9厘米，寬12.4厘米。

李秉禮（1748—1830），字松甫，一字敬之，號韋廬，臨川（今屬江西）人。清代詩人。官刑部郎中。父宜民起家廣西，築環碧園于桂林。秉禮告歸後僑居于桂。秉禮工詩，嗜書、畫。其詩根柢于陶，涵濡于韋，標其齋曰韋廬，以名其集。秉禮的詩集一生刊刻較多，著有《韋廬詩内集》四卷、《韋廬詩外集》四卷。

此書是李秉禮首次編著，先後有《韋廬初集》《續集》《近集》各一卷，又《韋廬小草》《遣愁小草》《浮湘草》各一卷，又裒其近作爲《韋廬剩稿》一卷，後附《蠹魚草》，自爲之序。與高密李憲喬爲詩友，李爲點定其詩，并爲之作序。憲喬歿，因編其所論定者爲《韋廬内集》四卷，凡三百七十八首，未論定者爲《韋廬外集》四卷，共四百二十六首，前有自序及鄧顯鶴、李憲喬等序。别本《韋廬近草》二卷、《外集》一卷，清鈔本，清嘉慶間葉西、晏啓林等跋。

韋廬初集

五古

雨霽

日暮江雨霽，踈星耿河漢。背船沙鳥飛，照水流螢亂。涼風颯颯以至，陰靄薄猶漫。倚櫂攬清輝，披襟坐蕭散。

石桐云都無假攝

南樓夜坐

積雨晚来歇，四山尚凝霧。新水漫方塘，不辨橋南路。暝色悄然入，歸鳥亂無數。微茫巖際燈，冪歷烟

099 恕谷後集十三卷

（清）李塨撰，馮辰校，清刻本，四册。半葉十一行，行二十二字，白口，左右雙邊，單黑魚尾，框高19.6厘米，寬13.8厘米。

李塨（1659—1733），字剛主，號恕谷，直隸蠡縣（今河北省蠡縣）人。康熙、雍正間學者、古文家、思想家。康熙二十九年（1690）舉人，官至通州學正。博學，工文辭，二十一歲起師事顏元，終身服膺顏學，致力于傳播、發展師説，終于形成在清初學界甚有影響的顏李學派。

此書是其所作的古文集。卷首有其門人閻鎬序，稱李塨在康熙四十二年（1703）以前，作文效仿歐陽修、蘇軾，後盡棄之，而衹存四十二年以後作品，故以“後集”名書。此書初爲十卷，清雍正四年刻成，後又續刻三卷，所收李堪短文止于雍正十年，又補刻《李恕谷先生遺像》于卷前，可推知後續三卷當在李堪去世後，即雍正十一年或稍晚刻成。全書十七餘萬字，分序二卷，記一卷，書三卷，傳、墓志銘表、哀辭、贊論、答、考、雜著各一卷，收文一百六十五篇，充分反映了作者的生平和思想的各個方面。

恕谷後集卷一

蠡吾 李塨 著
門人 馮辰

送黄宗夏南歸爲其尊翁六十壽序

黄子宗夏歙人居於吴游京師聞予友王崑繩稱予學因與予交予之學蠡得諸顔習齋先生乃舉先生之學相示宗夏慨然曰人不作聖非人矣於是悉劃後學浮文求禮樂倫物之實日有所習時有所勘做予立日譜以自考而其學大進予嘗以爲漢唐以上氣運盛於北其篤生喆人以荷斯道之統者堯舜禹湯文武周公孔子皆行禮奏樂光華宇宙立道垂範以爲民極下逮漢唐寖微而董仲舒

100

國朝六家詩鈔八卷

（清）劉執玉選輯，清乾隆三十二年（1767）刻本，八册。半葉十行，行二十一字，小字雙行同，白口，單黑魚尾，左右雙邊，框高18厘米，寬13.4厘米。

劉執玉（生卒年不詳），字復燕，無錫人。約康熙、乾隆時詩人。輯有《國朝六家詩鈔》八卷，著有《貽燕樓詩稿》。

此書爲清詩總集，選録清初宋琬、施閏章、趙執信、朱彝尊、查慎行、王士禛六位詩人的詩歌。内王士禛、查慎行詩各二卷，餘四人詩各一卷，有作者小傳。鄒一桂、沈德潛鑒定并序。入選諸家均爲著名詩人，其中宋琬、施閏章并稱“南施北宋”，王士禛、朱彝尊并稱“南朱北王”。上述諸家在清初“國朝”詩人中成就較突出，本書選輯六家詩共一千三百一十七首，厘爲八卷。此書多選六人諸集中的上乘之作，按編年體編次而成。每于作者名下簡述其生平仕履及著述風格，并對文中疑問處略加援引注釋。每于詩之佳境則不加評論，唯加圈點，讓讀者自去體會；每于細目之下，則按先古後近、先律後絶之序排列。評詩亦頗有獨見，不失爲研究清人詩歌作品的較好選本，可補沈德潛《國朝詩鈔》之不足。有乾隆三十二年（1767）詒燕樓、光緒十三年（1887）汗青簃等刊本。

國朝六家詩鈔

錫山劉執玉復燕選　門人許庭堅麟石 鄒容成雲瞻 參閱

宋琬

字玉叔別號荔裳山東萊陽人順治丁亥進士官四川按察使著有安雅堂集荔裳早登仕籍中年為怨家告訐逮繫詩室故詩多沉痛語後以川臬入覲卒於京師全稿散失僅於安雅堂初刻及拾遺集中管窺一斑然氣骨風度已可見其大凡矣茲錄其詩為一卷

先大夫諱日萬壽寺禮佛因示諸生

依依簷際燕嗷嗷林間烏經營哺其兒毛傷尾畢逋人生非空桑二人誰則無匹庶有至性剡乃賢哲徒孝筍與甘泉感格良非誣義和無停策倏忽及桑榆榮名一不早回首空嗟吁生[illegible]酒一盃紫綍與丹

101

古文淵鑒六十四卷

清聖祖玄燁選，（清）徐乾學等編注，清康熙二十四年（1685）刻本，十六册。半葉九行，行二十字，小字雙行同，四周單邊，黑口，雙黑魚尾，框高18.9厘米，寬13.3厘米。

清聖祖仁皇帝愛新覺羅·玄燁（1654—1722），清朝第四位皇帝，清朝入關後第二位皇帝。年號爲康熙，故稱康熙帝，爲歷史上在位時間最長的帝王。康熙帝既是一位雄才大略的政治家，還是一位博學多才的科學家。康熙帝一生苦研儒學，設館纂修《明史》，組織編有《全唐詩》《古今圖書集成》《佩文韵府》《康熙字典》等有重要價值的書。

徐乾學（1631—1694），字原一，號健庵，江蘇昆山人。清代學者、藏書家。清康熙進士，侍講學士、内閣學士。官至左都御史、刑部尚書。曾充《明史》總裁官，主持編修《大清一統志》《清會典》及《古文淵鑒》等。又搜集歷代學者解經之書，匯爲《通志堂經解》。藏書極富，家有“傳是樓”，乃中國藏書史上著名的藏書樓。另著《讀禮通考》《傳是樓書目》《憺園集》等。

此書是集歷代散文爲一書的文學總集，清康熙二十四年（1685）成書，六十四卷，約一百萬字，冠有選者自序及總目。選録上起春秋、下至宋末的文章，包括詒、表、書、議、奏、疏、論、序諸體文等共1324篇。有康熙帝的逐篇品評，名物訓詁各有箋釋，并附前人評語。卷一至八爲周文，卷九至二十爲秦、漢文，卷二十一至二十八爲三國、晋、宋、齊、梁、陳、北魏、北齊、北周、隋文，卷二十九至四十一爲唐、五代文，卷四十二至六十四爲宋文。該書收文較富，有文學史料價值。有朱筆圈點、眉批，有康熙御製古文淵鑒序，爲清康熙二十四年（1685）內府古香齋四色套印本。

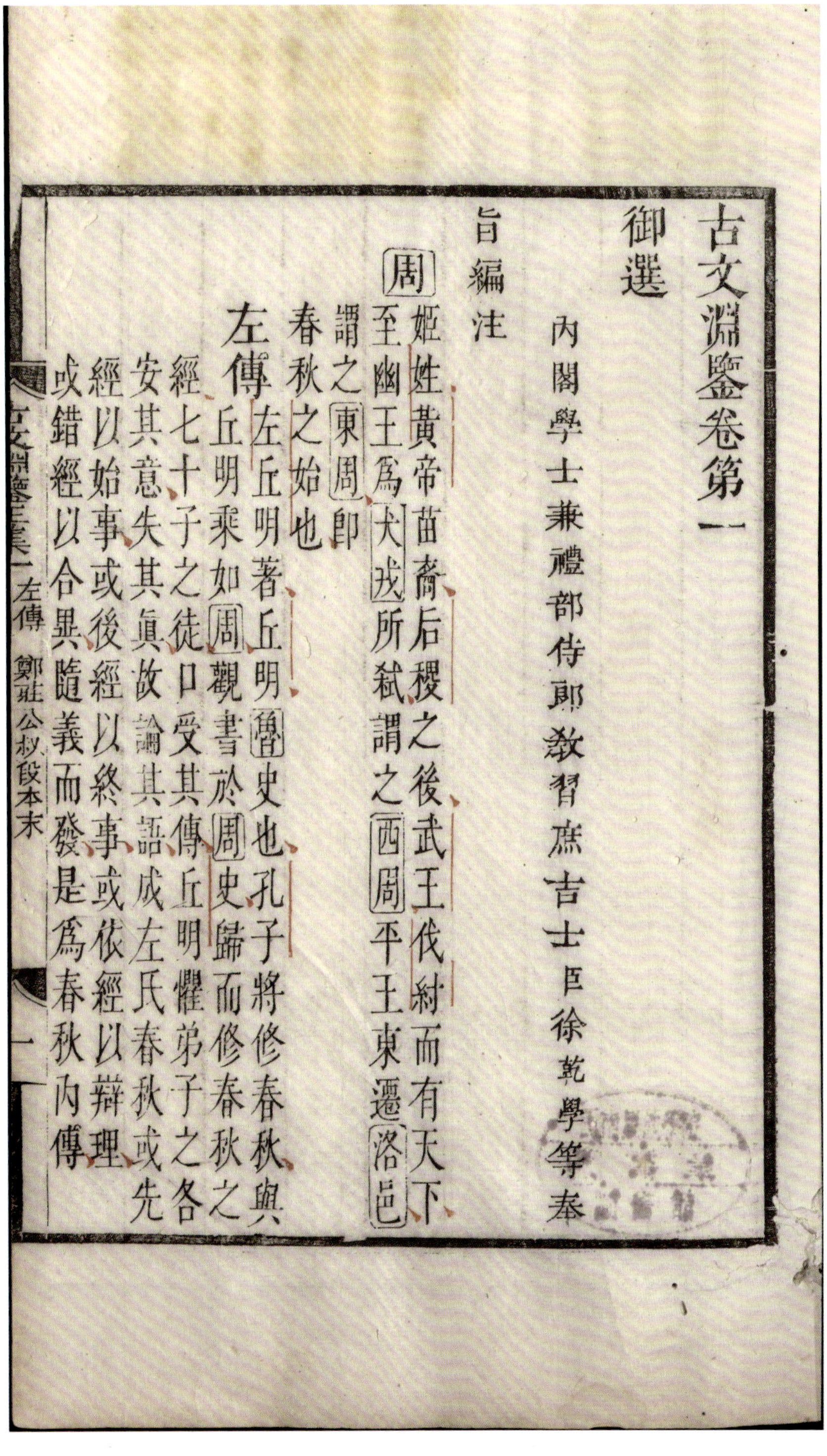
古文淵鑒卷第一

御選

內閣學士兼禮部侍郎教習庶吉士臣徐乾學等奉

旨編注

周姬姓黄帝苗裔后稷之後武王伐紂而有天下至幽王爲犬戎所弑謂之西周平王東遷洛邑謂之東周即春秋之始也

左傳 左丘明著丘明魯史也孔子將修春秋與丘明乘如周觀書於周史歸而修春秋之經七十子之徒口受其傳丘明懼弟子之各安其意失其眞故論其語成左氏春秋或先經以始事或後經以終事或依經以辯理或錯經以合異隨義而發是爲春秋內傳

古文淵鑒卷一 左傳 鄭莊公叔段本末 一

102

文苑英華選六十卷

（清）宫夢仁選，清康熙四十三年（1704）刻本，二十册。半葉九行，行二十四字，小字雙行同，白口，雙黑魚尾，左右雙邊，框高18.6厘米，寬10.6厘米。

宫夢仁（1623—1713），原名宗，字兖宗，號定山，宫偉鏐子，江蘇泰州人。清康熙官員、著名學者。廪監生，康熙八年（1669）順天府舉人。康熙九年（1670）會試第一，康熙十二年（1673）殿試二甲第五名進士，授翰林院庶吉士，歷任御史、河南督糧道、湖北驛鹽道、山東提學副使、通政使司右參議、右副都御史、福建巡撫等。晚年閉門却掃，日事著述，有自訂文集100卷，并編有《文苑英華選》等。所編《讀書紀數略》54卷，奉旨刊刻行世。

《文苑英華》是北宋四大書之一，南朝梁至唐五代詩文總集。係宋太宗命館閣文臣李昉、徐鉉、宋白及蘇易簡等二十餘人共同編纂而成。該書于太平興國七年（982）九月開始纂修，至雍熙三年（986）十二月完成。當時未即刊印。南宋時期，政治家、文學家周必大等奉宋孝宗之命重新校勘并刻印了《文苑英華》，于南宋嘉泰四年（1204）刊行。後世出現的幾乎所有版本，均以周必大的宋刊本爲祖本。全書上起蕭梁，下訖唐五代，選録作家近二千二百人，它收録了兩萬餘篇先唐及唐代的詩文，其中唐代詩文占十分之九，可謂卷帙浩繁，是唐代詩文寶庫。此書爲宫夢仁以周必大之刊本爲底本擇取精華而成，内收賦、詩、樂府、騷等各體文章，皆爲佳篇妙語點睛之作，閲之勝睹全貌。

文苑英華選卷之一

瀛州 宮夢仁定山 手訂

天賦

彼蒼者天成形物先初鴻濛以質判漸輕清而體圓生五材以亭毒運六氣以陶甄故使晦明相繼寒暑遞遷遠眺其原兮亦極之無極近詳其理兮固玄之又玄諒神功之罕測實靈造之自然徒觀其潛化不言惟德是輔列九野而爲號峙八山而爲柱其爲道也或比之以張弓其入夢也或方之於漱乳憫鄒衍

103

金詩選四卷

（清）顧奎光輯，（清）陶玉禾評，清乾隆十六年（1751）刻本，四册。半葉十行，行十九字，小字雙行同，白口，單黑魚尾，左右雙邊，框高16厘米，寬13.2厘米。

顧奎光（？—1764），字星五，江蘇無錫人，乾隆十五年（1750）進士。歷官湖南瀘溪、桑植知縣。救灾荒，勸農桑，頗著政績。博學多識，于經尤長《春秋》。著有《春秋隨筆》《然疑録》，輯有《金詩選》《元詩選》，纂有《瀘溪縣志》《桑植縣志》。

此書是金代詩總集，卷首有顧奎光寫于乾隆十六年（1751）的序、陶玉禾的例言。此後是《金詩選名字爵里録》，將入選詩人的小傳集中于此。四卷所選詩人，基本按活動時代先後爲序，有關的評語均置于書眉。《金詩選》共選録金代詩人122家，收詩389首。陶玉禾在例言中說："金詩有本色。其華贍不及元人，然蒼莽悲凉不爲嫵媚，行墨間自露幽并豪杰之氣。"這是選輯者對金詩總的看法，也是本書選詩的準繩。《金詩選》選評結合，陶玉禾的評點多從鑒賞角度切入，以氣韵風格、謀篇布局、詩歌技巧爲主，目的就是爲了引導讀者更好地閱讀和欣賞詩篇。

起法陡峭造語亦險

金詩選卷一

無錫顧奎光星五選輯　陶玉禾昆穀參評

宇文虛中 三首

過居庸關

奔峭。從天拆。懸流赴壑清。路回穿石細。崖裂與藤爭。花已從南發。人今又北行。節旄都落盡。奔走愧平生。

郊居

104 文選音義八卷

（明）余蕭客撰，清乾隆二十三年（1758）静勝堂刻本，四册。半葉八行，行十九字，小字雙行同，白口，無魚尾，四周雙邊，框高16.9厘米，寬11.7厘米。

余蕭客（1732—1778），字仲林，號古農，長洲（今江蘇蘇州）人。清學者、詩人。爲惠棟弟子，清代樸學吴派重要成員，于經學、小學均有深入研究，著述爲世所重。工詩，《晚晴簃詩彙》稱其“詩格幽秀”。著有《古經解鈎沉》《文選紀聞》《文選音義》《選音樓詩拾》。

《文選》又名《昭明文選》，是一部由南朝梁昭明太子蕭統選出來的詩文總集，其中收羅了從先秦到隋的作品514題，涉及作者130家，系統地展現了梁代以前的文學成就，是中國現存最早的詩文總集。此書是余蕭客對《昭明文選》語詞作的音義解釋，不僅繼承隋唐文選音義的方法和内容，而且以辯證的眼光來看待其研究成果，確立校正補遺的編纂宗旨。《文選音義》是清初《文選》音義研究專著的先鋒，對後世音義學發展産生重要影響。

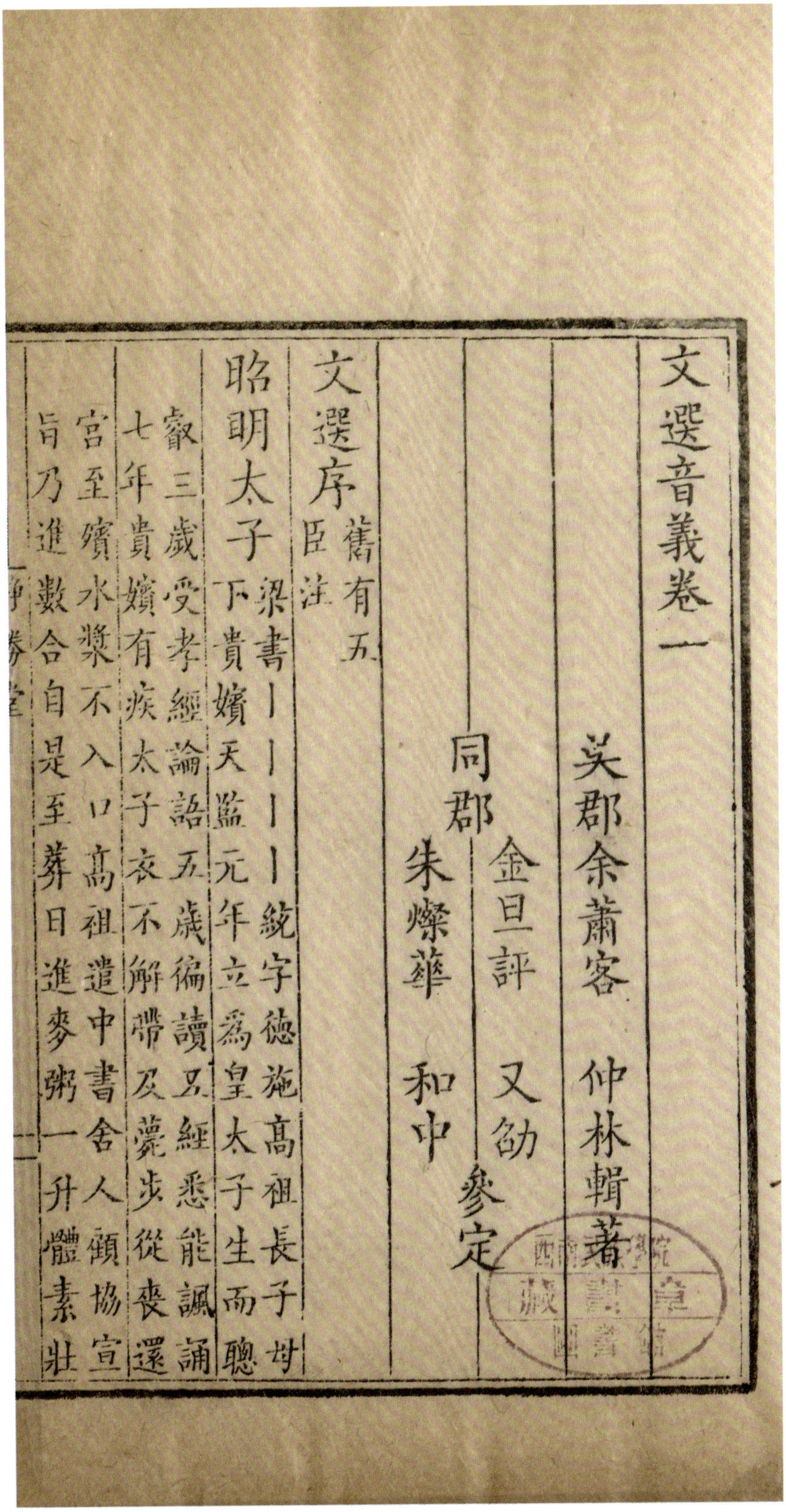

文選音義卷一

吳郡余蕭客仲林輯著

同郡金曰評又劬 朱燦華和中 參定

文選序 舊有五臣注

昭明太子 梁書｜｜｜｜統字德施高祖長子母丁貴嬪天監元年立為皇太子生而聰叡三歲受孝經論語五歲徧讀五經悉能諷誦七年貴嬪有疾太子衣不解帶及薨步從喪還宮至殯水漿不入口高祖遣中書舍人顧協宣旨乃進數合自是至葬日進麥粥一升體素壯

105

古詩箋三十二卷

（清）王士禛選，（清）聞人倓箋，清乾隆三十一年（1766）芷蘭堂刻本，二十册，存三十一卷（一至十七、一至十一、十三至十五）。半葉十行，行二十一字，小字雙行同，白口，單黑魚尾，左右雙邊，框高17.1厘米，寬13.6厘米。

王士禛（1634—1711），字子真，一字貽上，號阮亭，别號漁洋山人，山東新城（今桓臺）人，清著名文學家，順治進士，授揚州府推官，遷禮部主事，歷充經筵講官、國史副總裁，纍官刑部尚書。其詩多抒寫個人情懷。擅長各體，尤工七律。在當時負有盛名，門生甚衆。也工詞，風格婉麗。著有《帶經堂集》《漁洋詩文集》等數十種。

王士禛是清初的詩壇盟主，其《古詩選》，意在闡明古今五、七言詩的流變，可視爲體現他的詩歌理論的一部範本。全書三十二卷：五言古詩十七卷、七言古詩十五卷。五言，自漢魏六朝以下，唐代唯載陳子昂、張九齡、李白、韋應物、柳宗元五人。七言古詩所選範圍較廣，不以時代爲限，對古歌以至元代作品均有選録。大旨以杜甫爲主，宋金元各代，善學杜者則取之。聞人倓經二十餘年的搜求鈎稽，傾注畢生精力箋注王氏此書，對作品有關的時代背景和本事等多有闡釋，對詩中難理解的字句和段落，也作了扼要的疏解。

五言詩卷一

王阮亭先生選本　　雲間聞人倓訥甫箋

漢

無名氏

古詩十九首（按十九首非一人一時作徐孝穆以行行重行行青青河畔草西北有高樓涉江采芙蓉庭中有奇樹迢迢牽牛星東城高且長明月何皎皎爲枚乘作劉勰以孤竹一篇爲傳毅之辭昭明以失其姓氏統名爲古詩從文選爲是）

行行重行行　與君生別離（吳伯其說選詩首言行行遠也再言行行久也楚辭悲莫悲兮生別離）相去萬餘里　各在天一涯（涯音宜廣雅涯方也）道路阻且長　會面安可知（一作期毛詩道阻且長）胡馬依北風　越鳥巢南枝（韓詩外傳代馬依北風飛鳥棲故巢按來自北故依北風出於南故巢南枝皆不忘故土也張庚古詩十九首

古詩箋　卷一　一　芷蘭堂

106

瀛奎律髓刊誤四十九卷

（元）方回原撰，（清）紀昀批點，清嘉慶五年（1800）李光垣刻本，八册。半葉十行，行十九字，小字雙行同，白口，雙黑魚尾，左右雙邊，框高16.5厘米，寬13.4厘米。

方回（1227—1306？），字萬里，號虚谷，徽州歙縣（今屬安徽）人，寓居杭州。早年爲郡守魏克愚幕賓，宋景定三年（1262）以别院省元登第，調隨州教授。官至嚴州知府，任建德路總管。罷官後，往來杭、歙間。能詩，亦善書翰。曾評選唐宋以來律詩，編爲《瀛奎律髓》。著有《桐江集》《續古今考》等。

此書爲元代詩選與詩評相結合的詩論著作，49卷，書前有序。此書既是一部有一定代表性的唐宋五、七言律詩總集，又是元代較爲重要的一部詩話。依詩所寫内容分爲49類：登覽、朝省、懷古、風土、升平、宦情、風懷、宴集、老壽、春日、夏日、秋日、冬日、晨朝、暮夜、節序、晴雨、茶、酒、梅花、雪、月、閑適、送别、拗字、變體、著題、陵廟、旅況、邊塞、宫閫、忠憤、山岩、川泉、庭宇、論詩、技藝、遠外、消遣、兄弟、子息、寄贈、遷謫、疾病、感舊、俠少、釋梵、仙逸、傷悼。編者對每一分類，都作了説明。每類1卷，共3092首。本書專選唐宋兩代的五、七言律詩，故名“律髓”。共選唐代作家180多人、宋代作家190多人。清代中葉，紀昀撰《瀛奎律髓刊誤》。紀氏書另有清道光刊本。

紀批
運用四地名不覺堆垛得力在以度

瀛奎律髓刊誤卷一

宋紫陽方虛谷先生原選
河間紀曉嵐先生批點

登覽類

登高能賦於傳識之名山大川絶景極目能言者衆矣拔其尤者以充雋永且以爲諸詩之冠

五言 二十首

是書例不書作者之名伯玉書名例不畫一 約齋識

度荆門望楚 陳子昂

遥遥去巫峽望望下章臺巴國山川盡荆門煙霧

107

宋詩選二十卷

（清）吴曹直、儲右文選輯，清康熙二十六年（1687）刻本，六冊。半葉十行，行二十一字，黑口，雙黑魚尾，四周雙邊，框高18厘米，寬13.1厘米。

吴曹直，字以巽，宜興人。書室名“鋤經堂”，康熙十七年舉人，官韓城縣令，著有《恭受堂文集》。

儲右文（1659—1726），字雲章，號素田，宜興人，康熙丁巳（1677）科順天舉人，官京山令，有吏聲，書室名“存齋”，著有《敬義堂集》。

此書二十卷，以體分次，收宋代詩人320家，詩歌3598首，其中五古380首、七古505首、五律709首、七律1135首、五絶106首、七絶702首、六絶18首、五排23首、七排9首。《宋詩選》收詩較多，但文獻來源却較爲狹窄，主要有吕留良等《宋詩鈔》、吴綺《宋金元詩永》、楊億《西昆酬唱集》、金履祥《濂洛風雅》、楊慎《升庵詩話》，梅堯臣、王安石、蘇東坡、陸游、謝翱、鄭思肖六家則主要參考各人全集。《宋詩選》試圖借鑒《宋詩鈔》和《宋金元詩永》二者，收詩數量折衷于兩者之間，選詩標準上則接受《宋詩鈔》“以宋存宋”的原則，以客觀展示宋詩源流爲目的，但對《宋詩鈔》的粗豪理率之弊亦多有糾正。

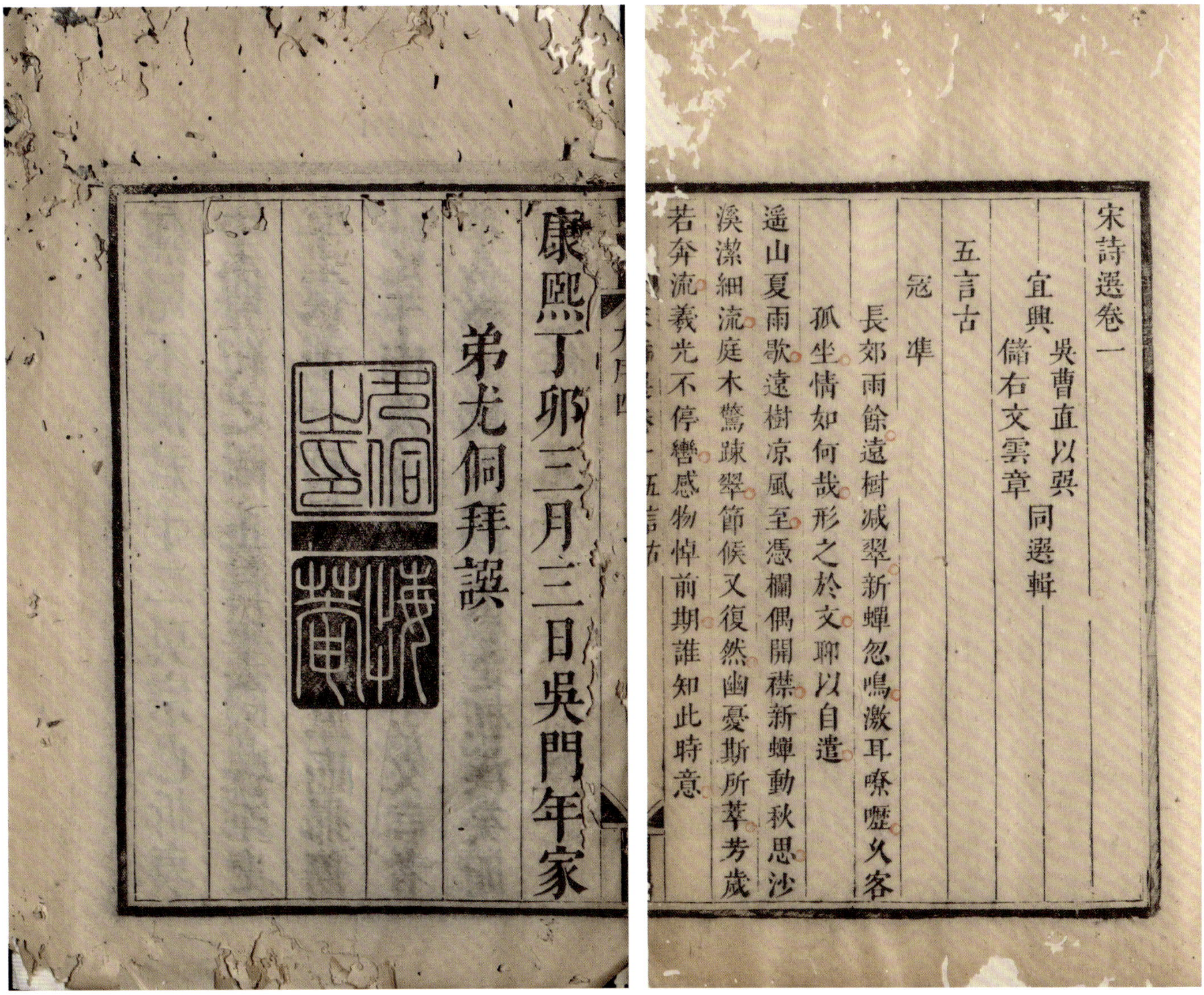

康熙丁卯三月三日吳門年家弟尤侗拜譔

宋詩選卷一

宜興 吳曹直以巽

儲右文雲章 同選輯

五言古

寇準

長郊雨餘遠樹減翠新蟬忽鳴激耳嘹嚦久客孤坐情如何哉形之於文聊以自遣

遥山夏雨歌遠樹凉風至憑欄偶開襟新蟬動秋思沙溪潔細流庭木驚踈翠節候又復然幽憂斯所萃芳歲若奔流義光不停轡感物悼前期誰知此時意

108

全唐詩九百卷目録十二卷

（清）曹寅、彭定求等輯，清康熙四十四年至四十六年（1705—1707）揚州詩局刻本，十二函一百二十册。半葉十一行，行二十一字，小字雙行字不同，白口，雙黑魚尾，左右雙邊，框高16.5厘米，寬11.7厘米。

曹寅（1658—1712），字子清，號荔軒，又號楝亭，又號雪樵，内務府正白旗包衣，清康熙時大臣、皇商。曹寅十六歲時入宫爲康熙鑾儀衛，清康熙二十九年任蘇州織造，三年後移任江寧織造。清康熙六次南巡，其中四次住曹寅家。

彭定求（1645—1719），字勤止，又字南畇，江蘇長洲（今蘇州）人，康熙進士，授修撰，歷官侍講。著有《南畇文稿》等多種。

此書分十二函：子、丑、寅、卯、辰、巳、午、未、申、酉、午、亥，每函十册，包括詩四萬八千九百餘首，凡二千二百餘人，共計九百卷，目録十二卷。此書架構，在明代胡震亨《唐音統籤》和清代季振宜《唐詩》的基礎上，旁采殘碑、斷碣、稗史、雜書，拾遺補缺，巨細靡遺。全書以帝王、后妃作品列首，樂章、樂府次之，又以年代爲限，列出唐代詩人，附以作者小傳。接着是聯句、逸句、名媛、僧、道士、仙、神、鬼、怪、夢、諧謔、判、歌、讖記、語、諺謎、謡、酒令、占辭、蒙求，最後爲補遺、詞綴。

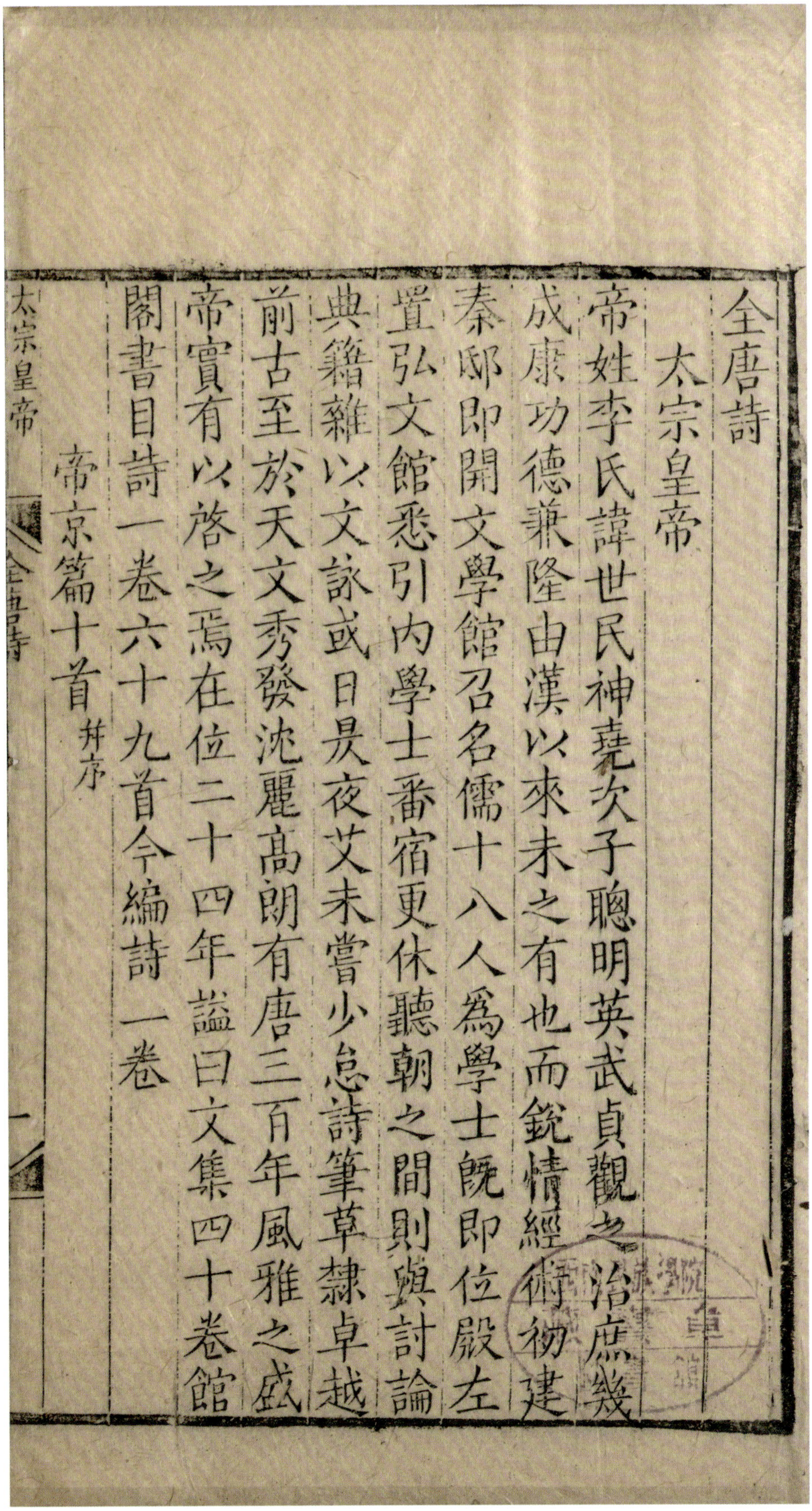

全唐詩

太宗皇帝

帝姓李氏諱世民神堯次子聰明英武貞觀之治庶幾成康功德兼隆由漢以來未之有也而銳情經術初建秦邸即開文學館召名儒十八人爲學士旣即位殿左置弘文館悉引內學士番宿更休聽朝之間則與討論典籍雜以文詠或日昃夜艾未嘗少息詩筆草隸卓越前古至於天文秀發沈麗高朗有唐三百年風雅之盛帝實有以啓之焉在位二十四年謚曰文集四十卷館閣書目詩一卷六十九首今編詩一卷

帝京篇十首 并序

太宗皇帝 全唐詩 一

109

唐詩成法十二卷

（清）屈復撰，清乾隆二十九年（1764）弱水草堂刻本，二册，存五卷（一至五）。半葉九行，行十九字，小字雙行同，白口，單黑魚尾，左右雙邊，框高17.8厘米，寬14.5厘米。

屈復（1668—？），字見心，號金粟，晚號悔翁。蒲城（今屬陝西）人。清詩人。十九歲童子試第一，棄去，遍游齊楚吴越間，後轉徙至京師，以詩學教授弟子。博學多聞，詩歌流變、天文、曆算、經史，無不精通。乾隆元年舉博學鴻詞科，辭不就。著有《弱水集》《玉溪生詩意》《楚辭新注》《杜工部詩評》《唐詩成法》等。

此書爲清代屈復編寫的一部詩總集。十二卷，專選唐人五、七言律詩。前有劉藻和吴家龍各寫的序文共二篇，講述了此書的編選過程。又有編者自寫的《凡例》，其中談到了選詩的標準。收唐人律詩分體編排，計五律五卷、七律七卷，每體中再按時代先後排列。編者序稱：上古詩歌神明變化，似無所謂法，漢魏古詩奇正相生，有法若無法，至唐人近體穩順聲律，而法密可學。此書專選唐人律詩，以初、盛唐詩入選較多，但中、晚唐詩也不偏廢。而以有無詩法爲取捨標準，不加箋注，詩後都有評語，多在章法結構的評述上，有時也評詩人，態度比較平和審慎。對于好的詩句或詩眼，都以圈點標出。

唐詩成法卷一　五言律　壬戌重陽河西務阻風舟中再閱

蒲城金粟老人屈復撰

順德梁善長崇一重閱

同邑後學　趙名達實若　單極星南　郭鄰海君寶　楊本洽淡菴　叅校

唐明皇帝

經魯祭孔子而歎之

夫子何爲者栖栖一代中地猶鄹氏邑宅即魯王宮歎鳳嗟身否傷麟怨道窮今看兩楹奠當與夢

110

彦周詩話一卷

（宋）許顗撰，明崇禎間毛氏汲古閣刻《津逮秘書》本，全一册。半葉八行，行十九字，白口，無魚尾，左右雙邊，框高18.9厘米，寬13.7厘米。

許顗（生卒年不詳），字彦周，襄邑（今河南睢縣）人。事迹失考，僅知宋高宗紹興間爲永州軍事判官。紹興十八年（1148）又曾與何麒游陽華岩。著有《彦周詩話》。

此書又稱《許彦周詩話》。是南北宋之交一部重要的詩話著作。一卷，一百三十八條，成于高宗建炎二年。書前小序講："詩話者，辨句法，備古今，紀盛德，録异事，正訛誤也。"該書不僅在詩話内容上較前人有所擴大，而且提出了撰寫詩話應有嚴肅認真的態度。《四庫全書簡明目録》認爲：此書"其論詩宗元祐之學，故所述蘇、黄緒論爲多。其品第諸家，頗爲有識"。許顗論詩，持論平穩，主張"論道當嚴，取人當恕"，指出詩有"《春秋》法"，推許杜牧的詠史詩，贊揚"老杜似司馬遷"，稱歐陽修詩"能破萬古毁譽"。作者諸多議論頗見獨到。然書中雜以神怪夢幻，體近小説。《四庫全書總目》稱此書"瑕少瑜多，在宋人詩話之中，猶善本也"。其廣博深邃的詩學理論對後世産生了深遠的影響。

彥周詩話

宋襄邑許　顗彥周撰
明海虞毛　晉子晉訂

詩話者辨句法備古今紀盛德錄異事正訛誤也若含譏諷著過惡誚紕繆皆所不取僕少孤苦而嗜書家有魏晉文章及唐詩人集僅三百家又數得奉教聞前輩長者之餘論今書籍散落舊學廢忘其能記

彥周詩話　汲古閣

111 紫薇詩話一卷

（宋）吕本中撰，（明）毛晋訂，明崇禎間毛氏汲古閣刻《津逮秘書》本，全一册。半葉八行，行十九字，小字雙行同，白口，無魚尾，左右雙邊，框高18.9厘米，寬13.7厘米。

吕本中（1084—1145），原名大中，字居仁，號紫薇，學者稱東萊先生。壽州（今安徽壽縣）人。南宋學者，江西詩派著名詩人。紹興進士，曾任起居舍人、太常少卿、中書舍人、兼權直學士院等職。因唐代曾改中書省爲紫微省，故學者亦多稱其爲吕紫微。其詩頗受黄庭堅、陳師道影響，後學李白、蘇軾，風格尚稱明暢。著有《東萊先生詩集》《紫薇詩話》《江西詩社宗派圖》。後人輯有《紫薇詞》。

此書一卷，共九十條，主要記述吕氏家世舊聞及江西詩派軼事，經義雜文亦偶有涉及。論詩祇限于詩句品評。其論詩美學觀點，基本傾嚮于江西詩派。

紫薇詩話

宋東萊呂本中居仁撰

明海虞毛　晉子晉訂

晁伯禹載之學問精確少見其比嘗作昭靈夫人祠詩云殺翁分我一杯羹龍種由來事杳冥安用生兒作劉秀暮年無骨葬昭靈

晁知道詠之西池唱和詩有旌旗太一三山外車馬長楊五柞中柳外雕鞍公子醉水邊紈扇麗

112 二老堂詩話一卷

（宋）周必大撰，明崇禎間毛氏汲古閣刻《津逮秘書》本，全一册。半葉八行，行十九字，小字雙行同，白口，無魚尾，左右雙邊，框高18.9厘米，寬13.7厘米。

周必大（1126—1204），字子充，一字洪道，自號平園老叟。吉州廬陵（今江西吉安人）。南宋大臣、著作家。紹興二十一年（1151）進士及第，中博學宏詞科，授徽州户曹。歷官中書舍人、權給事中、兵部侍郎、樞密使等職。孝宗淳熙十四年（1187）拜右丞相。光宗時封益國公。後又詔以觀文殿大學士出判潭州（今湖南長沙）。慶元初，以少傅致仕。著作繁富，有《玉堂類稿》《玉堂雜記》《二老堂詩話》等，後人彙編爲《益國周文忠公全集》等。

此書爲周必大論詩之語，凡四十六條，題各成篇，約完成于慶元四年（1198）之後，原收入其《平園集》中，後人録出單行。周必大學問博洽，熟于掌故，所論多依據于考證，其内容大都言之有據，如“王禹偁不知貢舉”“劉禹錫淮陰行”“杜詩元日至人日”“木芙蓉詩”等條，對涉及詩歌的事實、字句、名物的考據極爲精審，糾正了《竹坡詩話》《玉壺清話》等書的錯誤。雖然也偶有疏漏錯謬，但論歷代詩作，見識通達，多有精到之論。有《津逮秘書》本、《歷代詩話》本、《益公全集》本、《四庫全書》本等。

二老堂詩話

宋廬陵周必大子充撰
明海虞毛　晉子晉訂

陶淵明山海經詩

江州陶靖節集末載宣和六年臨溪曾紘謂靖節讀山海經詩其一篇云形夭無千歲猛志固常在疑上下文義不貫遂按山海經有云刑天獸名口銜干戚而舞以此句為刑天舞干戚因筆畫相近

二老堂詩話
汲古閣

113 詩人玉屑二十卷

（宋）魏慶之輯，清初刻本，八册。半葉十一行，行二十一字，黑口，雙黑魚尾，四周雙邊，框高18.3厘米，寬12.5厘米。

魏慶之（生卒年不詳），約宋理宗嘉熙末前後在世，字醇甫，號菊莊，南宋建安（今屬福建）人。富有文才，他一生與當時文人騷客廣泛交往，無意仕途。著有《詩人玉屑》。

此書用輯録體的形式，收録選輯了以南宋爲主的諸家先賢論詩之短札談片，評論的對象上自《詩經》《楚辭》，下訖南宋諸家短札和談片，是宋人詩話的集成性選編。卷一至十一以事爲綱，論詩藝、體裁、格律及表現方法等，重視詩歌理論和詩歌作法；十二卷以後以人爲綱，品評歷代詩人詩作，大體以時代爲序。魏慶之的輯録，并非大段地抄録和摘取，而是將其“有補于詩道者”，根據他自己對詩歌理論的見解，以詩格和作法分類，排比成卷，滲透了他對詩的形成、體裁、韵律及歷史詩作的看法。該書乃南宋最後一本詩話彙編，是宋詩話中較著名和規模較大的一種，和北宋胡仔的《苕溪漁隱叢話》齊名，二書互相參證，大致可見宋人詩話發展的輪廓。此書成書于宋末理宗時，宋代即有刻本。明、清有多種刻本，與宋本大體無异，但間有闕訛。此書早期有作十卷本，但後來通行本爲二十卷。

詩人玉屑卷之一

詩辨第一

滄浪謂當學古人之詩

夫學詩者以識爲主入門須正立志須高以漢魏盛唐爲師不作開元天寶以下人物若自生退屈即有下劣詩魔入其肺腑之間由立志之不高也行有未至可加工力路頭一差愈騖愈遠由入門之不正也故曰學其上僅得其中學其中斯爲下矣又曰見過於師僅堪傳授見與師齊減師半德也工夫須從上做下不可從下做上先須熟讀楚詞朝夕諷詠以爲之本及讀古詩十

114

碧溪詩話十卷

（宋）黄徹著，清乾隆刻本，全一册。半葉九行，行二十一字，白口，單黑魚尾，四周雙邊，框高18.7厘米，寬12.2厘米。

黄徹（1093—1168），字常明，號太甲，晚號碧溪居士。莆田（今福建莆田縣）人。宋文學家。歷任辰溪縣丞、沅州軍事判官、嘉魚縣令、平江縣令等。學問優厚，志度淵深，詩文著作頗豐，均已佚，僅存《碧溪詩話》傳世。

此書爲宋代重要的詩話。品評諸家之詩，極崇杜甫。宋孝宗朝名相陳俊卿作序。是宋代一部有獨特見解的詩論，廣受歷代文人士子贊譽。該書主張作詩不尚雕華，其去取以“輔名教”、“存風雅”爲準繩。《四庫全書總目提要》指出：“（黄）徹論詩大抵以風教爲本，不尚雕華。然徹本工詩，故能不失風人詣，非務以語録爲宗，使比興之義都絶者。”“在宋人詩話之中，故不失爲善本焉。”給予極高的評價。現存宋嘉泰刊本、《學海類編》本、《四庫全書》本、《歷代詩話續編》本等。

碧溪詩話卷一

宋　黃　徹　撰

漢高祖置酒沛宮酒酣擊筑自歌曰大風起兮雲飛揚威加海內兮歸故鄉安得猛士兮守四方時帝有天下已十三年當思耆艾賢德與共維持獨耑意猛士何哉豈馬上三尺嫚罵餘態未易遽革耶治道終以霸雜蓋有由然其前年下詔曰賢士大夫吾能尊顯之是年下詔曰與天下之豪士賢大夫同安輯之竊謂播告之詞乃秉筆代言非若耳熱之歌乃中心所欲也

115

詞綜三十卷補遺八卷

（清）朱彝尊、汪森輯，清康熙十七年（1678）刻本，八册。半葉十行，行二十一字，小字雙行同，黑口，單黑魚尾，左右雙邊，框高18.4厘米，寬14.2厘米。

朱彝尊（1629—1709），字錫鬯，號竹垞，又號金風亭長、小長蘆釣魚師，秀水（今浙江嘉興）人。清代詞人、學者。康熙十八年（1679）舉博學鴻詞科，授翰林院檢討，入直南書房，曾參加纂修《明史》。專心治學，通經學，擅考據，工詩，當時與王士禛并稱南北兩大詩人。尤長于詞，是清初浙西詞派的創始人。在詞壇上與以陳維崧爲代表的陽羨派并峙稱雄。著作有《日下舊聞》《經義考》《静志居詩話》《曝亭詩文集》《曝書亭詞》《明詩綜》等。

汪森（1653—1726），字晋賢，號碧巢，桐鄉（今屬浙江）人。清文學家、詞論家。清康熙拔貢，官廣西桂林府通判，纍遷户部江西司郎中。著有《小方壺存稿》《裘杼樓詩稿》《桐扣詞》等。

此書由朱彝尊選輯唐、五代、宋、金、元諸家詞二十六卷，由汪森增補四卷，于康熙十七年（1678）成書。全書收録唐、五代、宋、金元詞二千二百五十多首，作者六百五十多家。以時代先後爲序，列有作者小傳，間附宋、元人評語，是一部體現浙西詞派宗旨、兼及“博采”的規模較大的重要詞集，也是中國詞學的一個重要選本，對清代詞的發展和詞風的改變，有着重大的影響。

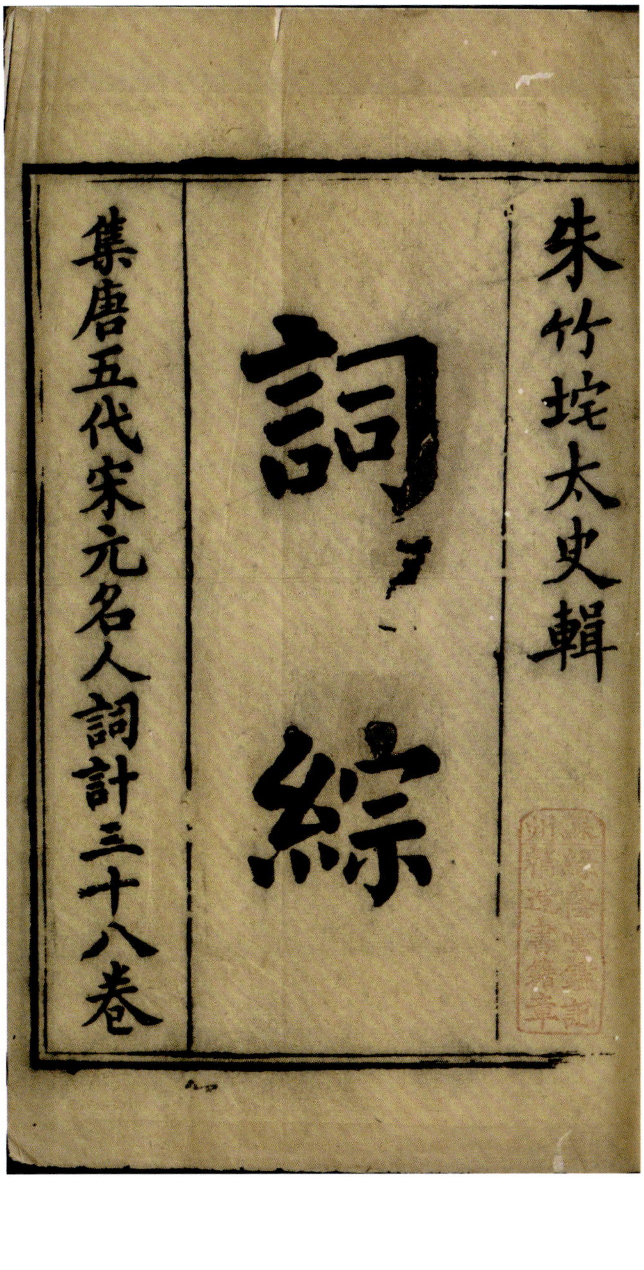

朱竹垞太史輯

詞綜

集唐五代宋元名人詞計三十八卷

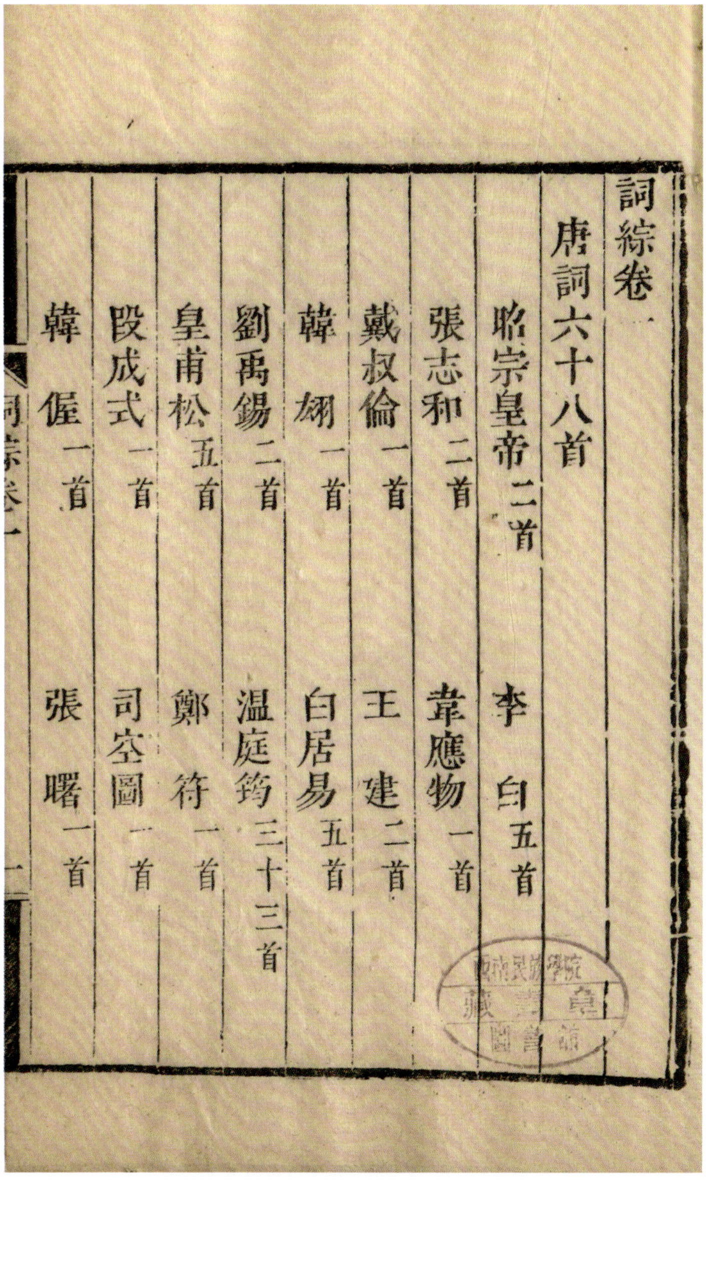

詞綜卷一

唐詞六十八首

昭宗皇帝二首　李白五首

張志和二首　韋應物一首

戴叔倫一首　王建二首

韓翃一首　白居易五首

劉禹錫二首　温庭筠三十三首

皇甫松五首　鄭符一首

段成式一首　司空圖一首

韓偓一首　張曙一首

詞綜卷一　二

116

明詩綜一百卷

（清）朱彝尊選録，汪森等輯評，清康熙刻本，三十二册。半葉十一行，行二十一字，小字雙行同，白口，單黑魚尾，左右雙邊，框高19厘米，寬14.4厘米。

朱彝尊（1629—1709），字錫鬯，號竹垞，晚號小長蘆釣魚師，又號金風亭長，秀水（今浙江嘉興）人。清文學家、學者。康熙年間舉博學鴻詞科，以布衣入選，授翰林院檢討，入直南書房，參加編修《明史》。曾出典江南省試。後歸故里，專心從事著述。朱氏博通經史，能詩詞古文。詩與王士禛齊名，時稱“南朱北王”。詞名則與陳維崧并駕，號爲“朱陳”。著有《曝書亭集》《日下舊聞》《經義考》，輯有《明詞綜》《詞綜》等。

此書是一部明代詩歌總集，收録明初洪武至明末崇禎詩人以及明亡後遺民及殉節大臣共3400餘人的作品。附有作家小傳及其友人汪森、朱端等人的分卷輯評，并附自著《静志居詩話》。不按詩體分卷，而按人物編排，首帝王、后妃，次大臣、宫掖、閨門、外臣、釋子、妓女等，末爲雜謡歌詞。選詩最多者有劉基一百〇四首、高啓一百三十八首，均獨占一卷。一般小家也選入一兩首。書中收有大量明末殉節之臣及遺民之詩，多涉及社會、政治，對于研究晚明歷史頗具參考價值。所選作者，略述其生平，并有諸家評論，體例近《全唐詩》，均爲研究明代詩歌的珍貴資料，能較好反映明詩各流派特點。全書的重點在于按時代先後排列諸家詩，從中可以看到明代詩風與流派的嬗變之迹，是明代社會史、政治史、文化史的一部活教材。

明詩綜卷一上

小長蘆 朱彝尊 錄
休陽 汪 森 緝評

太祖高皇帝 三首

帝諱元璋姓朱氏字國瑞濠之鍾離東鄉人元至正十一年辛卯起兵丁未稱吳元年戊申建元洪武在位三十一年崩葬孝陵在應天府治東北鍾山之陽永樂元年上尊謚曰聖神文武欽明啓運俊德成功統天大孝高皇帝廟號太祖嘉靖十七年改上尊謚曰開天行道肇紀立極大聖至神仁文義武俊德成功高皇帝有御製詩集五卷

117

歷朝名媛詩詞十二卷

（清）陸昶評選，清乾隆三十八年（1773）吴門陸氏紅樹樓刻本，十册。半葉九行，行十九字，白口，無魚尾，左右雙邊。框高16.1厘米，寬12.3厘米。

陸昶（生卒年不詳），字細文，吴縣人（今江蘇吴縣）。

此書共十二卷，此編前有宋思敬、程琰、王鳴盛、陸昶序，凡例。自選上自漢代下訖遼元名媛所作。内收王嬙、蔡琰、魚玄機、薛濤、李清照等漢至元間兩百餘位名媛的詩詞，共録詩六百三十一首、詞六十七首。其體例按朝代次序排列，詩詞前附名媛綉像，共五十七幅，每選詩詞，必先繫小傳，共有小傳二百四十三種，末則略綴評論，以助讀者對作者本人有所瞭解。其選録原則是“以詩存人”而非“以人存詩”，故上下兩千年，閨帙盡采無遺。搜羅甚富，抉擇較精，是研究婦女史及古代婦女詩詞之不可缺少的寶貴材料。最早爲清有耀齋王氏刻本，現存清乾隆癸巳（1773）刻本，紅樹樓藏版。

歷朝名媛詩詞卷一

漢

唐山夫人

周有房中之樂所以歌詠后妃之德秦始皇改曰壽人使禱詞於房中者漢房中樂詩高祖唐山夫人作孝惠時使樂府令備諸簫管更名安世樂至魏文帝言其無有二南風化之旨改爲享神曲云。觀其始二首房中之音也以下都頌上德薦郊廟語有唱有嘆似

118

藏園九種曲九種十二卷

（清）蔣士銓撰，清乾隆焕乎堂刻本，九册，存九卷。半葉九行，行二十二字，白口，單黑魚尾，四周單邊，框高17.1厘米，寬12.4厘米。

蔣士銓（1725—1784），字心餘、苕生，號藏園，又號清容居士，晚號定甫，鉛山（今屬江西）人。清代戲曲家、文學家。乾隆二十二年進士，官翰林院編修。辭官後主講于紹興蕺山、杭州崇文、揚州安定三書院。晚年爲國史館纂修官。擅長戲曲，作有傳奇、雜劇16種。工詩、古文，與袁枚、趙翼合稱“江右三大家”。著有《忠雅堂集》《銅弦詞》《藏園九種曲》。

此書又名《紅雪樓九種曲》。清代雜劇、傳奇劇本合集。所收雜劇三種：《一片石》《第二碑》（一名《後一片石》）《四弦秋》（一名《青衫泪》）。傳奇六種：《空谷香》《香祖樓》《臨川夢》《雪中人》《桂林霜》（一名《賜衣記》）《冬青樹》。内容有的描寫社會習俗，有的歌頌愛國志士，或表達作者反對民族壓迫之志，或抒發懷才不遇之情。其中《一片石》《第二碑》寫明代謀反的宗室寧王朱宸濠的妃子婁氏的事迹；《四弦秋》描寫唐詩人白居易的抑鬱心曲；《空谷香》《香祖樓》分别演薄命女子姚夢蘭和李若蘭的不幸遭遇，表現作者對下層婦女命運的同情；《臨川夢》記録明代戲曲家湯顯祖的生平；《雪中人》演鐵丐吴六奇將軍事；《桂林霜》叙吴三桂在雲南謀反，迫使巡撫馬鎮雄投降，馬不從而殘遭殺害事，格調悲壯，使人感憤；《冬青樹》表現宋末文天祥等的抗元鬥争，均較聞名。是書題名頁鎸“焕乎堂梓行”。館藏六種，分别爲《香祖樓》《臨川夢》《一片石》《第二碑》《桂林霜》《空谷香》。

蔣士銓先生原本

藏園九種曲

香祖樓　一片石　雪中人　焕乎堂
空谷香　第二碑　冬青林
桂林霜　臨川夢　四絃秋　梓行

香祖樓卷上　一　香祖樓

天都　兩峯外史評文
鵞湖　藏園居士塡詞
新城　種木山人訂譜

情旨

【水調歌頭】萬縷亂愁緒，一塊大疑團。任爾風輪旋轉，難透此重關。賢聖幾多苦趣，仙佛幾多惡刼，舊案怕尋看。細想不能語，老泪濕闌干。橫白眼，持翠管，寫烏欄。偶譜斷腸情事，舉一例千端。不管周郎顧曲，誰道醉翁嗜酒，作者意

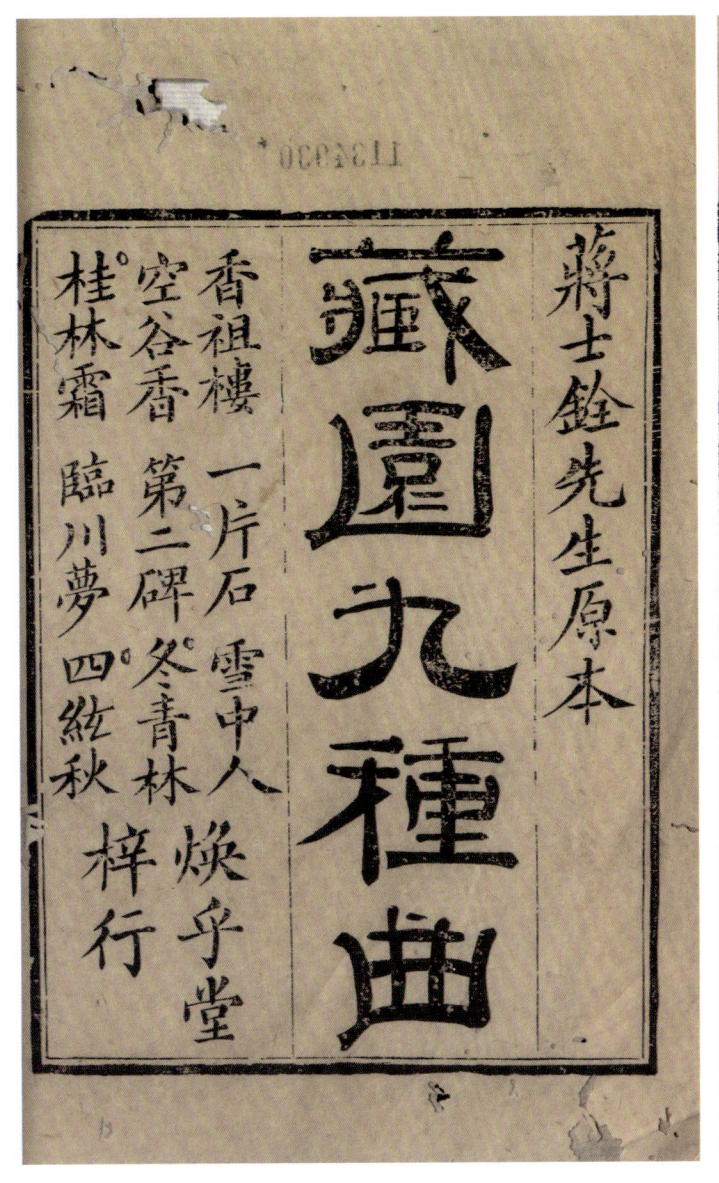

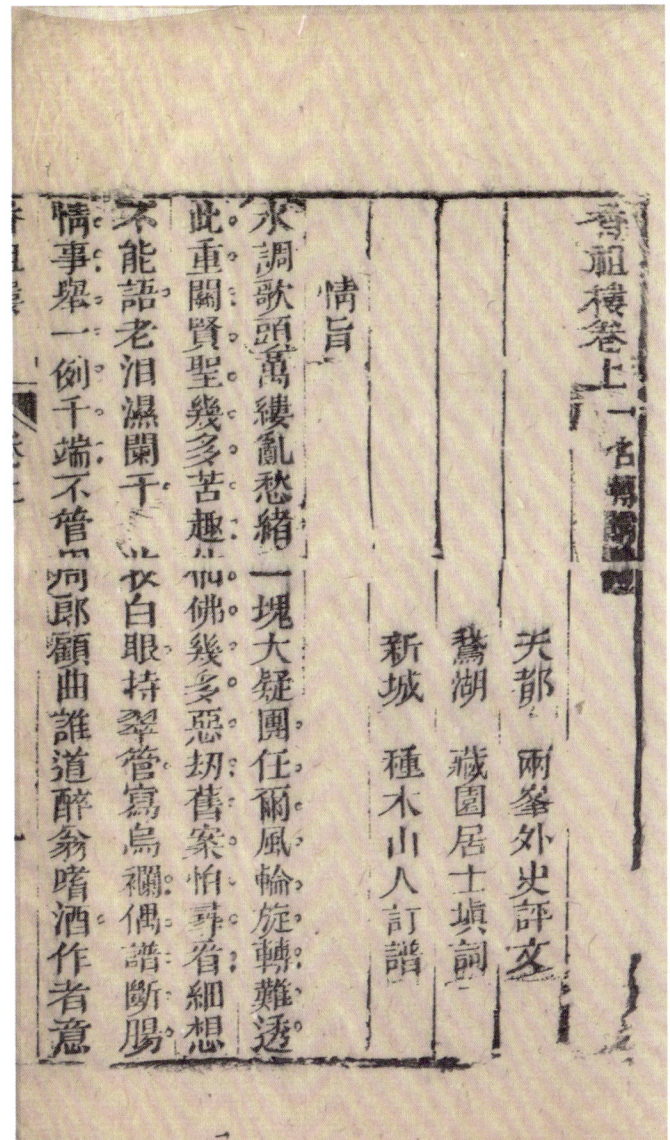

119

新增說文韵府群玉二十卷

（元）陰時夫輯，（元）陰中夫注，明萬曆十八年（1590）王元貞刻本，十五册，存十九卷（一至十六、十八至二十）。半葉十一行，行二十二字，小字雙行同，白口，單黑魚尾，左右雙邊，框高21.6厘米，寬13.8厘米。

陰時夫（生卒年不詳），名幼遇，亦作時遇，字時夫，奉新（今屬江西）人。宋元之際音韵學家。宋寶祐（1253—1258）間舉九經科。入元不仕。撰著有《韵府群玉》二十卷。

此書是現存較早的韵書，也是一部類書。由陰幼遇（時夫）在他的父親陰應夢的指導下編成的，由幼遇之兄幼達（中夫）作注。凡二十卷，收字八千八百二十，分韵爲一百零六部，按詞語最下一字歸韵。此書爲類書以韵隸事之始。摘録典故和詞藻，隸于各韵之下。其“以事係韵，以韵摘事”的著述體例，使得詩韵學習與歷史文化有機結合，爲學人推崇。元以來詩韵多沿用之，後來通行的詩韵（“平水韵”，也稱陰韵）實從此書中録出。元代之後韵書如清代《佩文韵府》和通行的詩韵均以其爲藍本成書，此書是元以前今韵中僅存最古的一部。在中國音韵學史上是很有地位的著作。歷經元明清三代，再版不斷，或複刻，或改編。元朝元統二年（1334）梅溪書院刻本是國内現存最早的《韵府群玉》版本，首行題“韵府群玉”。而所謂“新增”者則是將許慎《説文解字》補入《韵府群玉》之中的版本，卷端上題一般都改爲“新增説文韵府群玉”，有元大德刻本、元至正十六年劉氏日新堂刻本、明天順六年葉氏南山書堂刻本、明秀岩書堂刻本、明萬曆十八年王元貞刻本等元明刻本數種。清代尚有衆多其他刻本。

新增說文韻府羣玉卷之一　上平聲

晚學　陰　時夫　勁弦　編輯
新吳　陰　中夫　復春　編註
秣陵　王　元貞　孟起　校正

一東　獨用

東德弘切（說文）東動也从日在木中（漢志）｜方陽氣動○
夾漈鄭氏曰木若木也日所升降在上曰杲在中曰東
在下曰杳一曰春方也（記）大明生於｜｜（禮器）（詩）我來自｜
（東山）駕言徂｜（車攻）（孟）決諸｜方則｜流（莊）順流而｜行
○坦｜腹 **道東** 漢鄭玄事馬融辭歸 丁寬學易於田何
｜｜牀 融曰吾｜｜矣（本傳） **易東** 寬東歸何曰｜已
｜｜矣 **乃東** 夏枯草名｜｜冬至 **活東** 科斗｜｜（爾雅）蝦蟇
（本傳） 後生五月枯（本草） 名○急就章曰款東
亦曰款涷以 **丁東** 丁當珮聲或謂｜｜ **小東** ｜｜大東杼軸
其凌寒而生 ｜｜（詩緝）東即當也 其空（詩）言大小
皆取於 **闑東** 賓入不中門公事自闑 **門東** 叫怒索飯啼｜｜
東國 西私事自｜｜（記玉藻） ｜｜（杜）謂庖廚｜｜

韻府羣玉　卷之一　一

120 經訓堂叢書二十一種一百六十八卷

（清）畢沅撰，清乾隆靈岩山館刻本，二十四册。半葉十一行，行二十二字，小字雙行同，黑口，雙黑魚尾，四周單邊，框高19.5厘米，寬14.9厘米。

畢沅（1730—1797），字纕蘅，號秋帆，又號靈岩山人，江南鎮洋（今江蘇太倉）人。清乾隆二十五年進士，先後任陝西巡撫、河南巡撫、湖廣總督。治學範圍很廣，由經史旁及小學、金石、地理，也能詩文，學之精博。其主要著作爲《續資治通鑒》220卷，爲《通鑒》續書中最好的一種。另有《傳經表》《經典文字辨正書》《釋名疏證》《墨子校注》《晋書地理志新補正》《靈岩山人詩文集》等，皆刊入《經訓堂叢書》中。

此書版心題“經訓堂”，或題“靈岩山館”，故該書亦稱《靈岩山館叢書》。各書按經、史、子、集之次序排列，前有《經訓堂刊書目》，即此書總目。二十一種一百六十八卷：晋郭璞《山海經》、清畢沅《夏小正考注》、清畢沅《老子道德經考异》、周墨翟《墨子》、周晏嬰《晏子春秋》、秦吕不韋《吕氏春秋》、清畢沅《釋名疏證》（分正字本、篆字本兩種）、晋王隱《晋書地道記》、晋佚名《晋太康三年地記》、清畢沅《晋書地理志新補正》、漢佚名《三輔黄圖》、宋宋敏求《長安志》、清惠棟《易漢學》、清畢沅《説文解字舊音》、清惠棟《明堂大道録》、清惠棟《禘説》、清畢沅《關中金石記》、清畢沅《中州金石記》、清畢沅《音同義异辯》、清畢沅《經典文字辨證書》。其中《吕氏春秋》《釋名疏證》根據善本重爲校輯，最稱精贍；《墨子校注》爲孫詒讓《墨子閒詁》之前最完善的注本；《晋太康三年地記》《長安志》等書，則爲考西北史地者所必徵。全書由畢沅與孫星衍校勘，據善本而重爲輯正，以校讎精當著稱于世。編者廣搜善本，備列异文，擇善而從，對一些重要的古代典籍，都根據各種不同的版本作了初步的校勘整理，有些還作了注，具有較高的學術價值。該書爲畢氏一生校刻諸書的總集，是清代輯刻水準較高的一部綜合性叢書。該書刊刻過程中，著名學者洪亮吉、孫星衍、錢坫等人曾作爲畢氏的幕客協助編校整理。通行版本有清乾隆中鎮洋畢氏刊本，清光緒十三年（1887）上海大同書局據清畢氏刊本影印本等。

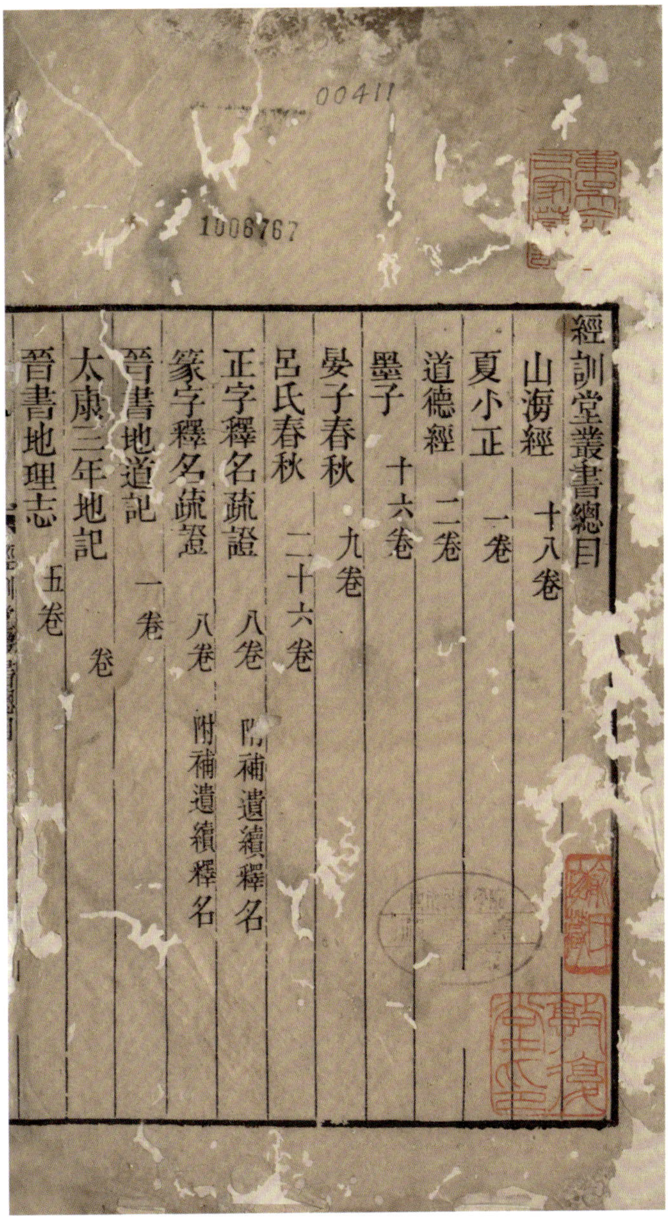
經訓堂叢書總目
山海經 十八卷
夏小正 一卷
道德經 二卷
墨子 十六卷
晏子春秋 九卷
呂氏春秋 二十六卷
正字釋名疏證 八卷 附補遺續釋名
篆字釋名疏證 八卷 附補遺續釋名
晉書地道記 一卷
太康三年地記 一卷
晉書地理志 五卷